広島修道大学学術選書 63

環境経営のグローバル展開

海外事業およびサプライチェーンへの移転・普及のメカニズム

金原達夫・村上一真

東京 白桃書房 神田

はしがき

　人類は地球という生態系の中に住んでいる。人類は地球の自然に依存して生存しているのであって，その逆ではない。20世紀終わりになって，地球の持続可能性についての理念が世界的に共有された。それは，各国の法律や制度，人々の意識と行動を次第に変えつつある。その結果，企業も地球の持続可能性のために責任ある行動を取ることが強く求められている。経済活動を担う企業の取り組みなくして地球環境問題の解決は不可能である。一部の大企業ではすでにさまざまな取り組みを実践し，CO_2や有害化学物質の排出量を減らしつつある。こうした努力が広く世界に広まり，普及することが強く望まれる。そのためには先進国も発展途上国も，大企業も中小企業も協力して取り組むことが必要である。

　とりわけ，多国籍企業は，その先進的な技術や取り組みを広く世界に移転・普及させることができる立場にある。多国籍企業において，環境経営の効果的な取り組みがどのように行われるのか，その国際的な移転・普及のメカニズムや条件を明らかにすることができれば，政策立案に役立てられるであろう。しかし，環境経営の移転・普及のメカニズムは理論的には最近まで大きな関心を集めてこなかった。

　地球環境問題について，経済学や経営学では，経済発展と環境の質の関係についての環境クズネッツ曲線や環境対策の政策的効果，あるいはポーター仮説の検証をめぐって研究が行われ，さらに環境イノベーションとその移転に関心が払われてきた。しかし，環境経営の海外移転のプロセスや普及についてはほとんど明らかにされてこなかった。持続可能性が待ったなしのグローバルな課題となったにもかかわらず，環境負荷低減に取り組む企業組織や構成員の行動の解明は進んでいなかった。

　筆者たちは，企業の環境経営に関連して環境と経済の関係や組織プロセス，日米比較などについて研究してきた。その研究過程で，企業のグローバルな活動を考えたとき，先進国の企業がどのように先進的な取り組みをグローバルに実行できるのかがこれからの重要な課題であると強く感じた。そこで，

日本企業による環境経営の発展途上国への移転・普及の仕組みを明らかにすることを目指して新しい研究を始めた。

われわれは，国内でCSR格付けデータや企業業績データを入手するとともに，ベトナム，タイで日本企業の子会社に対して質問票調査を行い，この2カ国を中心にヒアリング調査を行ってきた。さらに，日本国内の本社や，欧米企業の日本子会社でもヒアリングを重ねてきた。海外調査は，ベトナム，タイのみならず，シンガポール，中国，マレーシアでも実施した。多くの企業の現場を訪問し，ヒアリング調査をして，国境を越える環境経営の取り組みが次第に明らかになった。こうして得た知識やデータをもとに，本書では，実証分析および事例研究を行って環境経営のグローバル化のメカニズムを分析した。

本書は，われわれの前著『環境経営の日米比較』（2011年）を発展させたものである。同著は，環境パフォーマンスと経済パフォーマンスはどのような関係にあるのか，またいかなるメカニズムで環境経営が実現されるのか，日米企業のデータによって比較論的に分析した。これに対し本書では，環境経営が海外事業やサプライチェーンに移転・普及する仕組みに焦点を置いて分析を行っている。本書では，多国籍企業の海外事業および企業間関係にその分析視野を広げ，企業のグローバルな動きに注目した。その結果，海外事業においても環境経営の取り組みが着実に実施されていることが明らかになった。とはいえ，先進国および発展途上国で環境マネジメントシステムや環境イノベーションはどのように促進されるのか，また，環境経営の国際移転はどのようにすれば効果的に行われるのか，理論化は始まったばかりである。

本書は，直接的には平成24-26年度科学研究費助成基盤研究（B）の助成を受けて行われた研究成果を取りまとめたものである（課題番号24330131）。科学研究費の助成を受けたことによって研究の機会が与えられ，調査を進めることができた。海外での調査を中心に行動しなければはならない研究であったから，助成を受けていなければこの研究は断念していたであろう。

本書の各章で取り上げているテーマは，複数の国際会議で発表し英文雑誌への論文掲載も果たしてきた。その意味で，日本企業の環境経営取り組みに

ついて限られたものであるが国際的な情報発信を行ってきた。これらも科学研究費の助成によって可能になった。その支援に対して深く感謝している。

　今回，研究成果をまとめ書物として早い段階で出版できたのは，著者の1人が勤務する広島修道大学の出版助成制度のおかげである。手厚い研究支援の仕組みを提供している広島修道大学に心から感謝したい。そして，厳しい出版事情の中で，本書の出版を引き受けていただいた白桃書房には厚くお礼を申し上げたい。編集部の平千枝子氏，東野允彦氏には大変お世話になった。記して感謝申し上げる。

　2015年10月

金原達夫
村上一真

目次

第1章　グローバル化する環境経営 …………………………… 1
　1　問題の焦点　1
　2　企業を取り巻く外部環境　3
　3　企業の内的動機としての環境問題　6
　4　本書の構成　8
　5　本書の意義　9

第2章　環境経営の移転・普及に関する理論的基礎 ………… 11
　1　概念規定　11
　2　経営移転に関する理論　13
　3　環境経営の移転に関する理論　21
　4　本書の視点　26

第3章　分析フレームワークと仮説 …………………………… 31
　1　分析フレームワークと構成要素　31
　2　調査対象とデータ　38
　3　本書で検討する仮説　40

第4章　環境経営の海外移転の実態 …………………………… 47
　1　タイ・ベトナムにおける日本の直接投資　47
　2　調査対象および調査方法　49
　3　規模別，業種別の考察　51
　4　完成品メーカー・部品メーカー別の考察　65
　5　結び　70

第5章　環境経営移転の促進要因 ……………………………… 73
1　先行研究　73
2　分析フレームの設定とデータ　74
3　「子会社の組織的取り組み」に関する分析結果　78
4　「環境パフォーマンス」に関する分析結果　82
5　結び　87

第6章　環境経営の海外移転のメカニズム ………………… 91
1　環境経営移転の構造的側面　91
2　環境経営移転の分析フレームと理論モデル　94
3　理論モデルの検証結果　99
4　考察　104
5　結び　105

第7章　CSRと環境経営移転 ………………………………… 107
1　先行研究　107
2　データ　113
3　仮説と分析モデル　114
4　分析結果　117
5　結び　121

第8章　業績と環境経営移転 ………………………………… 123
1　先行研究　123
2　データ　126
3　仮説と分析モデル　127
4　分析結果　129
5　結び　136

第9章　環境経営とサプライチェーン管理 …………………… 139
1　アセンブラー・サプライヤー関係の構造　140
2　サプライチェーンにおける環境経営の分析視点　143
3　サプライチェーンにおける環境経営移転の特徴　145
4　サプライチェーンにおける環境能力の構築促進　149
5　サプライチェーンにおける温室効果ガス排出量の算定事例　153
6　結び　160

第10章　完成品メーカーによる環境経営 …………………… 161
1　環境経営の組織管理体制　161
2　日立による環境経営　165
3　トヨタによる環境経営　169
4　リコーによる環境経営　174
5　結び　180

第11章　部品サプライヤーによる環境経営移転 …………… 181
1　西川ゴムによる環境経営と海外移転　181
2　ヤマウチによる環境経営と海外移転　191
3　ジェイテクトによる環境経営と海外移転　206
4　結び　214

第12章　結論と展望 …………………………………………… 215
1　本書の要点　215
2　意義と課題　219

参考文献
事項索引
人名索引
社名索引

第1章　グローバル化する環境経営

1　問題の焦点

　ヤマウチ株式会社（本社：大阪府枚方市）は，1918年に創業した工業用ゴム，プラスチック製品の専門メーカーである。50年に会社組織となり，2013年12月末時点での資本金は3億1000万円である。従業員数は単体で309人の中堅企業である。

　同社は，国内工場3カ所のほか，海外ではシンガポール，ベルギー，マレーシア，中国の上海と深圳に製造工場を展開している。しかも，同社は京都の長田野工場で2000年3月にISO14001の認証を取得したのを皮切りに，国内では鹿沼工場（2005年），海外ではシンガポール工場（2000年），マレーシア工場（2001年），ベルギー工場（2001年），中国深圳工場（2002年），中国上海工場（2006年）でも認証を取得している。

　また，同社は顧客企業の厳しいグリーン調達基準にしっかりと対応してきた。海外工場においても環境対策の行動計画を作成し，自らのサプライヤーに対しグリーン調達の内容を明示し環境監査を実施している。こうした同社の展開は，この規模の企業としては実に先進的である。

　次に，西川ゴム工業株式会社（本社：広島県広島市）は，1934年の創業で当初の事業はスポンジゴム製品の製造であった。現在は自動車用ドア周りのゴム製品を中心に事業を拡大している。2013年末時点で同社は，自動車部品メーカーとして国内4工場，海外には米国，タイ，中国（上海，広州），メキシコ，インドネシアの6カ所に工場を有している。同時点の国内事業単体の従業員数は1295人で，海外工場には米国1067人，タイ1024人，上海1036人，広州333人，メキシコ53人，インドネシア101人の従業員を擁している。

　同社は，マツダ，トヨタのみならず国内すべての自動車メーカーと取引が

あり，GMやフォードも顧客にしている。それゆえ，国内自動車メーカーに加えて，GMやフォードなどグローバルに展開する顧客企業のニーズにも応えなければならない。なかでも，温室効果ガス削減と燃費競争の激化から，部品メーカーとして環境問題への対応は急務である。

こうした事業環境に対して同社は，第1に，環境マネジメントシステムの構築に取り組み，ISO14001の認証を2000年から02年の間にすべての国内工場で取得している。第2に，化学物質管理システムを構築している。これらは，同社が環境問題と向き合い，環境負荷低減のための管理システムの構築および技術開発に積極的に取り組んでいることを示唆している。

続いて，豊田工機と光洋精工が2006年1月に合併して誕生した株式会社ジェイテクト（本社：大阪市・名古屋市）は，トヨタグループの自動車部品メーカーである。同社の主要製品は，自動車関連のパワーステアリング，駆動部品，軸受，工作機械である。セグメント別売上高は13年3月期でステアリング・ベアリング・駆動系部品が86.3%，工作機械が13.7%である。その資本金は455.9億円，従業員数は単体で1万651人，連結で4万1714人である。トヨタ自動車のTier 1（1次）のサプライヤーとはいえ，すでにジェイテクト自身がグローバルに事業展開する企業である。

同社は，ISO14001に対応した環境マネジメントシステムを構築している。その環境マネジメントシステムは，本社の地球環境保全委員会の下に，国内18社，海外現地法人32社の合計50社で構成されている。ジェイテクトグループではこれら企業の間で環境連絡会と環境専門部会が設置され，環境問題にグローバルに取り組む体制を構築している。環境専門部会には，環境対応製品対策部会，温暖化対策省エネ部会，物流部会，資源循環部会，汚染対策部会，環境リスク社会貢献部会の6部会があり，組織横断的に活動している。また，2012年3月時点で，国内・海外のグループ環境連絡会企業50社のうち，国内15社，海外29社，合計44社がISO14001の認証を取得している。

トヨタグループには，ジェイテクトのほかにもデンソーのような大規模サプライヤーが存在し，トヨタ自動車のグローバルな生産を支えている。ジェイテクトは，トヨタ自動車のサプライチェーンの重要な一角を占めるが，自身のサプライチェーンも大規模で多くのサプライヤーを有している。

では，なぜこれら企業は，大企業であれ中堅・中小企業であれ，これほどまでに環境経営に取り組み，サプライチェーンに対してもその取り組みを広めようとしているのであろうか。環境への取り組みには，管理的活動にしても技術的活動にしても人的資源や財務的資源を投入する費用が発生する。それにもかかわらず企業は，環境経営の取り組みを強めている。サプライチェーンおよび海外事業におけるその取り組みがどのように推進されるのか，本書を通して明らかにしていきたい。

2 企業を取り巻く外部環境

(1) 持続可能な発展

人間社会は地球という生態系システムの1つの下位システムである。さらに経済は社会を構成する1つの下位システムである。それゆえ，社会および経済の持続にとって，地球環境の保全・存続は絶対的な前提条件である。しかし，現在，人間社会の前提である地球の未来に対して大きな懸念が出されている（Brown ed., 1995 ; Meadows et al., 2004）。

国連の気候変動に関する政府間パネル（IPCC : Intergovernmental Panel on Climate Change）は，地球の気温上昇を2度以内に抑えるためには，温室効果ガスの排出量を2050年までに2010年比で40-70％削減する必要があることを指摘している（IPCC, 2014 ; 環境省, 2014）。またWWF（世界自然保護基金）によれば，07年現在の世界全体のエコロジカル・フットプリント（Ecological Footprint）は，地球の回復能力を50％以上超えている（WWF, 2008）。

人間社会がもたらす大量消費や大量廃棄によって，地球環境の持続可能性に大きなリスクが生まれつつある。持続可能な発展（sustainable development）という言葉が1987年の「環境と開発に関する世界委員会報告」で用いられ，92年の「環境と開発に関する国連会議」で世界の指導理念として合意されたのは，そうした懸念を人々が共有したからであった。それ以来，持続可能性について多くの研究が行われ，各国で関連する政策が種々導入されてきた。

地球環境の保全に取り組むことは、すべての人々に共通の課題となっている。環境負荷の主要な原因を作っている企業もこの課題に直面している。企業は、地球環境問題の解決に主導的な役割を果たすことが求められている。地球環境問題の解決には、先進国経済・企業のみならず発展途上国経済・企業が経済活動に伴う環境負荷を削減し、持続可能な発展を目指す必要がある。そのためには、先進国の進んでいる技術あるいは組織的取り組みができるだけ途上国に移転され普及することが重要である。そのとき、多国籍企業の果たす役割は大きい。一般に、企業が環境経営に取り組む外部的理由として、以下の2つが重要である。

(2) 社会的責任の拡大

　第1に、企業の社会的責任（CSR：Corporate Social Responsibility）について、グローバルな圧力が強まっていることである。地球環境に対する意識が強まる中で、持続可能な発展に関する世界的な合意や、温暖化防止に関する京都議定書の目標を達成するために、企業はグローバルな活動において環境負荷を削減することを社会的に求められてきた。環境に配慮した事業活動は今や社会的責任として考えられている。それは、環境経営格付けや、CSR評価、資本市場の圧力となり、「知る権利」の制度化、地域の環境安全に関する地域住民の声となっている。企業は環境負荷を低減するだけでなく、環境への取り組みについて消費者、環境NGO・NPO、投資家、地域社会などに向けた対外的な説明責任を強く求められるようになった。

　1992年の「環境と開発に関する国連会議」に先立って、「持続可能な発展のための経済人会議」（BCSD：Business Council for Sustainable Development）の呼びかけに呼応して、産業界の取り組みが始まり、経団連は91年に経団連地球環境憲章を発表し、環境保全型社会の実現に向けた具体的な行動指針を掲げている。その憲章の基本理念において、「環境問題への取り組みが自らの存在と活動に必須の条件であることを認識する」と明記した。産業界が環境問題について自らの問題と受け止め始めたのである。

　続いて、トリプル・ボトムラインの提唱（Elkington, 1998）は、企業が経済、環境、社会の3つの次元において守るべき責任があることを明示的に指

摘した。また1999年のグローバル・コンパクトは，当時の国連事務総長（コフィー・アナン）によって提唱された，環境，人権，労働（2004年に腐敗防止を追加）に関する行動規範であり，多くの多国籍企業が賛同している。グローバル・コンパクトでは，特に人権や児童就労，環境が懸念されていた。さらに，2010年11月のISO26000の規格発行は，あらゆる組織の社会的責任として何が重要であるか明確にして，7つの中核問題を指摘してきた。それらは，統治組織，人権，労働慣行，環境，公正な事業慣行，消費者課題，コミュニティへの参画と発展である。

これらは，企業の役割が経済，環境，社会の広範囲にわたり，環境にも労働・人権にも責任があることを明示している。環境への取り組みは企業の社会的責任の主要な部分とみなされている。

(3) 強まる環境規制

環境経営に取り組む外部的理由の第2は，地球環境問題に関する認識が世界的に高まる中で，グローバルに環境保全に関連する規制が強化され導入されてきたことである。代表的なものとして，RoHS（Restrictions of the Use of Certain Hazardous Substances in Electrical and Electronic Equipment；電気・電子機器における特定有害物質の使用制限）指令，REACH（Registration, Evaluation, Authorization and Restriction of Chemicals；化学品登録・評価・認可・制限）規制，ELV（End of Life Vehicle；使用済車輌）指令が施行されている。

EUでは，2003年に制定されたRoHS指令よって，06年7月から，電気・電子機器に鉛，水銀，カドミウム，六価クロム，ポリ臭化ビフェニル（PBB），ポリ臭化ジフェニルエーテル（PBDE）の6物質の使用を原則禁止した。REACH規制は，EUで製造あるいは輸入される製品について，年間1tを超える含有化学物質の届け出を義務づけた制度で，06年に制定され07年6月から施行された。また，03年7月にはELV指令によって鉛，水銀，六価クロム，カドミウムが自動車生産で原則使用禁止になった。企業は，これら環境規制を重要な与件として環境問題に取り組むことになる。

これらの規制では，サプライヤーが供給する原材料・部品も対象となる。

そのため，グローバルに事業を展開する企業は，グローバルな，かつサプライヤーを含む対応が必要になっている。サプライチェーン全体においてグリーン調達を強めなければ大きなリスクを抱えることになる。こうしてグローバル・サプライチェーン管理を実行するために，海外でも環境取り組みを実践する必要が強まった。加えて，Scope 3と呼ばれるサプライチェーン全体の温室効果ガスの排出量に関する規格が2011年に発行された。わが国の環境省においても，企業にサプライチェーン全体の排出量を公表することを義務づけている。加えて，前述のIPCC報告書が求めているように，企業による温室効果ガス排出量削減の取り組みはますます強く要請されるようになってきた。それは個々の企業単独の取り組みのみでなく，サプライチェーンでの取り組みを求めている。持続可能性のために，サプライチェーン全体での取り組みが避けられなくなってきた。

3　企業の内的動機としての環境問題

環境経営の取り組みは，外部的な圧力によって求められているだけでなく，内的理由によっても強められている。環境経営は，企業の理念や使命（ミッション）としても，従業員の動機づけや人材の確保においても重要になってきた。あるいは，市場における競争優位を獲得する上で重要な要因とみなされるようになった（Porter and v.d.Linde, 1995）。

環境への取り組みは，環境経営格付けや社会的責任（CSR）評価を高める。それらの評価は環境意識の高いすぐれた人材の確保を容易にし，消費者や投資家を引きつけて売上高増加や有利な資本調達を可能にする。こうして経済的成果はますます環境取り組みと結びつけられるようになってきた。それゆえ，組織の内的動機としても環境経営に取り組む姿勢が強まっている。

しかし，伝統的には，自然環境は経済活動の中でその価値を十分に評価されてこなかった。主流の経済理論は，企業活動が社会や自然環境に与える負の影響を，外部不経済として扱ってきた。外部不経済とは，温室効果ガスや酸性雨，オゾン層破壊のように，市場取引によって費用化することができない企業がもたらす負の影響を言う。環境を市場取引の対象とすることが困難

であったため，コスト負担責任を取らないことを認めてきた言葉である。経済学者の Friedman (1970) は，企業が環境に配慮して意思決定をすることは，企業の所有者である株主の意思に反することであると強く主張した。彼は，個々の企業が自己の利益を追求することによってもっとも効率的な資源配分が行われ，社会的な価値の最大化が実現すると考えた。

企業の支配に関しては，1960年代が過ぎると，経営者支配は終わったとする指摘が強くなり，所有者支配が再び強まる傾向にあった。OECD（経済協力開発機構）の企業統治（コーポレート・ガバナンス）に関する報告書の中でも，企業は株主によって支配されるものであることを明らかにしている（OECD, 2004）。2002年になると，米国で企業統治改革法（サーベンス・オックスレー法）が制定され，株主権利を拡大し株主価値の追求をより強く推進する企業統治を求めている。

しかし，環境意識の高まりから，1990年代にはむしろ Friedman の見解とは反対の意見が国際社会では強くなった。「持続可能な開発のための経済人会議」の代表メンバーであるスイス人実業家の Schmidheiny (1992) は，環境汚染や資源枯渇が進んだのは，「環境による損害の費用（外部費用）が経営費用として内部化されていないことがその第1の理由である」と指摘している。また，OECD は，地球環境問題の解決には「環境損失費用を可能な限り内部化させる」必要があることを強調している（OECD, 1998）。

コーポレート・ガバナンス論においては，所有権を持つ株主の経済的動機から企業目的を説明する株主価値論に対し，企業は多くのステークホルダー（利害関係者）との相互関係によって成り立つとするステークホルダー論が実践的行動に次第に影響力を持つようになった。株主価値論とステークホルダー論の意見対立は根深いが，環境が企業活動の中で配慮されるべき重要な対象であることは，1992年の地球サミットで持続可能な発展が世界的な指導理念として受け入れられたことによって明白なものとなった。ステークホルダー論は，消費者，労働者，地域社会などが企業活動にかかわりを持つために，環境だけでなく雇用，人権，労働などへの配慮が企業経営の主要要件であることを主張している。

これらの新しい動きは，企業にとって環境への影響を外部不経済として扱

うのではなく，環境費用を内部化しなければならない対象であると認め，さらに利潤追求を唯一の基準とする経営原理からの転換を求めている。

4　本書の構成

　本書は，わが国企業において環境経営がいかに行われているのか，そしてその取り組みが海外事業へいかに移転されているのか，日本企業の海外子会社の分析を通して明らかにすることを目的としている。つまり，環境経営の多様な取り組みが海外事業へ移転されるプロセスおよび促進要因を明らかにしていく。

　分析の焦点は海外子会社に置くものではあるが，海外子会社への移転は親会社によって行われる。それゆえ，親会社とのかかわりの中で海外子会社の環境取り組みを分析する。いかなる親会社が，どのような環境経営の取り組みをいかなる条件のときに海外子会社へ移転しているのか考察していく。

　本書の内容は，理論（第2章），実証分析（第3～8章），事例研究（第9～11章）の3つの主要パートから構成されている。第2章は，関連する先行研究の理論レビューで，環境経営の移転にかかわる理論的な課題についてこれまでの研究を考察する。第3章から第8章までは，本書の実証分析の方法と結果を示している。第3章は，分析フレームワークと検証する仮説を示す。第4章は，われわれの調査データに基づいて，移転の実態について基礎的な現状分析を行う。そして，第5章は，海外子会社による環境経営の取り組みと環境パフォーマンスの促進要因を分析する。第6章は，日本の親会社，海外子会社，サプライヤーの3者間における環境経営の海外移転のメカニズムを明らかにする。第7章は，親会社の社会的責任（CSR）評価が，環境経営の海外移転にどのように関係するのかを分析する。第8章は，利益率によって測定した親会社の業績と環境経営の海外移転との関係を分析する。持続可能性やトリプル・ボトムラインの3要素である環境，社会，経済を踏まえて，第5章では環境面，第7章ではCSRとしての社会面（一部環境を含む），第8章では業績としての経済面における親会社の取り組みが，環境経営の海外移転にどのように関係しているかを明らかにする。

続いて，第9章から第11章は，事例分析によって環境経営の移転を考察する。第9章は，サプライチェーン管理の構造について分析し，第10章では完成品メーカーの環境経営と移転について，第11章では部品サプライヤーによる環境経営の海外移転に関する事例研究を行う。そして最後に第12章で結論と展望を述べる。

5　本書の意義

　本書は，企業による環境経営の海外移転について理論的，実証的に考察することを目的としている。持続可能な社会に向けて中心的な経済主体である企業が環境問題にどのように取り組み，その取り組みが自己の組織内だけでなく子会社・関連会社の組織へ，さらには直接投資によって発展途上国での事業にいかに移転することができるのかを明らかにすることは，実践的にも理論的にも重要なテーマである。

　そこで第2章で，環境経営の移転・普及は理論的にどのように説明されてきたのか，関連する諸研究を検討し論点を整理することから始める。われわれの分析モデルがいかなる背景の中でどのような性格を有するのか，基礎にある理論の発展とわれわれの視点を明らかにする。

第2章 環境経営の移転・普及に関する理論的基礎

　持続可能性が人類の共通課題として明確になるにつれ，企業は環境責任を避けて通れなくなっている。産業界においても企業が環境経営に取り組むことは，「自らの存在の前提である」と認識されるまでになった。こうした状況の中で，本書のテーマである環境経営の海外移転に関する先行研究は，Hansen（2002）を除くとほとんどない。環境に関する経済学あるいは経営学の理論的関心は強まってきたが，これまでの関心は，環境と経済の関係，環境イノベーション，規制と効果，ISO14001の運用などの個別テーマに向けられている。それらは持続可能性にかかわる重要な問題ではあるが，環境経営の個別の側面を取り上げるもので環境経営そのもののプロセスや課題を取り上げているとは言えない。

　本書は，環境経営論の新しい展開として環境経営の海外移転をテーマとしている。本章ではこの分析のために，環境経営の移転研究の基礎にある経営移転について主要な見解の吟味から始める。企業による環境経営は，企業活動の枠組みの中で展開されるという意味で，企業経営の一部分をなしている。環境経営の移転の担い手および投資決定は，企業経営の中で展開される。それゆえに，環境経営の海外移転については，経営の海外移転や直接投資に関連して行われてきた諸研究が重要な視点を提供している。

1　概念規定

　はじめに，本書で用いる主要概念について簡単に説明する。本書では，環境経営とは，持続可能な社会の実現のために，事業活動に投入される資源，エネルギー，化学物質などの使用から生ずる環境負荷を低減して環境保全を意識的に行いながら，経済価値の創出を同時に追求する経営活動プロセス，と定義する。環境経営は，企業の環境方針や環境理念から日常業務活動にお

ける具体的な取り組みまでを含む概念である。類似の概念に環境管理という言葉がある。一般に環境管理は，化学物質やリサイクル，省エネルギー，物流その他の比較的明確な環境の個別課題についての管理および解決行動を意味して使われる。環境経営に比べると環境管理はやや狭い概念であり，特定の課題を管理，解決する取り組みを意味している。本書でもこの用語法を採用する。

しかし，環境管理システムというときは，一般に使われる環境マネジメントシステムの意味を含め，両者を同義的に扱う。また実践では，ISO14001を環境マネジメントシステムと置き換えることが一般的である。そのため本書では，広義の環境マネジメントシステムとISO14001を指す環境マネジメントシステムは，同じ言葉ながら，前者には後者が含まれるものと定義する。

次に，経営移転と環境経営移転の概念について説明する。本書では，経営移転は，企業経営に伴う制度，システム，手続き，能力および組織文化などを他の組織に移転すること，と定義する。それは，有形資源と無形資源の両方を含む。移転は，物的資源以上に制度やシステム，文化，手続きといった要素が他の組織に移転されて，そこに定着することが必要である。その定着は，最終的に構成員の行動および考え方として具体化する。

これに対し，環境経営移転とは，持続可能な社会の実現にかかわる企業の技術的ならびに管理的取り組みや手続き，システムをある組織から他の組織に移転すること，と定義する。移転されるのは，ISO14001のような環境マネジメントシステム，環境会計といった管理的システム，エコデザイン，技術開発，リサイクル，3Rなどの種々の技術的取り組みである。環境経営の海外移転は，国境を越えて異なる社会の組織への移転を意味する。それは，経営移転と同様に有形資源と無形資源を含み，広く理念や価値，知識の移転を伴っている。

続いて，環境能力とは，環境にかかわる技術的，組織的，制度的な能力，と定義する。それは，工程，製品，組織システム，制度のレベルにおける環境負荷を低減することに有用な組織能力のことで，職務を遂行する組織メンバー個々人の行為の能力，さらには組織としての能力でとらえられる。なお，環境経営の分析の中で環境行動という概念が使われることがある。われわれ

は，環境行動とは環境にかかわる直接的な働きかけをする個人あるいは組織の行動を意味するものと定義する。これに対し環境経営の取り組みは，直接的な働きかけのみならず，間接的，管理的な取り組みを含む概念である。

ところで，本書が分析の対象とする多国籍企業とその海外子会社は，法形態的にはそれぞれに独立した法人であり別個の組織である。しかし，機能的には内部化理論が指摘するように，海外子会社は多国籍企業にとって内部化された組織である。ここで内部化組織とは，取引が，市場で行われることに代わって，指揮命令系統が発揮される企業組織内部であるかのように行われる組織の意味である。

本書でいう環境経営の移転は，内部化された組織内の移転も内部化されない組織間の移転もいずれをも意味している。したがって，多国籍企業から国内子会社，海外子会社への移転も，取引先であるサプライヤーへの移転もともに本書の分析対象である。

2　経営移転に関する理論

経営の海外移転に関する研究は，日本企業の国際競争力の向上が顕著であった1980年代に，日本企業の経営の特質を取り上げた「日本的経営論」の中で盛んに議論された。日本企業の国際的展開に伴って，日本的経営の海外展開に関する研究が行われ，さまざまな特質が指摘されてきた（吉原，1979；植木，1982；林，1985；安保編，1988, 1994）。

日本企業の特質を明らかにする日本的経営の研究は，1958年の Abegglen (1958) の分析から始まったとされている。Abegglen は，終身雇用，年功序列制度，企業内組合が日本企業に特有の性質であると指摘しその積極的評価を行った。80年代には TQC（全社的品質管理），改善活動に見られる参加的な生産組織とトヨタ生産システムに代表される生産管理システムに関心が集まった。海外においても日本の企業経営に対する関心が高まり，日本企業の経営の特質を制度的，文化的側面から明らかにすることや，その競争力の源泉について研究が進んだ。

他方，米国では，すでに1960年代に主要産業の成熟化が進み，海外直接投

表 2-1　経営移転および環境経営移転に関する先行研究

	海外直接投資	資源・組織能力	生産システム・技術	経営システム	知識・組織文化
経営移転	Buckley & Casson Dunning Fayerweather Hymer Vernon	Barney Birkinshaw & Hood Sharma & Vrdenburg Teece	浅沼萬里 安保哲夫 小川英次 山口隆英 Cusmano & Takeishi Dyer & Nobeoka Florida & Kenney	林　吉郎 植木英雄 安室憲一 吉原英樹 Koontz Johnson & Ouchi White & Trevor	Cohen & Levinthal Gupta & Govindarajan Pérez-Nordtvedt Phene & Almeida Rogers Simonin Szulanski Zander & Kogut
環境経営移転	（汚染逃避仮説） Leonard Levinson Low & Yeats Xing & Kolstad	（資源・組織能力） Hart Jeppesen & Hansen	（環境技術） Beise & Rennings Langouw & Mody Popp	（環境経営システム） Florida Hansen Prakash & Potoski	（知識・吸収能力） Boesen & Laforntine Janicke & Weidner OECD/DAC

資が増えた結果，多国籍企業経営に関する研究が進んだ（Fayerweather, 1969 ; Vernon, 1971 ; Stopford and Wells, 1972）。経済学分野では直接投資がなぜ行われるのかその理論研究が進み（Hymer, 1976 ; Vernon, 1966 ; Buckley and Casson, 1976 ; Dunning, 1988），直接投資における優位性とは何かが研究されてきた。関連して，米国企業による経営方式の海外通用性が取り上げられ，経営の普遍性に関する議論が行われた（Koontz, 1969）。

　海外への事業展開は，経営の構成要素である資本，技術，生産システム，熟練・技能，人材育成，企業文化など多様な資源および活動の移転を含んでいる。そのため国際経営あるいは経営移転の研究では，経営のどの側面に注目するかによって多様なアプローチが生まれた。そこで，経営移転および環境経営移転に関連する先行研究をその研究対象によって表2-1に分類した。この分類の基準はそれぞれの研究が対象とするテーマである。第1は，海外直接投資に関する研究がある。第2は，資源・組織能力の移転に関する研究，第3は，生産システム・技術の移転に関する研究，第4は，経営システムの移転に関する研究，第5は，知識・組織文化の移転に関する研究である。ここでは表2-1の分類に沿って，はじめに経営の海外移転がどのように説明されるのか理論的な要点を考察する。

(1) 海外直接投資

　第1に，海外直接投資の理論がある。それは，海外直接投資はなぜ行われるのか，海外直接投資の経済合理性はどこにあるのかを説明する。海外直接投資は，資本，人材，設備・機械，ノウハウなどの経営資源の海外への移転を伴いながら行う経済活動である。しかし，事業の経済合理性がなければ直接投資は成り立たない。したがって，直接投資の経済合理性が説明されなければならない。

　海外直接投資の理論は，Hymer（1976）や Kindleberger（1969）の研究に始まり，Dunning（1977,1988），Buckley and Casson（1976）が代表的モデルを展開してきた。Hymer は，企業の優位性が獲得されることによって直接投資が行われることを明らかにしてきた。これに対し Coase（1937）や Williamson（1975）による取引コストの概念を使って，Buckley and Casson は直接投資および多国籍企業の出現を説明する内部化理論を提唱した。Buckley and Casson は，直接投資によるコストをめぐって，企業は自らの組織の一部として内部化することによって優位性を獲得することができるために多国籍化すると説明する。

　内部化理論に従えば，市場の不完全性があるとき，国境を越えた企業内部での取引コストの優位性が海外直接投資を促進し，多国籍企業を発展させる。ここでの多国籍企業とは，異なる国々において諸活動を所有し管理する企業，の意味である（Buckley and Casson, 1976）。内部化理論は，企業にとって市場を内部化することが経営支配の確保，コスト競争において有利であると説明する。それは，市場取引よりも海外子会社を通した内部的移転が競争優位をもたらすと考える。

　これに対し，Dunning（1988）は，O（所有特殊的優位；Ownership advantage），L（立地特殊的優位；Location advantage），I（内部化の優位；Internalization advantage）の概念を用いて，その相互作用から関税や輸入規制などに対応したり取引コストを節約したりするために多国籍企業は競争上の優位性を獲得し，それゆえに企業は海外直接投資を行うと説明する。彼の OLI パラダイムの理論は，所有，立地および内部化の優位を統合して直接投資を説明しようとしている。

(2) 資源・組織能力

　第2に，組織能力の概念を用いて経営移転のプロセスや内容を説明する研究がある。これは資源ベース論とその発展である組織能力論に基盤を置いている。資源ベース論は企業の成長および競争優位が企業の持つ独自の資源・能力を基礎にするという考えである（Barney, 1991, 2007 ; Teece et al., 1997 ; Grant, 1991, 2008 ; Rugman and Verbebe, 2003）。ここで組織能力とは，企業が保有する人的資源，財務的資源，物的資源，情報的資源を用いながら諸活動を統合して新しい製品，工程技術などを創造し，市場に対してより大きな価値を提供し競争優位を獲得することを可能にするプロセスである。あるいは，Winter（2003）によれば，組織能力は高度な組織ルーチンおよびその集合であると定義されている。組織ルーチンとは，インプットを行い特定のアウトプットを産むために，組織において学習されパターン化された行動に含まれる手続きや行動ルールのことである。

　多国籍企業は，途上国企業が保有していない種々の資源・能力を保有するがために，途上国企業よりも優位な組織能力を有すると一般的には考えられる。多国籍企業は進出先での事業の競争優位を強めるために海外工場へ技術・ノウハウなどの移転を行って海外事業の組織能力を高める。海外事業はこうした親会社からの組織能力の移転によって支えられる。海外子会社の事業継続は，組織能力の構築と競争優位の獲得によって可能になる。子会社の成長は資源コミットメントと能力構築の連続的なプロセスである（Birkinshaw and Hood, 1998）。この組織能力は，経験・時間とともに発展し，経路依存性があるとみなされる（Barney, 1991）。

　そのため，海外子会社の経営資源がいかに蓄積され組織能力が高められるのか，経営資源や組織能力の移転・蓄積プロセスを明らかにすることが必要である。この点で，内部化理論と資源ベース論は結合されて多国籍企業の行動を説明することができる。

(3) 生産システム・技術

　第3に，生産システムおよび技術の移転に関する研究がある（安保編, 1988, 1994 ; Florida and Kenney, 1991 ; 山口, 2006）。1980年代は日本企業

の国際競争力が強まり，特にトヨタ生産方式と呼ばれる生産システムの競争要因を理論的に解明することが進んだ。さらにその関心は，日本企業の海外事業で生産システムがいかに展開されているのかを明らかにすることへ向けられてきた。

例えば，Florida and Kenney（1991）は，米国における日系企業を対象に日本の生産組織モデルと企業間生産ネットワークシステムが，米国に移転されているのかどうかを調査している。その結果，彼らは，企業特性としてのチームベースの作業組織も，企業間特性としてのサプライヤー関係もよく移転されていることを明らかにしている。つまり，日系企業では生産システムの企業内移転も企業間移転も行われていると指摘している。そしてアセンブラーとサプライヤーの関係が，米国にある日系企業の革新的な製造実践の採用と普及の決定要因であることを明らかにしている。

これに対し，わが国の研究者は，日本企業の海外事業における日本的経営の実態や経営現地化などを研究してきた（安保編，1988，1994）。やがて，マザー工場システムに関する研究が展開された。多国籍企業の本国における工場がマザー工場となり，海外事業の工場がドーター工場となって，マザー・ドーター関係においてスキル・技術などがマザー工場から海外事業へ移転される仕組みが注目された。マザー工場システムとは，海外工場への生産システムの移転において，マザー工場内に蓄積されているさまざまな組織ルーチンの移転を可能にする組織能力である（山口，2006）。それは，生産性，コスト，品質，作業方法などの個別基準について本社工場をモデルにして海外工場の管理改善とパフォーマンス向上に役立てるシステムである。マザー工場・ドーター工場の分析モデルは，組織能力の概念を用いることによって生産システムおよび組織能力の移転を説明することを可能にしている。

通常，海外進出の当初は，親会社の保有するすぐれた技術・スキルや資源を現地子会社へ移転することが現地子会社の競争力をもたらし，親会社の経営資源・能力が現地子会社の競争力の源泉となる。しかし，継続的な事業の活動と市場競争が国際的規模で起こる状況になると，親会社からの移転だけではなく，子会社の能力向上，自立が重要な課題となる。子会社の機能と行動の説明もそれに沿って改められる必要がある。例えば，トヨタ自動車は，

すでにタイで日本をマザー工場としない国際戦略車の開発・生産を行っている（川辺，2011；除，2012）。その意味で，本社工場がマザー工場であるということは常に成立しているわけではない。したがって，先進国へ進出した場合や自立化してきた子会社にとって，マザー工場・ドーター工場モデルによる説明には限界がある（中川，2012；善本，2011）。

このほか，生産システムをアセンブラー・サプライヤーの関係性の視点からとらえる研究が進んだ（浅沼，1984，1989；Dyer, 1996；Dyer and Nobeoka, 2000）。この関係性理論は，価値連鎖資産の特殊性を強める投資が能力の向上をもたらし，競争優位の強化に結びつくことを指摘している（Dyer, 1996）。関係性理論は，日米の自動車産業の分析に基づいて，アセンブラーとサプライヤーの間の関係特化が競争優位を強めることを実証的に明らかにしてきた。

自動車メーカーの組織能力について Clark and Fujimoto（1991）は，強い企業間関係の中では設計・製造における効果的な調整が行われることから，新製品開発における開発生産性，開発期間などでの競争優位が得られることを明らかにしてきた。さらに Dyer（1996）および Dyer and Nobeoka（2000）らは，サプライヤーによる能力向上が生産性，品質，コスト低減において具現化されることを指摘した。とりわけ，ネットワークの中にあるサプライヤーは，ニーズ情報，最新技術情報などの情報入手にすぐれ，情報共有，対面コミュニケーション，ゲストエンジニアなどを通して能力向上が促進されることを示した（真鍋・延岡，2003）。情報の共有および学習は，1対1の関係よりもネットワークによる効果が大きく，サプライヤーの能力向上はネットワークの関係性によって促進されるとみるのである。

(4) 経営システム

日本的経営が議論される中で，日本的経営システムの海外移転や海外での適用可能性が多くの研究者によって研究された（吉原，1979；吉原他，1988；植木，1982；林，1985；White and Trevor, 1983；安室，1992；安保編，1988，1994）。そして移転の実態や海外事業の経営様式が分析された。直接投資による工場移植は，社会的，文化的側面を含むがゆえに，社会的基盤と

切り離せないとする見解と，切り離しが可能であるとする見解が対立的であった。

　一般的に言えば，国際経営は，多国籍企業の経営システムや組織慣行，雇用制度が受入国の文化や宗教，労働慣行と結合される経営資源ミックスを進めることである。経営資源ミックスは，事業特性や企業諸条件によって多様な結合形態を取る。その意味で，経営システムの移転には，その結合の仕方によって複数のパターンがあることが明らかにされた（林，1985；安保編，1988）。そうして日本的経営の文化的，制度的な特殊性が強調され移転の困難性が強調されながらも，日本企業の海外展開は進み，経営システムは海外へ移転されてきた。

　特に，日本企業の生産機能が大規模に移転された東南アジア諸国では，日本企業は日本本社でつくりあげた経営システムを基本的には海外事業に移転している（市村編，1988）。欧米のような事業経営方法がまだ確立されていなかった東南アジアでは，日本の経営システムは比較的に多くの企業で実施されている。中には，自立的な展開をする子会社の例も報告されている（川辺，2011）。

(5) 知識・組織文化

　第5に，知識・組織文化の移転に焦点を置くアプローチである。近年は，多国籍企業の経営を知識移転論の観点からとらえることが注目されている。経営にとって知識・組織文化はもっとも基盤的な要素である。それは，人々の行動の前提となる価値規範や理念を含み経営制度を支えるものであるからである。Grant（1996）は，知識はもっとも戦略的に重要な企業資源であるとし，Teece et al.（1997）は，知識は競争優位の構築に導くものであると指摘する。それゆえ，国際知識移転はグローバルな競争優位の実現に決定的に重要であるとみなされる（Gupta and Govindarajan, 2000）。

　例えば，Zander and Kogut（1995）は，能力の移転および模倣は基礎にある知識の資源に関連していることを指摘する。また，Pérez-Nordtvedt et al.（2008）は，国際的な知識移転の分析の中で，知識移転の効率と能率が，第1に受入側の学習意志（動機），第2に送り手の知識の魅力，第3に関係の

質，によって規定されるモデルを展開している。

　これに対し，Gupta and Govindarajan（2000）は，海外子会社と親会社あるいは他の子会社間の知識移転の決定要因について，米国，日本，ヨーロッパの多国籍企業75社の374の子会社での調査データによって実証的に分析した。知識は，組織のさまざまなレベルで存在し，多様な方向へ移転されてゆくが，彼らは多国籍企業における手続き的な知識類型を取り上げて，知識移転の決定要因を分析している。そこで，「多国籍企業が存在する主たる理由は，外部市場メカニズムを通してするよりも企業内の仕組みが知識をより有効に，能率的に移転し開拓する能力があるためである」と指摘する。知識移転論は，組織能力としての知識の移転が行われるという理由によって，直接投資が行われ多国籍企業が存在することを説明している。

　Gupta and Govindarajan（2000）は，多国籍企業内の知識フローを次の5つの要因の関数であるとモデル化している。

　第1に，送り手・本社によって所有されている知識の価値である。子会社の知識の蓄積が多国籍企業の他の組織（本社・子会社）にとって価値があればあるほど，他の組織にとってはより魅力的となる。

　第2に，知識共有に関する動機的性質である。特定の子会社が多国籍企業内の他の組織と知識を共有する動機を高める要因は，知識移転に正の効果を与えると考えられる。

　第3に，移転チャネルの存在，品質，コストである。知識フローは，コミュニケーションリンクの豊富さ・幅を有する移転チャネルの存在に依存している。

　第4は，受け手となる子会社の動機的性質である。自前主義（NIH）症候群は，知識の移転フローの大きな障害となりうる。

　第5は，受け手となる子会社の吸収能力である。個人や組織は，新しい情報の価値を認識し，同化吸収し，商業目的に応用する能力によって異なっている。

　Gupta and Govindarajan（2000）は，知識の国際移転はこれらの要因に依存すると指摘し，知識移転の障壁あるいは阻害要因はこれら5つの要因であるという。彼らの分析結果は，海外子会社による知識の受け入れに関しては，

その仮説を支持するものであった。

なお，受入側要因として比較的早い段階から注目されてきたのは，吸収能力（absorptive capacity）である。知識移転は一方で，受入側の学習が必要であり吸収能力に依存している。Cohen and Levinthal（1990）によれば，吸収能力とは，新しい情報の価値を認識し，同化吸収し，商業目的に応用する能力であると定義される。それは，技術能力，知識，スキルおよび支援制度を含む新技術を企業，社会，あるいは個人が採用する能力である（Ockwell et al., 2010）。この吸収能力は，先進国などで開発された技術を途上国のニーズに適合させ，応用して新しい技術を創造する組織能力を含む。

企業にとってこの吸収能力は，企業が保有する関連する事前知識の水準の関数であるとされる（Cohen and Levinthal, 1990）。その考えによれば，事前知識が学習の基礎となり，将来の能力の獲得を制約する。その意味では，企業の吸収能力は，国際知識移転の重要な規定要因となる。吸収能力があることによって，直接投資による経営移転あるいは現地化は制約を受けている。多国籍企業における能力や知識の移転・普及に関して，受入側である企業の吸収能力および組織能力が重要であることが共通して指摘されてきた（Birkinshaw and Hood, 1998 ; Phene and Almeida, 2008）。

3 環境経営の移転に関する理論

次に，経営移転に関する先行研究を基礎に，環境経営の海外移転に関連するこれまでの研究についてその論点を整理しよう。ここでは，前述の表2-1の分類に沿いながら環境経営の移転に関連する代表的研究を整理する。既存の経営移転に関連する研究の中で，持続可能性あるいは環境の視点を明示的に取り入れた研究は限られている。これまで研究されてきたのは，環境経営の個別問題についての研究である。その中から，環境経営の移転にかかわる論点を含む研究について考察する。

(1) 汚染逃避仮説

海外直接投資による環境への影響に関しては，比較的早い段階から議論が

行われてきた。すなわち，先進国から投資が行われるときに，発展途上国に汚染を移転すると主張する「汚染逃避仮説」(Pollution Haven Hypothesis) と，先進国が比較優位にある資本集約的産業である汚染集約産業による輸出は途上国の汚染集約産業による国内生産が縮小し，環境改善に寄与するという「要素賦存仮説」の2つの対立的見解が示されてきた。

前者の仮説は，厳しい本国の環境規制を逃れて海外に生産を移転するとき，汚染が途上国に移転されると主張する（Leonard, 1998）。これについては，環境規制の緩い国への汚染集約財の生産移転を検証した Low and Yeats (1992)，汚染集約度の高い化学・鉄鋼産業での海外直接投資増加を検証した Xing and Kolstad (2002)，米国各州の環境規制と汚染集約型産業の立地の関係を検証した Levinson (1996) などの実証研究がある。

他方，後者の仮説は，先進国の先進的な資本集約産業が比較優位を持ち，その輸出が途上国の環境改善に貢献すると指摘する（天野，2006）。以上の研究は，直接投資による環境への影響を説明している。これらの研究の論点は，海外事業において環境への取り組みと経済効率は両立させられるのかにかかわっている。

(2) 資源・組織能力

続いて，資源ベース論とその発展としての組織能力論がある（Barney, 1991 ; Teece et al., 1997）。1990年代の初めの環境問題に関する大きな理論的関心は，環境と経済が両立するかどうかであった。多くの研究が行われ，環境パフォーマンスと経済パフォーマンスの関係を実証的に分析してきた（Hart and Ahuja, 1996 ; Corderio and Sarkis, 1997 ; Russo and Fouts, 1997 ; Konar and Cohen, 2001）。

環境への取り組みについて重要な問題提起となったポーター仮説は，適切な環境規制は企業の技術開発を促進し，資源生産性を高め環境パフォーマンスを改善するとともに，その結果として経済パフォーマンスを高めることを指摘した（Porter and v.d. Linde, 1995）。しかし，それは事例に基づく仮説にとどまっていた。環境パフォーマンスと経済パフォーマンスの間の関係はブラックボックスであると言われた（Klassen and McLaughlin, 1996）。これ

に対し，経営資源および能力が成長の基礎であるとする資源ベース論が，環境パフォーマンスと経済パフォーマンスの関係の組織活動およびプロセスを説明する重要な基礎を提供している（Hart, 1995 ; Aragón-Correa and Sharma, 2003）。

さらに，海外事業においても，環境パフォーマンスと経済パフォーマンスは両立するのか否か，そして，それを実現するために組織の行動がいかに展開されるのか資源ベース論はその分析用具を提供する。そのとき，資源ベース論は，価値連鎖モデルと結びつけることで海外移転をより適切に説明する。価値連鎖モデルは，競争優位をもたらすために価値連鎖のいかなる機能を強化し構築することが価値創造に有効なのかを示すモデルである。したがって，事業の海外移転は多国籍企業の組織能力を高めるための新しい価値連鎖の構築としてとらえられる。

Jeppesen and Hansen（2004）は，デンマーク，スウェーデンなどの企業による環境への取り組みの移転を分析し，途上国企業の環境能力の向上が見られることを明らかにしている。そして，多国籍企業の価値連鎖との連結を通してもたらされる途上国企業の環境改善は，一部には外部産業・市場要因に，一部は企業の内部資源・戦略に依存すると説明してきた。

こうした組織能力の組織間移転とそれに伴う組織能力向上には少なくとも次の内容が含まれる。第1に，新しい知識を学習し吸収する，あるいは理解することである。第2に，新しい知識が含む，求められる活動を実行することである。例えば，工場でより効率的な生産を行うあるいは新しいすぐれた機械を操作することである。第3に，問題を解決するあるいは新しい製品や技術を開発することである。これらの組織能力は，環境経営の取り組みに適用したときに累積的に蓄積されることが資源ベース・組織能力論によって説明できる。

しかし，いかなる組織能力がどのように海外事業に移転され，海外子会社のいかなる組織能力となるのか，その構築プロセスは理論的にまだ明らかにされたとはいえない。

(3) 環境技術

　続いて，環境技術および環境イノベーションの国際移転の研究が行われてきた。環境イノベーションは，環境負荷削減のために，製品機能，製造工程，組織・事業システムにおいて行われる変革である。それは，新しいアイデア，行動，製品および工程技術を開発し，それらを応用あるいは導入し，環境負荷の削減またはエコロジカルな特定の持続可能性の目標に貢献する方策である（Rennings et al., 2006）。地球温暖化に関する環境技術の発展途上国への移転に政策的関心が高まっており，OECD（2009）も環境政策の重点課題として環境技術とその普及を取り上げている。技術の国際的なスピルオーバー（波及）は気候変動などに関する国際的な政策遂行のためにも重要である。

　環境イノベーションの重要な研究として，第1に，Popp（2006）では，米国，日本，ドイツの3カ国における大気汚染技術の革新と普及を，特許データに基づいて研究している。彼によれば技術の国際移転は間接的に行われる。つまり国内の発明者・企業を介して移転が行われている。このことは技術移転が行われる前に，国内の研究開発が必要で，国内の研究開発がその技術を国内市場に適応させるかどうかに移転が影響されるとしている。

　第2に，Lanjouw and Mody（1996）は，1970年代，80年代の日米独における環境イノベーションとその普及について，特許データによって分析している。その結果，環境イノベーションにはエンド・オブ・パイプ型の特許が多いことや，米国で申請された日本の特許の高い割合が工業および車輛による大気汚染にかかわっていることを明らかにした。これに対しドイツの特許は，水質汚濁に関するものが多いことが示されている。つまり，国際的にエンド・オブ・パイプ型の技術特許が移転されていること，そして環境規制が環境イノベーションを促進していることを示唆している。

　これらの研究は，特許によって測定された特定の環境イノベーションの移転を取り扱っている。しかし，それは，日常的な業務活動の中での技術的効率化や改善のスキルの移転を含む多様な技術的，組織的取り組みを説明していない。環境経営の取り組みには，多様な組織レベルのさまざまな種類の取り組みが必要である。

　環境マネジメントに向けられた持続的な小集団活動は，環境効率の改善に

適用され効果をあげている。なかでも，職場におけるQC（品質管理）サークル活動や，省エネ，3R，廃棄物削減といった環境パフォーマンスの改善活動の移転が行われている。小集団活動およびジャスト・イン・タイム（JST）生産方式は，わが国企業に顕著な管理活動である。また，TQM（Total Quality Management；全社的品質管理）は生産効率を向上させるイノベーションとして海外の研究者によって注目されてきたが，環境負荷削減にかかわって展開されるときTQEM（Total Quality Environmental Management）と呼ばれている（Shrivastava, 1995）。TQMはわが国では特に，品質向上，コスト低減，生産性向上などの業務効率向上に大きく寄与してきた。そのため，わが国ではTQMが，環境効率改善を対象として，廃棄物削減，化学物質削減，CO_2削減あるいは3Rの取り組みとして適用され展開されるようになった。これらの活動がいかに海外移転され実行されるのか，そのプロセスの分析が求められる。

(4) 環境経営システム

次は，環境経営システムの移転に関する研究がある。Florida（1996）は，日本企業の米国における事業展開の中で，経営移転の一環として，環境経営の取り組みがどのように実行されているのかを，管理的，技術的側面について説明している。そこに見られる取り組みは，リサイクル，TQEMと参加的取り組み，サプライチェーンと統合，グリーン設計技術，サプライヤーと顧客との関係などである。これらの中から環境経営移転にかかわる典型的な取り組み内容は，環境マネジメントシステムの移転である。

また，Prakash and Potoski（2007）は，直接投資によってISO14001の環境マネジメントシステムが普及する可能性を分析し，ISO14001の認証取得の多い国からの直接投資が，受入国でのISO14001の取得が多くなることを明らかにしている。これに対し，Hansen（2002）は，多国籍企業から発展途上国の子会社へ環境経営がいかに移転されるのか，アンケート調査と事例研究に基づいて明らかにしてきた。

(5) 知識・吸収能力

　最後に，環境についての知識の移転・学習に関する研究がある。持続可能な社会のためには，できるだけ早く環境に関するすぐれた技術や取り組みを先進国，途上国に移転・普及させることが望まれる。知識の移転，組織としての手続きやプログラムの移転は，受入組織や受入社会による文化的・価値的な受容を伴うものである。なかでも吸収能力は，移転の主要な規定要因の1つとされてきた。これらはUNEP／WHO（1996），OECD／DAC（1999），UNDP／GEF（2003）などの環境分野での開発援助の議論や，Janicke and Weidner（1997），Boesen and Lafontaine（1998），Weidner and Janicke（2002）などの組織の環境対処能力として研究が進められてきた。

　他方で，それは送り手の知識や，イノベーションの開発コストとインセンティブ，多国籍企業本社の戦略にかかわっている。特に競争優位の獲得および知的財産権と絡んでいるため，技術や知識ノウハウを移転することは容易ではない。特許や知的財産権が保護されず開発コストをカバーできないときやインセンティブが与えられないとき，リスクのある環境イノベーションに積極的に取り組む理由はなくなり開発が停滞するであろう。そうした状況では，知識やスキル，暗黙知の移転については，市場取引で進めるよりも多国籍企業内部での移転が選択される。

4　本書の視点

　以上の考察をもとに，本書では，資源ベース論・組織能力論を基礎にした環境経営の海外移転の分析を行う。資源ベース論・組織能力論を基礎にする理由は，企業の業績や成果は組織のプロセスとしての活動および能力構築に依存し，そのプロセスを明らかにすることが必要であるからである。子会社への移転に関する研究はあったが，通常，子会社の内的活動はブラックボックスであったと指摘されてきた（Birkinshaw et al., 1998）。事業の存続には，組織能力の構築およびそれに基づく競争優位の獲得が不可欠である。環境経営移転や環境パフォーマンスには，それを実現する組織のプロセスと活動がある。これを説明するには，資源ベース論・組織能力論が有力な視点を提供

するのである。

　環境経営の移転・普及においてはこの組織能力の獲得が決定的に重要である。われわれは，環境能力を工程，製品，組織システム，制度のレベルにおける環境問題を解決し，環境負荷を削減することに有用な組織能力，と定義した。企業による環境経営の移転とは，環境負荷削減にかかわる経営活動や環境能力を他の組織に移転し，受入側の環境能力を高めることである。

　通常，海外事業は親会社からの環境経営移転により，環境への取り組みに必要な組織能力を現地企業よりも早く獲得することができる（Jeppesen and Hansen, 2004）。その意味で，多国籍企業が優位性のある経営資源を保有するときには，内部化組織はコスト優位のみでなく，先行者優位を獲得する可能性がある。そして環境取り組みを持続的なものとするためには，競争優位の維持と結びつけて考える必要がある。競争優位が得られ，経済パフォーマンスの向上が期待されるとき，環境への取り組みが積極的に行われるだろう。しかし，技術の移転・普及を1つとってみても，簡単ではない。そこには，移転する側の経営的要因に加えて，受入側の社会的組織的受け入れ諸条件が存在するのである（Rogers, 1995；Christensen, 1997）。

　では，環境経営の移転は何によって決定されるのであろうか。経営および技術の移転の規定要因についてこれまでの研究では主に次の見解がある。第1に，Jeppesen and Hansen（2004）は，政府規制，顧客・市場，および内部資源・環境戦略で説明している。これは，企業の主要な外部要因と資源などの内部要因によって説明されている。第2に，吸収能力の理論が環境経営移転に適用可能で，政府や市場などの外部要因，海外事業を展開する多国籍企業の戦略，そして受入国の吸収能力で説明される（Cohen and Levinthal, 1990）。第3に，Schaltegger and Synnestvedt（2002）は，環境経営移転を規定する要因について，企業の経営状態，市場，社会，政府などにおける環境問題の関心に依存していると指摘している。

　こうして，先行研究で重要な要因として指摘されてきたのは，第1に環境規制を課す政府，第2に海外事業を展開する多国籍企業とその環境戦略，第3に顧客・市場，そして第4に受入国の吸収能力である。移転の規定要因については一致した考えがあるとは言えないが，共通する要因がとらえられて

いる。その中にあって環境イノベーションの普及に関する Beise and Rennings（2005）の研究は，環境イノベーション普及の規定要因として政府規制，顧客・市場，組織能力を取り上げ実証的な分析をしている。そこでは外部要因として，市場要因が環境規制よりも重要な要因であることを実証的に明らかにしている。これらの規定要因およびそれを説明する視点は，われわれにとって大いに参考になる。本書では，これらの要因を考慮した分析フレームワークを考える。

資源ベース論の視点に立てば，企業の成長は資源・能力を基礎にしている。企業経営は現実に存在する諸条件を前提にして組織能力を累積的に形成し行われる動態的なプロセスである。事業価値を創造するのは，そうした動態的な活動プロセスである。そのことは環境経営にも当てはまる（Hart, 1995）。環境経営は多くの下位システムから成り立ち，累積的な発展をするプロセスである。環境経営の発展にはそれを支える下位システムの発展が必要となる。特に途上国における環境経営の推進は，先進国企業によって導入される技術・取り組みの移転と受入側の吸収能力に大きく依存する。しかし，多国籍企業の海外子会社にとっての吸収能力は，社会経済の吸収能力と同じではない。海外子会社の場合，多国籍企業による裁量が大きく影響するからである。

一般的に，経営資源の移転について，直接投資理論は直接投資が先進国から発展途上国へ向かうことを論じている。しかし，そのモデルは供給側要因に力点を置くもので，需要側の要因は制約として扱われ，積極的な創造活動が説明されていないところに限界がある。これに対し最近は，需要側要因に注目する研究が提案されている（Birkinshaw and Hood, 1998 ; Simonin, 2004 ; Marin and Bell, 2006）。多国籍企業による子会社への技術波及に関して，Marin and Bell（2006）は，「子会社自身による知識創造と蓄積が波及の潜在可能性の重要な源泉である」と指摘し，受入側要因にも依存していることを強調している。

関連して，先進国から途上国へのイノベーションの一方的な流れに対して，逆の流れが，リバース・イノベーションとして注目されている（Govindarajan and Trimble, 2012 ; 榊原, 2012）。リバース・イノベーションを考えると，環境経営の移転についての理論はやがて新たな規定要因や新しい理論モデル

が生まれる可能性がある。現実の企業経営が，従来とは異なる流れを強める方向に向かっていることは明白となっている。しかしながら，環境経営の移転を考えるとき，環境経営は，企業の投資決定や環境リスク，社会的責任と強くかかわるために，多国籍企業本社がイニシアチブを取る必要が大きい。リバース・イノベーションはまだ例外的な流れであるということも否定できない。

　以上，環境経営の海外移転に関連する先行研究の考察から，本書の課題にかかわる重要な論点を明らかにしてきた。一般に，親会社が組織能力にすぐれ環境経営に積極的に取り組んでいると，海外子会社の組織能力を高め競争優位を強めるために海外子会社にもすぐれた環境経営が波及する可能性は相対的に高くなるであろう。すると，環境経営の能力あるいは取り組みは親会社から海外子会社へ移転されやすくなる。しかし，親会社と海外事業の間には依然として規模，発展段階の格差があるために，環境取り組みに時間差や展開の違いが存在する。そうした状況の中で環境経営取り組みがどのように移転されていくのか，明らかにするべき課題は多い。

　そこで，次に本書の分析フレームワークを示し，いかなる要因を中心に環境経営の移転を分析するのか，われわれの研究課題と方法を第3章で示すことにしよう。

第3章　分析フレームワークと仮説

1　分析フレームワークと構成要素

(1)　分析フレームワークと構成要素

　企業活動では，特定の下位組織で獲得された組織能力を組織内で移転・学習し，全社的な能力として構築することによって，業績改善と競争力強化に結びつけることが重要になっている（Bartlett and Ghoshal, 1989 ; Szulanski, 1996）。内部化理論は，内部化した組織を国際的に広げることによって多国籍企業が競争優位を手に入れることを主張している。実際，多国籍企業は競争優位を獲得するため，海外事業をさらに拡大しようとしている。そして多国籍企業による組織能力の移転は，単一企業の組織内部や国内・海外の子会社のみでなく，さらにはサプライヤーにまで拡大されつつある。完成品のコストや品質は，サプライチェーン全体で達成されたコストや品質に依存するほど大きな効果をもたらす。それは環境経営に関する組織能力の移転についても当てはまるであろう。それゆえ，環境負荷削減のためにも競争力強化のためにも，環境への取り組みは，自社の製造工程からサプライチェーンにまで広げることで効果を高める（Esty and Porter, 1998）。

　本書は，多国籍企業による環境経営の海外移転を分析するために，図3-1の分析フレームワークを用いる。図3-1は主要な要素とその関係を表している。

　第1は外部要因である。環境問題が認識されるにつれ，政府，市場などの外部要因が影響を強める。なかでも政府は，環境規制を課すことのできる重要な外部ステークホルダーである。また，顧客・市場は，社会のニーズや環境規制を受けて企業に環境への取り組みを求める。中間財メーカーであれば，市場ニーズは顧客企業の要請となって伝達される。中間財メーカーにとって，

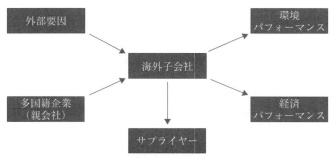

図3-1　環境経営移転の分析フレームワーク

最終製品メーカーの要請は優先事項で,対応しなければならないもの(must)である。さらに企業が立地する地域社会・住民からも,事業に対して,排水,大気汚染,有害化学物質,臭気,騒音などの点で厳しい環境要請がある。こうして政府,顧客・市場,地域社会は,企業にとって中心的な外部ステークホルダーであるとともに,主要な外部環境圧力の源泉である(Henriques and Sadorsky, 1996 ; Beise and Rennings, 2005)。

企業は,これら外部ステークホルダーからの要請を受けながら環境への取り組みを行い,環境パフォーマンスを高める努力をしている。ステークホルダーの圧力が強く認識される企業では,経営者の環境経営の意識を高め,実質的な取り組みを促す作用があることが指摘されてきた(Sarkis and Coderio, 2001)。それゆえ,環境規制と企業市民としての責任は,企業の環境戦略におけるカギとなる要因である(Florida, 1996)。こうして,本書では,外部要因については政府,顧客・市場,地域社会の3つのステークホルダーを取り上げその影響を考察する。

第2に,国際的な事業活動を展開する主体である多国籍企業が存在する。本書では,多国籍企業は,海外子会社の親会社を指している。多国籍企業と海外子会社は,法形態的には別個であるが,経営的には海外子会社は内部化組織である。多国籍企業は,海外子会社の経営を支配し,その戦略や投資行動を規定している。それゆえ,親会社の保有する資源・能力は,内部化された組織である海外子会社の能力の源泉である。

多国籍企業は,競争優位を強めるために,世界的規模で価値連鎖を構築し,

その技術や経営手法を本社組織から海外事業へ移転して海外事業の効率的な遂行を追求している。その際に，多国籍企業は，国際社会や市場，現地政府の政策などの外部要因の影響を受けながら，本社における環境経営の取り組みを海外事業へ導入する。親会社の戦略的枠組みの中で海外子会社は事業を展開し，環境にかかわる多様な取り組みを実践している。

多国籍企業による環境投資決定のガイドラインとなる環境戦略は，環境経営の中心的機能を果たしている（Popp, 2006）。環境戦略は，企業の活動の枠組みを決め，環境投資行動を決定する。その意味で，海外事業の環境取り組みは多国籍企業の環境戦略によって影響される。しかし，多国籍企業の環境戦略と海外子会社の環境戦略はグループ企業として内部化された組織であるとしても，必ずしも同一ではない。海外事業は，外部条件，人材，技術水準，資金，企業規模などの点で親会社とは異なる基盤の上に存立するからである。海外子会社の制約条件は，親会社とは相当に異なるであろう。

環境経営の取り組みには，戦略的側面と組織的側面がある。しかし本書では，親会社の戦略要因は測定対象ではない。海外子会社を対象にした質問票調査で多国籍企業の本社の戦略を海外子会社が識別するのは妥当ではないからである。代わりに，親会社による目に見える環境への組織的取り組みの実践を取り上げ，それに環境戦略が反映すると考える。親会社の組織的取り組みとして，代表的な環境マネジメントシステムおよびグリーン調達を取り上げる。

第3に，海外子会社である。われわれの分析の中心は環境経営の移転が行われる海外子会社・関連会社である（以下では関連会社を含んで海外子会社と略す）。海外子会社が環境経営に取り組む戦略的側面としては，子会社の経営者による課題の認識と環境達成目標の設定が重要である。企業の効率的な環境経営の促進には，トップの環境リーダーシップや，環境達成目標の設定，さらには従業員の参加に強く依存していると指摘されてきた（Buysse and Verbeke, 2003）。そこで，子会社の環境戦略については，環境達成目標の有無，トップの環境問題に対するトップリーダーシップの強さ，従業員の参加を取り上げる。

続いて，子会社による環境取り組みの組織的側面には，環境経営の管理体

制と技術的取り組みがある。前者は，ISO14001の認証取得，環境報告書の作成，環境会計の導入がある。後者には，ゼロエミッション，エコデザイン，3Rなどがある。われわれは，親会社と同様に，海外子会社による代表的な環境取り組みとして，環境マネジメントシステムおよびグリーン調達を取り上げる。一部の主要企業ではこれらの取り組みを海外事業ですでに展開している。ISO14001の認証取得と環境管理体制の構築，グリーン調達の実施の他にも，個別には廃棄物の削減，省エネルギー，エコデザイン，リサイクルなどが実践されている。海外事業における取り組みは，海外サプライヤー企業にも影響を与えサプライチェーン全体へ波及することが期待されている。

第4に，環境パフォーマンスおよび経済パフォーマンスがある。環境への取り組みの結果として，環境の質や収益にその影響が現れる。海外事業における環境への取り組みが，環境パフォーマンスをどのように向上させるのか，さらに環境取り組みは費用の増加とみなされているのか，それとも競争力を強め経済便益を高めるとみなされているのか，環境経営移転の成果に関して吟味する。

一般に，環境パフォーマンスには水，大気，化学物質，廃棄物，CO_2などが指標として使われる（WBCSD：World Business Council for Sustainable Development, 2000）。伝統的には水質汚濁，大気汚染の公害型要因がある。今日，企業の環境報告書などに環境目標として広く取り上げられるのは，温室効果ガスの削減と，有害化学物質の削減，廃棄物の削減と省資源・リサイクルである。廃棄物を削減しリサイクルを進めれば，省資源や有害物質の削減にもなる。省資源はエネルギー消費の削減を可能にし，CO_2削減に導くことができる。そこで本書では，環境パフォーマンスに関しては，水，大気，廃棄物，CO_2の指標を取り上げる。他方，経済パフォーマンスについては，コスト効果と収益効果を取り上げる。経済パフォーマンス指標として収益率が多く使われるが，海外子会社についてこれらのデータ入手は困難なため，その代替指標としてコスト効果と収益効果の認知指標を用いた。

第5に，サプライヤーである。数多くのサプライヤーを必要とする加工組立型産業では，海外サプライヤーへの波及とその成果をあげることが海外事業の競争優位を強めるために必要であり，同時にサプライヤーは途上国経済

のグリーン化の重要なカギを握っている。

　特に，電機メーカーや自動車メーカーは，サプライチェーン全体の環境負荷削減に取り組みつつある。それは部品サプライヤーに対しても環境取り組みを促している。同様に，食品産業では食品の原産地表示やカーボンフットプリントの記載が行われつつある。アパレル産業では環境負荷削減に向けてメーカーから小売業までの国際的連携が始まっている。このように，グローバルなサプライチェーン管理は，加工組立型産業，素材型産業を問わず一部ではすでに始められている。グローバルな調達が進んでいる今日，グローバルなサプライチェーン管理が必要であり，環境経営の取り組みの海外事業への移転・普及は不可避となりつつある。

(2) 親会社の環境戦略の位置づけ

　ここで親会社の環境戦略と，その海外子会社の環境戦略との関係を明確にするために，補足的な説明をしておく。前述したように，本書では，親会社の環境戦略は測定対象ではない。言い換えれば，親会社の環境戦略の操作概念化はしていない。その理由は，本書が海外子会社に対する質問票調査をもとに海外子会社の環境取り組みを中心に分析しようとしているからである。海外子会社の責任者が日本の親会社の環境戦略を識別・評価しようとすれば，情報の不完全性や不正確性が予想され，測定上のバイアスが大きくなると予想される。したがって，本書は親会社の環境戦略の測定は意図しなかった。しかし，そのことは親会社の環境戦略が重要でないということを意味するものではない。また，移転に際して親会社の役割を説明しなくともよいということではない。

　戦略とは，企業の意思決定のガイドラインであり基本設計図であるとすれば，環境戦略は企業が環境問題にいかに対処し取り扱うかその基本的あり方を表すものである。この環境戦略は，実際の企業経営では，明示的であれ暗黙的であれ環境理念・方針を反映する。もし，環境戦略あるいは環境方針がなければ，企業は環境課題に対して組織的に統一のとれた適切な意思決定をすることが難しくなる。海外事業では，全体を統括する本社の理念・方針が重要となる。こうした環境理念・方針を持つ企業は，その方針をさらに行動

原則に具体的に示し，行動の方向性を示すことが多い。

　リコーでは，環境綱領や長期環境ビジョンをかかげ，環境保全についてコメットサークルのコンセプトを示している（リコーグループ『サステナビリィティレポート2014』）。さらに環境マネジメントシステムやグリーン調達基準を構築し，年度計画に具体的な活動目標がまとめられている。またトヨタ自動車では，環境理念・方針を制定し，その方針を「トヨタ地球環境憲章」に表している。この環境憲章の下に，各種の環境政策・指針が定められ，5カ年プランが作成される。現在は2011-15年度第5次プランの下に行動している。その行動計画がさらに各年度の方針および実行計画に具体化されている（トヨタ『サステナビリティレポート2014』）。

　こうして，環境方針や環境戦略を持つ企業は，より明確に環境に関する取り組み姿勢を示すであろう。環境戦略に沿って年度計画が立てられ，組織の活動やシステムに組み込まれていくのである。ところが，経営戦略がそうであるように，本来，定性的な概念である環境戦略は企業自身によっても抽象的であることもまれではなく，それを直接定量的に測定することは困難である。経営戦略論では，競争戦略の測定は，競争戦略の理論を提唱したポーター自身によってもなされていない。そのため，環境戦略についても定性的に類型化されることが多い。

　環境戦略がどのように類型化されるのかその代表的な例を見てみよう。第1に，環境戦略は受身的な法令遵守型戦略と能動的な汚染予防型戦略の2種類に分類されている（Russo and Fouts, 1997）。第2に，Hart（1995）は環境戦略を汚染防止型，製品責任型（Product Stewardship），持続発展型の3類型でとらえている。第3に，Buysse and Verbeke（2003）は，反応的戦略，汚染防止戦略，環境リーダーシップ戦略でとらえている。これらの例は，環境戦略がリアクティブ（反応的）な戦略からプロアクティブな（能動的）戦略へ次第に発展することを表している。

　こうした環境戦略の発展段階論には，多くの場合，次の要素が含まれている。第1に，環境目標である。それは環境取り組みの経営的重要度を示している。第2に，トップのリーダーシップである。環境目標を達成するために，組織を動かすイニシアチブが必要である。第3に，全従業員による参加的コ

ミットメントである。持続可能な発展のための環境経営には，全従業員によるすべての活動への取り組みが求められるからである。したがって，環境戦略の効果的な実行には，全員参加型の取り組みが重要となる。例えば，リコーでは，改善活動の5Sや全員参加の生産保全活動のTPM（Total Productive Maintenance）を基礎に，全員参加型の環境経営取り組みを展開してきた。こうした小集団活動は多くの日本企業で実施され，従業員参加が環境負荷削減に有効であることを裏づけている。

　上にあげた3つの要素は環境戦略の重要な構成要素をなしている。そして，環境戦略のこれら特性は，日常業務的な活動レベルで考えると，代表的には環境マネジメントシステムおよびグリーン調達として実行されている。環境マネジメントシステムは，もっとも可視的な環境取り組みとして有効なプログラムとなっている。そこで本書では，親会社の環境戦略は海外子会社の環境戦略に反映し，さらにそれはISO14001やグリーン調達の環境取り組みに次第に具体化されていくと考える。したがって，われわれは環境マネジメントシステムとグリーン調達が，親会社の環境戦略を一定の範囲で反映していると考える。ISO14001やグリーン調達は上にあげた3つの構成要素を満たしている。

　以上，本書で環境戦略をどのようにとらえるのか，やや詳しく説明した。そして，親会社の環境戦略の測定はしないものの，親会社の経営支配が行われている海外子会社では，その環境戦略と組織的取り組みは親会社の環境戦略と密接な関連があると仮定した。この点は，Hansen（2002）の調査からも明らかで，調査対象企業の65％で本社が海外子会社の環境政策を策定している。

　なお，親会社の環境戦略の重要性について，われわれは前著『環境経営の日米比較』（2011）において，認知指標を使って測定し実証的に分析した。そこでは次の事実が明らかになった。第1に，環境パフォーマンスの向上には，環境戦略が促進要因として作用している。第2に，組織的取り組みは，環境戦略の影響を受けて機能している。特に，日本企業では，外部要因から組織的取り組みが直接の影響を受けるのではなく，環境戦略を通して組織的取り組みが高められている。第3に，その組織的取り組みが高まった時に，

環境パフォーマンスの向上がもたらされることが明らかになった。その意味で，環境戦略の重要性が明らかにされたのである。

(3) 双方向作用について

われわれの分析フレームワークは前述のように図3-1に示されている。本書は，このフレームワークを基本として環境経営は親会社からいかに海外事業へ移転されるのか，さらに外部要因がその移転にどのような影響を与えるのか，また，海外子会社の環境経営はどのようなプロセスで高められていくのか，そしてその環境面および経済面での成果とサプライヤーへのさらなる環境経営移転のプロセスを明らかにすることを意図している。

しかし，既述のように，国際経営における組織能力の組織間移転については，親会社から海外子会社への移転にとどまらず，逆に海外子会社から親会社への組織能力の移転の重要性が指摘されている（Bartlett and Ghoshal, 1989；Birkinshaw et al., 1998；Gupta and Govindarajan, 2000）。

多国籍企業の競争優位を強化するためにも，海外事業が自立化することは重要である。事例的にも，米国やタイに立地する日本企業の子会社が，独自の製品開発機能を保有することや他の新興国工場を支援・指導する場合がすでに存在する。親会社と子会社の間にも，子会社とサプライヤーの間にも実際には多くの相互作用が存在している。

しかし，環境経営に限って言えば，現時点では，途上国の子会社から親会社へ組織能力や実践的取り組みが移転されるケースはまだ一般的ではない。環境経営が技術を基礎にすること，一定の投資コストを伴うものであること，そして社会的責任への対応を背景として実施されるからである。特に多国籍企業の統治形態で考えても，子会社から親会社へのこれらの移転は一般的ではない。環境に関する海外子会社の組織能力は，基本的に親会社に依存しているのである。

2 調査対象とデータ

われわれが分析の対象とする企業は，主としてタイおよびベトナムにおけ

る日本企業の海外子会社である。タイおよびベトナムで質問票調査を行い，ヒアリング調査は両国に加えてマレーシア，中国，シンガポールと日本国内で行ってきた。第9～11章の事例分析はこれらの調査結果を含んでいる。

　タイはアセアン諸国の中では比較的早く日本企業による進出が進み，1985年のプラザ合意以降の円高を契機に日本企業による集中的な投資が行われた。繊維や家電，食品分野では70年頃より個別に投資が行われてきた。85年のわが国の海外直接投資総額は122億ドルであるが89年には675億ドルの規模に急拡大している。

　ベトナムは1986年に市場開放政策（ドイモイ政策）を導入し，日本企業の投資は90年代半ばから動き出した。経済発展段階としてみると，2013年にタイは1人当たり国民所得が5674ドルであるのに対し，ベトナムは1902ドルと差がある。したがって，両国の間には経済発展の段階においても日本企業の直接投資においても時間差が存在する。その意味で，アセアン諸国の中で開発先発国と開発後発国で，日系企業による環境経営がどのように移転され実施されているか，その違いはどこにあるのか，発展段階によって何が課題なのか，どのような政策が有効なのか明らかにする上で有益な情報を得ることができるであろう。

　本書では，両国で行った質問票調査に基づいて海外子会社における環境経営の実態を分析する。タイでの質問票調査は，2010年8-10月にかけて郵送調査法によって行った。調査票送付の対象はデータベースよりリストアップしたタイに進出している日系の製造業企業460社で有効回答数は51社である。ベトナムでは11年1-2月にかけて同様の質問票調査を行い，96社の有効回答を得た。ベトナムでの調査は，ベトナムに進出している日系の製造業企業400社をデータベースよりリストアップし，ハノイ，ホーチミンの両地区でベトナム人アシスタント（研究員および大学院生）を雇用して直接聞き取りによる質問票調査を実施することができた。先行研究の論点およびわれわれの分析目的に基づいて構築した分析フレームワークに沿って，質問項目を設定し質問票を使って聞き取り調査を行った。

　回答企業を規模別に小規模企業（従業員数299人以下），中規模企業（同300人以上999人以下），大規模企業（1000人以上）に分類した。規模別の分

表3-1　回答企業の規模別分布

従業員数	タイ		ベトナム	
	企業数（社）	比率（%）	企業数（社）	比率（%）
1-299人	8	15.7	41	42.7
300-999人	29	56.9	35	36.5
1000人以上	14	27.4	20	20.8
合　計	51	100.0	96	100.0

布は，表3-1に示すように，タイでは，小規模企業が15.7%，中規模企業が56.9%，大規模企業が27.4%である。これに対しベトナムでは，小規模企業が42.7%，中規模企業が36.5%，大規模企業が20.8%である。ベトナムのサンプルは299人以下の小規模企業が最大割合を占めている。

3　本書で検討する仮説

　本書の基本的課題は，多国籍企業がその海外事業を通して環境経営の取り組みを海外に移転する促進要因とメカニズムを分析し，発展途上国への環境経営の移転・普及がどのように行われているか考察することである。そのために，図3-1の分析フレームワークを設計した。このフレームワークには，本書が検討する論点が示唆されている。すなわち，第1に，親会社から海外子会社への移転，第2に，外部要因による海外子会社の環境経営に対する影響，第3に，海外子会社からサプライヤーへの移転，第4に，海外子会社の環境パフォーマンスの促進要因である。そこで，本書では次の仮説を中心に分析を進めていく。

仮説1：環境経営の取り組みが進んでいる多国籍企業は，海外子会社への環境経営の移転に積極的である。

　歴史的に見ると，海外直接投資は，資本および技術を蓄積した先進国企業が海外へ事業を拡大するプロセスとして展開されてきた（Vernon, 1966；Fayerweather, 1969；Dunning, 1988）。Vernon（1966）の展開した国際プロ

第3章　分析フレームワークと仮説

ダクトサイクル論は，イノベーションが米国を起点として国際的に投資が波及していくことを示したモデルであった。他方，Dunning（1988）は，多国籍企業が企業特殊的優位性や内部化の優位性を有することによって，立地特殊的地位を求めて相対的に低賃金や資源の確保を目指して直接投資が行われることを強調した。そこには，先進国企業が保有する経営資源・能力の優位性があり，その優位性の拡大を求めて投資が途上国へ行われることを仮定してきた。リバース・イノベーションや途上国企業による独自製品ブランドの構築や海外進出は，20世紀末になってようやく注目されるようになった（Birkinshaw and Hood, 1998 ; Govindarajan and Trimble, 2012）。

環境能力に関しては，環境経営は累積的に発展する，という発展段階論の考えが多くの論者によって展開された（Hart, 1995 ; Kolk and Mauser, 2002）。企業もまたこうした発展段階的取り組みを計画している（リコーグループ『環境経営報告書2009』）。発展段階論の視点に立てば，海外子会社でも組織能力の蓄積は累積的であると説明される。とりわけ，技術能力の累積的蓄積は，新たな知識・技術の吸収を決定する重要な要因である（Zander and Kogut, 1995）。Birkinshaw and Hood（1998）は，海外子会社の組織能力は進化すると説明している。彼らは，子会社の成長は，資源コミットメントと能力構築の連続性のプロセスであるとし，子会社の組織能力の構築は累積的であり連続性があると指摘している。

その際，多国籍企業が保有する組織能力は，海外子会社の環境経営が発展する重要な基礎である。しかし，海外事業への移転には多くの制約が働いている。そこで環境にかかわる組織能力がいかに移転され，あるいは子会社で構築されるのかを明らかにすることが重要である。

仮説 2：多国籍企業による環境経営の海外移転は，現地の政府，顧客企業，地域社会に係る外部要因に影響される。

仮説 2-1：多国籍企業による環境経営の海外移転は，現地政府の環境規制に影響される。

海外子会社は現地の諸条件の中で事業を展開する。通常，受入国には独自の環境保全に関する規制があり基準がある。したがって，多国籍企業の海外事業は現地政府の環境政策によって規制される。環境問題の解決能力には，先進国企業・途上国企業の間に格差があるとしても，発展途上国の規制水準が必ずしも低いわけではない。例えば，タイやベトナムでの排水基準には，一部で日本より厳しい規制が認められる。企業はこうした現地政府の環境規制に対応しなければならない。

仮説2-2：多国籍企業による環境経営の海外移転は，顧客企業の環境要請に影響される。

　顧客企業が強い環境要請を持つときには，海外子会社はそれに対応しなければならない。そのとき，多国籍企業本社は，顧客によって求められる技術的取り組みを自らの海外事業に移転・対応しようとする。国内において取引関係にあり，海外事業でも同じ顧客であるときには，同一の水準の品質・サービスを提供することが重要である。国内での取引関係がない顧客を開拓した場合には，海外での顧客の新規要請は，通常，本社の承諾・支援を得てから対応することになる。グローバルに展開している企業では，どの国に立地しようとも同質の製品・サービスを顧客に提供することが求められる。顧客企業の環境要請が環境取り組みに密接に関係しているとみられる。

仮説2-3：多国籍企業による環境経営の海外移転は，地域社会の環境要請に影響される。

　海外子会社が立地する地域社会が強い環境要請を持つときには，海外子会社はそれに適切に対応しなければならない。ユニオンカーバイド社のインド・ボパール事故の事例を引くまでもなく，深刻な健康被害を受けるのは，環境汚染物質が排出される地域の住民であるケースが多い。地域の住民による受入れは事業存続の必要条件である。その意味で，海外事業が立地する地域社会は重要なステークホルダーである。

仮説3：海外子会社の環境パフォーマンスは，海外子会社の環境経営の取り組みにより高められる。

　環境パフォーマンスは，環境取り組みの結果である。明確な目標や行動が伴わなければ企業がすぐれた成果をあげることはありえないだろう。その意味で，環境の成果達成には経営のガイドラインとなる戦略に基づいて計画され組織的に実行されることが重要となる。戦略的，組織的な取り組みが強まるとき，その効果を高めると推測される。

仮説4：環境経営の取り組みが進んでいる海外子会社は，サプライヤーへの環境経営の移転に積極的である。

　海外子会社による環境経営の取り組みが進むほど，海外子会社の環境能力の水準は高くなるであろう。それは，顧客企業によるサプライチェーン管理が強くなる状況の中で，安定した取引関係を前提に，有形，無形の学習機会がサプライヤーに対して与えられることを可能にするであろう。企業によるISO14001の取り組みがそのサプライヤーに波及することがこれまでにも指摘されている（Arimura et al., 2011）。

仮説5：CSR評価が高い多国籍企業は，環境経営の海外移転に積極的である。
　仮説5-1：CSR評価が高い企業は，環境マネジメントシステムの海外移転に積極的である。
　仮説5-2：CSR評価が高い企業は，グリーン調達の海外移転に積極的である。
　仮説5-3：CSR評価が高い企業は，サプライヤーへの環境経営の移転に積極的である。

　企業の社会的責任（CSR）評価が高い企業は，経済，環境，社会の次元における積極的な取り組みを行い，それに対する社会的評価が高いことを意味

している。そのことから，CSR 高評価企業は，海外での環境経営への取り組みにも積極的であると予想される。特に業界のリーダー企業として社会的責任への意識の高い企業や，経営者の環境意識の高い企業では積極的であるだろう。そのとき，その企業の海外子会社での取り組みは強められ，親会社の組織能力が移転される傾向を強めるであろう。したがって，親会社が市場や社会の環境要請を認識し社会的責任意識を高めると，その海外子会社の環境経営の取り組みは強められると予想される。

仮説 6：業績が良い多国籍企業は，環境経営の海外移転に積極的である。
　仮説 6 - 1：業績が良い企業は，環境マネジメントシステムの海外移転に積極的である。
　仮説 6 - 2：業績が良い企業は，グリーン調達の海外移転に積極的である。
　仮説 6 - 3：業績が良い企業は，サプライヤーへの環境経営の移転に積極的である。

　この仮説は，業績がすぐれている企業は，その経済的な余裕によってより多くの資金を環境保全に向けた投資に振り向けることができることを示唆している。そして省エネルギー投資や環境関連の研究開発投資を増やすこと，製造工程での環境負荷を削減し，市場評価を高めることなどによって競争優位を強化する可能性がある。したがって，この仮説は，親会社の経済パフォーマンスと海外子会社の環境パフォーマンスが両立する可能性を取り上げている。
　しかし，経済パフォーマンスと，環境パフォーマンスあるいは環境への取り組みの因果的関係は複雑である。ポーター仮説では，環境への取り組みが競争優位をもたらし，経済パフォーマンスを高めることを主張してきた（Porter and v.d. Linde, 1995）。ポーター仮説をめぐる多くの研究は，両者の両立的関係の検証に向かった。これに対し，マクロ的に環境と経済の関係を分析する環境クズネッツ曲線は経済要因を説明変数とし，環境要因を目的変数としている。
　環境イノベーションと経済パフォーマンスの関係はまだ十分明らかとは言

えないものの，財務的な資金に余裕があれば，そのとき多くの人員や資金を投入することができるというのは経験的根拠がある。そのとき，企業の環境イノベーションが必ず起こるとは証明されていないが，投資が多くなり，効率化や生産性向上を実現する可能性がある。その意味で，環境と経済の間の因果的関係は双方向的である（金原他，2011；宮崎，2013）。経営活動においては，時間要因が重要であり，時間の流れの中で取り組みが行われる。企業の環境取り組みは，長期的にみれば原因とも結果ともなる。

なお，仮説6は，多国籍企業本社の環境と経済の関係を示すものではなく，多国籍企業親会社の業績と海外子会社への環境取り組みの移転の関係について説明している。その点で，これまでの論点を発展させた仮説となっている。また，社会および企業の持続可能性やトリプル・ボトムラインの3要素である環境，社会，経済を踏まえて，仮説1は親会社の環境面，仮説5は親会社のCSRとしての社会面（一部環境を含む），仮説6は親会社の業績としての経済面での取り組みが，環境経営の海外移転にどのように関係しているかを表している。

図3-1の各主体に照らし合わせると，仮説1,5,6が多国籍企業（親会社），仮説2が外部要因，仮説3が環境パフォーマンス（および経済パフォーマンス），仮説4がサプライヤーに関連した分析を行うこととなる。これらの仮説の検証を行いながら，環境経営のグローバルな展開がどのように促進されているのかを本書では検討していく。

以上，本書の分析フレームワークと基本概念を説明し，検討すべき仮説を提示した。これらの仮説は，多国籍企業による環境経営の海外移転を明らかにする本書の中心的な分析課題である。

第4章　環境経営の海外移転の実態

　事業活動のグローバル化は，環境経営のグローバル化を推し進める。地球環境の保全に取り組むことが社会的責任となり，多国籍企業は環境経営の取り組みをグローバルに実施することを求められるからである。本章では，次章以下の実証分析の基礎として，環境経営の海外移転・普及がどのように行われているのか，タイおよびベトナムでの日系企業を対象とした質問票調査に基づいて，海外子会社による環境経営の実態を考察する。

1　タイ・ベトナムにおける日本の直接投資

(1)　タイにおける日本の直接投資

　タイは，2000-10年の実質GDPの平均成長率が4.40％であった。11年に大洪水の影響があり成長率は0.1％にまで落ち込んだものの，12年には6.5％の成長率を回復した。13年の1人当たりのGDPは5674ドルである。首都バンコクを中心に急速に社会経済が発展している。

　タイに対する日本の直接投資は，表4-1のように2013年において2904億バーツで，日本はタイに対する海外直接投資総額の最大部分を占めている（ジェトロ，2014）。13年のタイ向けの直接投資の国別内訳は，日本が全体の60.7％を占め，EU8.5％，香港8.1％，シンガポール4.2％が続いている。近年，タイでは日本の直接投資規模が最大である。

　日本企業によるタイへの直接投資は，自動車産業を代表として大きな産業集積を形成している。タイにおける自動車産業は，日系企業の投資に牽引されて東南アジアでは最大の産業集積地として発展し，競争上の地位を確かなものにしつつある。日本メーカーにとってタイは自動車生産のアセアン地域統括機能を持つまでになっている。

　日本からタイへの投資は，同じ東南アジア地域のインドネシア，マレーシ

表4-1 タイ，ベトナムへの国別直接投資（2013年）

	タイ		ベトナム	
	金額（百万バーツ）	比率（%）	金額（百万ドル）	比率（%）
日本	290,491	60.7	1,406	9.7
韓国	3,631	0.8	3,829	26.4
中国	4,991	1.0	2,310	15.9
台湾	7,484	1.6	416	2.9
香港	38,610	8.1	631	4.4
シンガポール	20,039	4.2	3,060	21.1
英国	1,333	0.3	744	5.1
ドイツ	2,894	0.6	111	0.8
合計(その他を含む)	478,927	100.0	14,483	100.0

(注) タイは認可ベース，ベトナムは新規，認可ベース。
(出所) ジェトロ（2014）『世界貿易投資報告2014年版』より作成。

ア，フィリピン，ベトナムなどへの投資に比べてはるかに大規模である。アジアでは巨大な市場の中国と地域統括会社が置かれる傾向のあるシンガポールに次いで，タイに対する投資が多く行われている。タイが重要な海外事業拠点として位置づけられていることがわかる。

(2) ベトナムにおける日本の直接投資

他方，ベトナムは，1986年にドイモイ（Doimoi；刷新）政策によって市場経済政策の導入を決定し，対外経済開放を始めた。その後のベトナム経済は工業化のスピードを速めている。ベトナム経済はリーマンショック後の2009年に5.3%と低下したものの，2000-12年に平均して6.7%と高い経済成長率を達成している。13年の1人当たりのGDPは1902ドルである。1人当たりGDPや最低賃金は，インフレや労働力不足を背景に，他のアジア諸国と同様に急激に上昇している。ハノイ，ホーチミンの両市では，道路にオートバイ，自動車があふれ，オフィスビル，マンション，道路，橋梁の建設ラッシュが見られる。

2013年の日本からベトナムへの直接投資は14億ドルで，ベトナムへの直接投資総額144億8000万ドル（新規，認可ベース）の9.7%を占める（表4-1）。国別には，韓国（26.4%），シンガポール（21.1%），中国（15.9%）に続い

ている（ジェトロ，2014）。ベトナムは数カ国が同時に積極的な直接投資を行う投資受入国となっている。これは，ベトナム経済が高成長を続けており，人口規模も大きく，インフラ整備から製造業まで幅広い分野で需要拡大が見込まれるからである。近年，ベトナムへは韓国企業による大規模な投資が目立っている。また，中国リスクを回避する日本企業の投資も急増している。日本企業の新規投資は，国別には9.7％と第4位の規模であるが，拡張投資では日本は約60％と最大の割合を占めている。これは，韓国企業や中国企業に比べて日本企業のベトナム投資が先行していたことを示している。

以下では，環境経営が多国籍企業の親会社から海外子会社およびそのサプライヤーへ移転される実態について，タイ，ベトナムで実施した質問票調査をもとに考察する。

2 調査対象および調査方法

われわれは，日本企業がタイおよびベトナムで展開する事業活動の中で，環境保全を意識した，いかなる取り組みを展開しているのか，製造業企業に対して質問票による調査を実施した。調査対象企業のリストは，東洋経済新報社『海外進出企業総覧（国別編）』に加えて，日本商工会議所会員リストやジェトロ情報を利用して作成した。

タイでの質問票調査は，2010年8-10月にかけて郵送調査法により行った。質問票送付の対象は460社で有効回答数は51社である。これに対しベトナムでの調査は，400社の対象企業をリストアップし，11年1-3月にかけて同様の調査を直接インタビュー方式でハノイおよびホーチミン周辺地区で96社に対して行った。日本からの投資は，両地区に集中している。インタビューはベトナム人アシスタント（研究員および大学院生）を雇用して，分析フレームワークに沿った質問項目に従って環境担当責任者にインタビューした。質問票は海外子会社の環境取り組みについて尋ねている。親会社と海外子会社の関係の他，親会社の取り組みについても質問している。回答はリッカート方式の5点尺度（強くそう思う，ややそう思う，どちらとも言えない，あまりそう思わない，全くそう思わない）で測定されている。ただし，ISO14001

の導入，環境報告書の作成は3点尺度の回答（はい，準備中，いいえ）である。また，親会社の所有比率は日本側親会社の合計出資比率の割合である。

タイでの質問票は日本語で作成され，海外子会社の日本人経営者に回答を求めている。一般に，日本人経営者は親会社からの指示を直接受けて経営責任を負う立場にあり，本社との情報交流は一時帰国なども含め頻繁に行われているものと想定される。したがって，親会社の主要な取り組みについては基本的に理解しているものと判断している。

これに対しベトナムでの調査は，回収率を高めるために直接インタビュー形式よる調査方法を取り入れ，日本語の質問票をもとにして英語とベトナム語の質問票を用意し質問票に沿って回答を求めた。質問項目については，ベトナム人研究者との間で質問の内容，表現方法の逐語的な確認を行い，ベトナム語への翻訳には正確を期した。

一部はわれわれがヒアリング調査を行った日本人経営者から日本語による回答が得られている。しかし，インタビュー回答者はベトナム人責任者が大部分であった。このことはまた，日本側親会社の取り組みの理解についてはバイアスが作用しやすい状況にある。例として，環境報告書について親会社の取り組みを尋ねた質問に対する回答率が76％と低いことから（未回答が24％），ベトナム調査の回答者が日本親会社の状況について判断を保留したり，情報が不正確である可能性がある。この点について，日本人経営者が回答しているタイの回答率は94.1％である。タイとベトナムの回答率には18.1％の開きがあった。

質問票調査の対象企業は，規模別には，小規模企業（従業員数299人以下），中規模企業（同300人以上999人以下），大規模企業（1000人以上）に分類した。また，業種別には，サンプル数が少なく個別業種に分類して統計的に利用することは適切でないため，生活関連型産業，素材型産業，加工組立型産業に3分類しその特徴を考察した。生活関連型には食料品，飲料・飼料，繊維，木材・木製品，家具，その他工業。素材型には鉄鋼，パルプ，ゴム，化学，石油・石炭，プラスチック，非鉄，金属。加工組立型には一般機械，電気機械，輸送用機械，精密機械が含まれる。

タイおよびベトナムにおける調査対象企業の規模別分布は，表4－2に示

表4-2 回答企業の規模別分布

従業員数	タイ		ベトナム	
	企業数（社）	比率（％）	企業数（社）	比率（％）
1-299人	8	15.7	41	42.7
300-999人	29	56.9	35	36.5
1000人以上	14	27.4	20	20.8
合　計	51	100.0	96	100.0

表4-3 回答企業の業種別分布

業　種	タイ		ベトナム	
	企業数（社）	比率（％）	企業数（社）	比率（％）
素材型産業	10	19.6	23	24.0
加工組立型産業	29	56.9	53	55.2
生活関連型産業	12	23.5	20	20.8
合　計	51	100.0	96	100.0

す通りである。タイでは300-999人の中規模企業が全体の56.9％を占めている。これに対しベトナムでは，300人未満の小規模企業が42.7％を占め最大割合である。事業規模が小さいということは，業種構成にも影響されるが，投資時期が新しく事業経験年数が短いということが重要な一因である。

次に業種別分布をみると（表4-3），タイの調査対象企業の割合は，素材型19.6％，加工組立型56.9％，生活関連型23.5％である。これに対しベトナムの調査対象企業は，素材型24.0％，加工組立型55.2％，生活関連型20.8％と，両国の構成割合は類似した分布を示している。

3　規模別，業種別の考察

(1) 事業経験年数

図4-1はタイおよびベトナムへの進出の年次別分布を示している。タイでは，1990年以前の設立が41.2％でもっとも多い。これに対しベトナムでは2001-05年の設立が32.3％を占め最大である。1990年以前の設立は0％，95年以前の設立も15.6％にとどまっている。

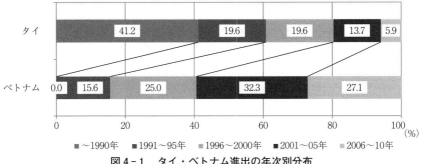

図4-1 タイ・ベトナム進出の年次別分布

　次にタイの調査対象企業の会社設立年は，平均で1992.02年であった。設立年は言い換えると事業経験年数を表し，調査時点での平均経験年数は17.36年である。規模別には，表4-4より小規模企業16.00年，中規模企業17.03年，大規模企業18.92年で経験年数に有意な差はない。また，表4-5より，経験年数は業種別にもほとんど差がなく，素材型19.20年，加工組立型16.69年，生活関連型17.45年である。

　これに対しベトナムでは設立年の平均が2001.41年で事業経験年数では9.53年である（表4-7）。したがって，ベトナムの事業経験年数はタイと比較すると平均して約8年の差がある。サンプル中，もっとも設立の早い企業で1994年であった。規模別には，表4-7より小規模企業7.88年，中規模企業10.34年，大規模企業11.53年と大規模企業ほど事業経験年数が長くなり，有意な差がある。95年には繊維，食品，家具関連の企業が数社進出している。業種別の経験年数は，表4-8より，素材型7.27年，加工組立型7.96年，生活関連型11.58年となっている。ベトナムでは労働集約的な産業が比較的早い段階で進出していることが認められる。

　なお，表4-6からタイの完成品メーカーの平均経験年数は19.19年，素材・部品メーカー（以下，部品メーカー）で17.43年，表4-9からベトナムの完成品メーカーは10.36年，部品メーカーで7.97年となっている。両国ともに完成品メーカーの進出時期が早く，平均で2年程度後に部品メーカーが進出していることがわかる。

第 4 章　環境経営の海外移転の実態

表 4-4　タイ日系企業の属性（規模別平均値）

	全社 (51社)	小規模 [299人以下] (8社)	中規模 [300-999人] (29社)	大規模 [1000人以上] (14社)	差の検定 (p値)
経験年数（年）	17.36	16.00	17.03	18.92	0.67
従業者数（人）	1,423	169	541	3,966	0.00***
日本側親会社出資比率（%）	87.6	92.2	85.7	89.7	0.35

（注）***p<0.001，**p<0.01，*p<0.05（以下同様）。

表 4-5　タイ日系企業の属性（業種別平均値）

	生活関連型 (12社)	素材型 (10社)	加工組立型 (29社)	差の検定 (p値)
経験年数（年）	17.45	19.20	16.69	0.81
従業者数（人）	453	646	2,092	0.04**
日本側親会社出資比率（%）	82.9	89.7	88.8	0.62

表 4-6　タイ日系企業の属性（完成品・部品メーカー別平均値）

	完成品メーカー (16社)	部品メーカー (35社)	差の検定 (p値)
経験年数（年）	19.19	17.43	0.57
従業者数（人）	614	1,793	0.21
日本側親会社出資比率（%）	87.8	87.1	0.89

表 4-7　ベトナム日系企業の属性（規模別平均値）

	全社 (96社)	小規模 [299人以下] (41社)	中規模 [300-999人] (35社)	大規模 [1000人以上] (20社)	差の検定 (p値)
経験年数（年）	9.53	7.88	10.34	11.53	0.01**
従業者数（人）	817	124	497	2,799	0.00***
日本側親会社出資比率（%）	95.1	95.6	97.9	89.1	0.06*

表 4-8　ベトナム日系企業の属性（業種別平均値）

	生活関連型 (20社)	素材型 (23社)	加工組立型 (53社)	差の検定 (p値)
経験年数（年）	11.58	7.27	7.96	0.01**
従業者数（人）	551	748	948	0.20
日本側親会社出資比率（%）	100.0	89.7	95.6	0.16

表4-9 ベトナム日系企業の属性（完成品・部品メーカー別平均値）

	完成品メーカー (25社)	部品メーカー (71社)	差の検定 (p値)
経験年数（年）	10.36	7.97	0.03**
従業者数（人）	1,039	739	0.42
日本側親会社出資比率（％）	94.3	97.8	0.30

(2) 事業規模

次に表4-4，表4-7から，企業の平均規模を見ると，従業員数はタイでは1423人，ベトナムが817人である。タイの規模がベトナムの1.7倍と大きい。

業種別の規模も確認すると，顕著な特徴があった。表4-5より，タイでは加工組立型の規模が大きく平均で2092人であった。これに対し素材型は646人，生活関連型は453人である。したがって，タイにおいて加工型の企業がより本格的な事業展開をしていることが認められる。これは自動車産業および電機産業の集積が大きなことが寄与している。電機産業には特に大規模企業が存在する。また自動車産業ではタイをアセアン最大の生産拠点として産業集積ができつつあり，規模の拡大が進んでいる。

これに対しベトナムでは，表4-8より加工組立型948人，素材型748人，生活関連型551人であった。加工組立型の企業規模が大きいものの，その割合はタイに比べると小さいと言える。生活関連型は食品や縫製などの企業が含まれ，規模が小さい企業の割合が高くなっている。

なお，表4-6，表4-9から，タイの平均従業員数は完成品メーカーで614人，素材・部品メーカーで1739人，ベトナムの完成品メーカーは1039人，部品メーカーで739人となっている。タイの素材・部品メーカーの平均値が特に大きいのは，上述した飛び抜けて規模の大きな部品企業が含まれていることが影響している。

(3) 出資比率

次に，表4-4よりタイにおける日本側親会社の出資比率（複数出資の場合は合計比率）を見ると，調査企業全体では87.6％で，小規模企業92.2％，中規模企業85.7％，大規模企業89.7％であった。さらに業種別の結果を確認

すると，表4-5より素材型で89.7％，加工型で88.8％，生活関連型で82.9％であった。

投資環境としてみると，タイは海外からの直接投資に対して出資比率の規制が比較的緩やかで，製造業では100％出資が多く見られる。回答企業51社中22社が100％所有であるほか，100％所有でない場合も8社が90-99％の所有である。他方，50％未満所有は3社しかなかった。このことから，日本企業は経営支配権を確保するに十分な所有比率を有している。

これに対しベトナムでは，平均の出資比率は95.1％であった（表4-7）。ベトナムにおいて日本側出資比率は高く，経営支配権が強いことがわかる。日本企業の出資比率は，タイにおけるよりも社会主義体制のベトナムで一層高くなっている。ベトナムは開放政策からまだ歴史が浅いものの，出資比率に関する投資規制は事前の予想よりも緩和されている。これは，経済発展のための重要な手段として外国企業の投資を呼び込もうとする競争が東南アジア諸国の中で強くなり，資本の現地化規制が1970年代や80年代に比較すると緩やかになったことを反映していると考えられる。タイへの進出企業の39.2％が90年以前であり，80年代までの現地化規制が相対的に厳しい時期に多くの投資が行われている。それに対しベトナムへの投資は，中国の市場開放が進み各国の外資誘致競争が強まった90年代以降に本格化したことが背景にある。

なお，表4-6，表4-9から，タイの完成品メーカーの出資比率は87.8％，素材・部品メーカーで87.1％と完成品メーカーの値がやや高く，ベトナムの完成品メーカーは94.3％，部品メーカー97.8％で部品メーカーの値が高くなっている。

(4) 外部要因の認識

本書の調査では，企業に対する外部からの圧力要因として，「政府の環境規制」「顧客・市場の環境要請」「地域社会の環境要請」の3要因を取り上げている。政府規制についてはさらに，水質，大気質，廃棄物に関する項目に分けて質問している。

表4-10のタイの調査結果から，外部要因のそれぞれの指標の評価を見る

表4-10 タイ日系企業による環境経営の取り組み（規模別平均値）

		全社 (51社)	小規模 [299人以下] (8社)	中規模 [300-999人] (29社)	大規模 [1000人以上] (14社)	差の検定 (p値)
外部要因	現地政府の環境規制は厳しい	3.04	2.75	3.21	2.86	0.27
	現地政府の水質規制は厳しい	3.10	3.25	3.17	2.85	0.49
	現地政府の大気汚染規制は厳しい	3.06	3.13	3.04	3.08	0.92
	現地政府の廃棄物規制は厳しい	3.04	3.00	3.14	2.86	0.52
	現地地域社会の環境要請は強い	3.22	3.13	3.28	3.15	0.92
	現地市場の環境要請は強い	3.57	3.13	3.66	3.64	0.56
環境戦略	環境達成目標がある	4.12	3.25	4.10	4.64	0.01**
	トップは環境のリーダーシップを発揮している	4.22	4.00	4.10	4.57	0.25
	環境対策に従業員を積極的に参加させている	3.84	3.63	3.79	4.07	0.61
	親会社はゼロエミッションを達成している	3.08	2.86	2.70	3.93	0.02**
	親会社はエコデザインを実施している	4.22	4.00	4.03	4.71	0.04**
	親会社はグリーン調達を実施している	3.98	3.57	3.89	4.36	0.09*
組織的取り組み	ゼロエミッションを達成している	2.62	2.71	2.15	3.54	0.01***
	エコデザインを実施している	3.60	3.80	3.36	4.20	0.10
	グリーン調達基準は本社工場と同水準である	3.46	3.43	3.44	3.50	0.95
	3Rに取り組んでいる	4.08	3.25	4.00	4.71	0.02**
	親会社は環境報告書を作成している	2.63	2.29	2.57	2.92	0.17
	親会社はISO14001認証を取得している	2.71	2.63	2.66	2.86	0.56
	環境報告データを作成している	2.26	1.63	2.36	2.43	0.09*
	ISO14001認証を取得している	2.63	2.13	2.69	2.79	0.10
パフォーマンス	水質汚濁防止の取り組みは成果をあげている	4.22	4.25	4.10	4.50	0.43
	大気汚染防止の取り組みは成果をあげている	3.90	4.00	3.69	4.33	0.08*
	CO_2削減の取り組みは成果をあげている	3.89	4.00	3.62	4.36	0.04**
	廃棄物削減の取り組みは成果をあげている	3.98	3.63	3.96	4.21	0.47
	環境対策によりコスト削減効果が得られている	3.65	3.43	3.46	4.14	0.09*
	環境対策により収益があがっている	3.70	3.43	3.62	4.00	0.26
環境経営支援	親会社による3R支援がある	3.35	2.43	3.14	4.21	0.02**
	親会社による技術支援がある	2.62	2.14	2.28	3.57	0.02**
	親会社によるEMS支援がある	3.02	2.14	3.03	3.43	0.21
	サプライヤーの3R活動を支援している	2.62	2.75	2.36	3.07	0.11
	サプライヤーに技術支援をしている	2.46	2.50	2.39	2.57	0.85
	サプライヤーにEMS支援をしている	2.68	2.50	2.68	2.79	0.87

（注1）数値は5点尺度（強くそう思う～全くそう思わない）の平均値。ただし，環境報告書，ISO14001は3点尺度（はい，準備中，いいえ）の平均値。

（注2）***$p<0.01$，**$p<0.05$，*$p<0.10$。少数サンプルのためKruskal-Wallis検定を実施。

と，5点尺度法で政府の環境規制3.04，地域社会の環境要請3.22，顧客・市場の環境要請3.57で，進出企業は顧客・市場の環境要請をもっとも強く知覚していることがわかる。これに対しベトナム調査では政府の環境規制3.78，地域社会の環境要請3.09，顧客・市場の環境要請3.98である（表4-11）。

つまり，外部要因について，タイでは政府規制の影響の認識は中間値に近く，特に強いものではない。政府規制はすでに排出基準を満たしている場合にはその重要性は低下し優先的な課題ではなくなる。これは事業経験年数が長くなっていることも加わって規制に対してはすでに対応がなされていることを示しているとみられる。こうした企業にとって事業の市場での評価が重要で，市場あるいは顧客の要請を重視している（Hansen, 2002）。もちろん，RoHS指令やREACH規制のようにEU規制が顧客を通して認識される側面もあり，政府一般の規制の影響は単純ではない（Beise and Rennings, 2005）。またアセアン諸国や中国では，環境省あるいは環境管理局などの監督官庁によって毎月環境報告データを作成することが外資企業には義務づけられていることも事実として一般化している。ベトナムでは，政府の環境規制は3.78と高く，政府への対応がまだ重要であると受け止められている。

次に，政府による各種規制圧力のうち，水質規制，大気汚染規制，廃棄物規制の間には全体的にも企業規模別に強い傾向は見られない。強いて言えば，小規模企業では水質規制をやや強く知覚し，大規模企業では大気汚染規制がやや強く知覚されている。タイのバンコクは水の都と言われるほどに河川が生活の中に溶け込んでいる。それゆえにBOD（生物化学的酸素要求量），COD（化学的酸素要求量）の水質規制は日本の排出基準より厳しいものがある。例えば，本調査時点でのタイのBOD基準値は20-60mg/ℓであるのに対し，日本の基準値は160mg/ℓであった。この水質規制は繊維産業や非鉄金属産業では負担が大きく追加的投資を求められている。

他方，ベトナムでは，水質，大気質，廃棄物の規制に対する平均評価は，それぞれ3.14, 3.03, 3.14でいずれも中間値3の値に近い。個々の規制は全サンプルでみると強く知覚されているとは言えない。しかし，ベトナムの産業排水基準（TCVN5945：2005）は，多く適用されているB類（生活用水域を除く，他の排水が排出される水域に排出することができる）でみると，日

表4-11 ベトナム日系企業における環境経営の取り組み（規模別平均値）

		全社 (96社)	小規模 [299人以下] (41社)	中規模 [300-999人] (35社)	大規模 [1000人以上] (20社)	差の検定 (p値)
外部要因	現地政府の環境規制は厳しい	3.78	3.68	3.79	3.95	0.56
	現地政府の水質規制は厳しい	3.14	3.12	3.06	3.30	0.77
	現地政府の大気汚染規制は厳しい	3.03	3.00	2.97	3.21	0.78
	現地政府の廃棄物規制は厳しい	3.14	3.18	3.18	3.00	0.76
	現地地域社会の環境要請は強い	3.09	3.12	3.15	2.95	0.76
	現地市場の環境要請は強い	3.98	3.83	4.18	3.95	0.13
環境戦略	環境達成目標がある	4.08	3.85	4.17	4.40	0.02**
	トップは環境のリーダーシップを発揮している	4.03	3.85	4.09	4.33	0.04**
	環境対策に従業員を積極的に参加させている	3.94	3.76	4.03	4.16	0.08*
組織的取り組み	親会社はゼロエミッションを達成している	3.63	3.50	3.67	3.80	0.63
	親会社はエコデザインを実施している	4.00	3.73	4.03	4.39	0.02**
	親会社はグリーン調達を実施している	3.79	3.42	3.88	4.26	0.00***
	ゼロエミッションを達成している	3.16	3.22	3.09	3.18	0.90
	エコデザインを実施している	3.78	3.58	3.75	4.26	0.02**
	グリーン調達基準は本社工場と同水準である	3.19	3.03	3.13	3.59	0.27
	3Rに取り組んでいる	3.72	3.30	3.97	4.16	0.00***
	親会社は環境報告書を作成している	2.82	2.69	2.83	3.00	0.08*
	親会社はISO14001認証を取得している	2.68	2.55	2.63	3.00	0.05*
	環境報告データを作成している	2.86	2.68	3.00	3.00	0.00***
	ISO14001認証を取得している	2.39	2.08	2.50	2.85	0.00***
パフォーマンス	水質汚濁防止の取り組みは成果をあげている	4.06	4.05	3.97	4.25	0.34
	大気汚染防止の取り組みは成果をあげている	4.13	4.08	4.09	4.30	0.41
	CO_2削減の取り組みは成果をあげている	3.89	3.65	3.97	4.21	0.07*
	廃棄物削減の取り組みは成果をあげている	3.95	3.80	4.03	4.10	0.21
	環境対策によりコスト削減効果が得られている	3.54	3.36	3.65	3.74	0.31
	環境対策により収益があがっている	2.99	2.92	2.88	3.33	0.26
環境経営支援	親会社による3R支援がある	3.20	3.00	3.03	3.89	0.01**
	親会社による技術支援がある	2.70	2.64	2.44	3.25	0.03**
	親会社によるEMS支援がある	3.15	3.00	2.89	3.90	0.01**
	サプライヤーの3R活動を支援している	3.01	2.82	2.97	3.47	0.10*
	サプライヤーに技術支援をしている	2.62	2.43	2.64	3.00	0.13
	サプライヤーにEMS支援をしている	2.95	2.78	2.82	3.50	0.04**

(注1) 数値は5点尺度（強くそう思う～全くそう思わない）の平均値。ただし、環境報告書、ISO14001は3点尺度（はい，準備中，いいえ）の平均値。

(注2) ***$p<0.01$, **$p<0.05$, *$p<0.10$。少数サンプルのためKruskal-Wallis検定を実施。

本と同等，あるいはより厳しい基準となっている。例えば，ベトナムの排水基準は，BODは50mg/ℓ，カドミウム0.01mg/ℓ，六価クロム0.1mg/ℓである。これに対し日本の排水基準は，BOD160mg/ℓ，カドミウム0.1mg/ℓ，六価クロム0.5mg/ℓである（環境省『ベトナムにおける産業排水対策の環境技術ニーズ』）。

(5) 環境戦略

戦略とは，組織のさまざまな活動と経営資源を統合し方向づける意思決定のガイドラインであり，組織の主要な取り組みおよび一連の行為を統合する枠組みである。戦略が明確であれば，構成員はそれによって達成すべき課題が相対的に明確になる。戦略は構成員の動機づけや目的の明確化に役立つ。本書の調査では，海外子会社の環境戦略について，「環境達成目標がある」「トップは環境のリーダーシップを発揮している」「環境対策に従業員を積極的に参加させている」の3つの関連項目を調査している。

タイの調査結果から，表4-10に示すようにトップの環境リーダーシップと環境達成目標がそれぞれ4.22，4.12と強く知覚されている。これに対しベトナムでは表4-11のように環境達成目標4.08，トップの環境リーダーシップ4.03であった。また企業規模が大きい程，数値が高い。

(6) 組織的取り組み

続いて，環境経営の組織的取り組みは，管理的行動と技術的な環境負荷削減行動に分けることができる。管理的行動は，「環境報告書を作成している」「ISO14001認証を取得している」の2つの項目でとらえる。これに対し，技術的な環境負荷削減行動は，開発設計，製造，廃棄段階で展開される。調査では，「ゼロエミッションを達成している」「エコデザインを実施している」「グリーン調達基準は本社工場と同水準である」を用意した。

タイ調査では親会社による技術的取り組みの実施については，エコデザインがもっとも数値が高く（4.22），グリーン調達（3.98）が続いている。しかし，ゼロエミッションは，3.08である。廃棄物のリサイクル率99％以上（つまり最終処分率1％未満）と定義した場合のゼロエミッションは，多く

表4-12　親会社・子会社によるISO14001認証取得

| ISO14001 | タイ | | ベトナム | |
認証取得	親会社	海外子会社	親会社	海外子会社
あり	43社（84.3%）	40社（78.4%）	67社（81.7%）	58社（61.7%）
なし	8社（15.7%）	11社（21.6%）	15社（18.3%）	36社（38.3%）

（注）ベトナム未回答を除く。

の企業が目標として掲げ取り組みをしているものの，ゼロエミッションの達成は必ずしも容易ではないことがうかがえる。さらに，親会社のグリーン調達実施は，小規模企業3.57，大規模企業4.36である。エコデザインは，小規模企業では4.00，大規模企業では4.71と高い値を示し，大規模企業の取り組みが比較的強いことを示している。

次に，海外子会社のエコデザインとゼロエミッションの取り組みについて見ると，ゼロエミッションについて企業規模間に有意な差が認められ（$p<0.01$），大規模企業3.54，中規模企業2.15，小規模企業2.71の取り組みを示している。しかしエコデザインについて有意な差はなく，大規模企業4.20，中規模企業では3.36，小規模企業3.80であった（表4-10）。

続いて，環境マネジメントシステムの代表的取り組みであるISO14001については，タイ調査では，調査対象企業の親会社は全体平均で84.3%が認証を取得している（表4-12）。

これらの全体傾向に加えて，タイの海外子会社の規模別ISO14001の認証取得を別途確認すると，全体平均で78.4%，小規模企業では50.0%，大規模企業85.7%であった。この数値は，親会社と比較すればやや低くなるが，ISO14001の認証取得が小規模企業においてすら半数以上の海外子会社によって達成されていることを示している。すなわち，海外子会社によるISO14001の認証取得は比較的進んでいる。

これに対しベトナム調査からISO14001の取り組みを同表で見ると，親会社はISO14001について81.7%，ベトナム子会社はISO14001について61.7%である。親会社とベトナム子会社の間には，実施レベルで20%の差が見られるとはいえ，ベトナム子会社の実施比率も過半数を超えているのは注目される。

第4章　環境経営の海外移転の実態

　以上から，第1に，親会社による環境への組織的取り組みの実施割合は子会社の実施割合に比べて高いこと。第2に，海外事業でも事業規模が大きくなるにつれて，実施率が高くなり環境経営の進展が見られる。第3に，ISO14001の認証取得については，海外子会社でもすでにタイで78.4％と高い割合で実施されている。それゆえ，海外子会社においても環境マネジメントシステムが相当に普及していることがわかる。第4に，ベトナムでは親会社と海外子会社の間に20％の実施比率の差がある。しかも，タイに比べると，認証取得割合が海外子会社で低く，16.7％の格差が認められる。これらは親会社から海外子会社へ取り組み移転が存在し，それは事業種類や規模等によって影響される可能性を示唆している。

(7) 親会社による海外子会社支援

　これまでの考察から，海外子会社でのISO14001の取り組みやグリーン調達はすでに一定のレベルで実施されていることがわかった。では次に，海外子会社における環境取り組みに対する親会社による支援はどのように行われているのであろうか。海外子会社による取り組みは，親会社自身による取り組みおよび親会社による支援と密接な連動性があると考えられる。支援については，「3R支援」「技術支援」「EMS（ISO14001）支援」の3項目について尋ねている。3Rはリデュース，リユース，リサイクルで，内容的には日常的な業務改善や省エネからエコデザインまで幅広い活動内容を含んでいる。しかし，子会社がエコデザインに取り組むには開発機能の子会社への移転が前提となる。事業規模が小さかったり，開発機能移転が進んでいなかったりする中では，実際には製造現場での改善的活動が中心であると推測される。特にベトナムの子会社は，事業経験の平均が10年弱であることも，生産機能の移転が中心であることを予想させる。

　タイの調査結果から，親会社による3R支援は5点尺度の3.35であり中間値をやや上回るスコアである（表4-10）。これに対し，海外子会社による3Rへの取り組みが4.08のスコアを示している。特に1000人以上の大規模企業では4.71と高いスコアを示している。表面的にはこの数値は，矛盾しているように思われる。しかし，3Rはすべての内容とは言えないが，リデュース，

リユースなどについては，開示されている環境報告書などを調べると，大企業の日本国内事業では取り組みが高い水準で実施されており，その意味で海外への浸透が進んでいると考えられる。これは，ISO14001の認証取得が子会社でも78.4％の割合の企業で行われている事実と合わせれば，環境マネジメントシステムが大部分の海外子会社でほぼ構築されていることを示唆している。

その意味で，親会社からの EMS 支援3.02，親会社からの技術支援2.62で回答数値は中間的かやや低いものの，これは過去に支援が行われたか人材派遣が行われ指導があったことを否定するものではない。海外子会社が環境マネジメントシステムをすでに構築した段階にまできている場合が考えられ，そのことによって親会社の支援が低下していることが考えられる。そして，回答企業の中に含まれる必ずしも ISO14001の優先度の高くない産業や小規模企業があることを除いて考えると，その他の多数の企業では，すでに環境マネジメントシステム（ISO14001）の移転はほとんど行われてきたと考えられる。

これに対しベトナムの調査結果は，親会社による３R支援は3.20，技術支援2.70，EMS 支援3.15である（表4-11）。ところが子会社による３R取り組みは3.72である。タイ同様に，親会社からの支援よりも海外子会社での実践の方が高くなっている。すでに海外子会社において３Rがすでに実施されており，この点においても親会社からの支援の必要性が低下していることを示唆している。

(8) パフォーマンス

環境パフォーマンスの指標には，温室効果ガス，化学物質，廃棄物，CO_2・エネルギーなどが用いられる（WBCSD, 2000）。環境パフォーマンスについては指標の多様性と統合化の困難さがある。本書では，子会社データ入手の制約からリッカート方式の認知指標を使っている。指標とした項目は，水質「水質汚濁防止の取り組みは成果をあげている」，大気質「大気汚染防止の取り組みは成果をあげている」，CO_2「CO_2削減の取り組みは成果をあげている」，廃棄物「廃棄物削減の取り組みは成果をあげている」の４項目

である。

　タイ調査の平均値は，水質汚濁防止4.22，大気汚染防止3.90，CO_2削減3.89，廃棄物削減3.98である。これを見ると比較的高い成果をあげていると企業は認識していることがわかる。特に大企業は日本国内事業拠点では総じてこれらの排出削減には1960，70年代から取り組みを実施してきたので高い水準の取り組みが行われていると考えられ，いずれも高い達成評価スコアを示している。すなわち，大企業では，水質汚濁防止4.50，大気汚染防止4.33，CO_2削減4.36，廃棄物削減4.21である。

　これに対しベトナム調査の結果も，水質4.06，大気質4.13，$CO_2$3.89，廃棄物3.95と比較的高いスコアを示した。特に公害型環境対策については，途上国における子会社においてもすでに高い水準で実施されていることが示されている。

　他方，経済パフォーマンスの指標については，コスト効果「環境対策によりコスト削減効果が得られている」，収益効果「環境対策により収益があがっている」，の2つの質問によって測定した。これについて，タイ調査の回答は，2つの項目はそれぞれ3.65，3.70であった。規模別には大規模企業はそれぞれ4.14，4.00と肯定的な評価をしている企業が多いという結果が得られた。省エネやリサイクル・資源削減が進みコスト削減となっていることが指摘される。これに対しベトナム調査の結果は，コスト効果3.54，収益効果2.99であった。環境への取り組みが公害型対策に比重が置かれ，経済的には収益抑制要因となっていると認識されていることが見てとれる。

(9) サプライヤーの支援

　本書では，日本の親会社から海外子会社，海外子会社からそのサプライヤーまでの環境経営移転を分析視野に入れている。移転についてどのような実態があり，海外子会社とサプライヤーの間の関係にはどのような特徴があるのか明らかにしたいと思っている。そこで，海外子会社によるサプライヤーに対する支援について尋ねている。「サプライヤーの3R活動を支援している」「サプライヤーに技術支援をしている」「サプライヤーにEMS支援をしている」の3つの質問を用意した。

タイ調査での回答の平均値は，それぞれ2.62，2.46，2.68という結果であった。5点尺度の中間値は3で，集計結果は海外子会社がサプライヤーに対する直接的な支援には踏み込んでいないことが示されている。経済的な対価がない支援まで実施することは一般的には行われていないことを示唆している。

　他方，ベトナムでも3R支援3.01，技術支援2.62，EMS支援2.95であった。ベトナム調査では，調査対象企業の原材料調達先の割合を調べたところ，平均すると日本から54.0%，ベトナムの日系企業から18.0%，ベトナム現地企業16.5%，その他11.6%であった。したがって，日本から50%強を調達し，さらに72.0%の原材料・部品が日本あるいは日系企業から調達している状況が見える。その意味で，ベトナム事業での日系サプライヤーとの関係は，多くは日本国内で構築された関係が基礎にあると考えられる。そのことは，海外事業においても日本での取引関係によって実施されるレベルが海外事業にも反映されていると考えられる。特に，環境リスクの削減はグローバルな課題であるため，親会社主導の対応が行われているからである。

　上述の結果は，サプライヤーの支援の必要性に関して，日本企業サプライヤーの場合とベトナム現地企業サプライヤーの場合では異なる可能性があることを示す。日本企業サプライヤーは日本国内で取引関係を持つ場合が多くなるであろうし，その環境取り組みも進んでおり，日本国内での取引関係で確認されていることが考えられる。

　その点から考えても，サプライヤーに対する顧客企業の支援は一般的ではないことを示している。しかし，海外子会社が取引先に対してグリーン調達を強め，環境マネジメントシステムの構築などのさまざまな情報提供および指示をすることは現実に相当に行われている。グリーン調達基準の提示やISO14001の認証取得の要請は，第10章，第11章で示すように，主要な多国籍企業ではすでに一般的な方針として実施されている。その意味において，支援としてではなく，取引先への要請として情報提供や指示があることは想像に難くない。

　同様の指摘は，Jeppesen and Hansen（2004）にも見られる。彼らは先進国企業と発展途上国企業との間の環境協働は，規制と統制ベースのもので，

途上国企業に対して資源および専門知識を提供するのはまれなケースであると述べている。

なお，わが国の加工組立型産業に見られる顕著な特徴として，サプライヤーとの間の長期的な取引関係が存在する。サプライヤーを含めて製品の競争力を高めるには，安定した関係を前提にし，品質の改善，コストの削減，生産性の向上，有害化学物質の不使用などをサプライチェーン全体で取り組んでいく必要がある。その取り組みが企業としての組織能力の一部となっていくからである。そのため，サプライチェーン管理は，環境規制への対応としても競争力強化の点でも着実に強まっている。

続いて，質問票調査では，仕入先企業による環境への取り組みを取引条件としているかどうか質問している。ベトナム日系子会社の回答は，57.4％の企業が取引条件としていると答えている。また，検討している企業は22.3％，そのどちらもしていないと回答した企業は20.2％であった。したがって，半数以上の企業がすでにサプライヤーに環境への取り組みを求め，その傾向も強まっていることが明らかになった。

次に，個別に取引条件の内容をベトナム調査の集計結果からみると，図4－2のようにグリーン調達15.1％，ISO14001の認証取得12.4％，化学物質の管理10.5％，省エネ9.7％などであった。このように環境関連の多様な要請が取引先に対して行われ，全体として親会社で実践されている環境への取り組みが，海外子会社でも幅広く実施されていることがわかる。これらの取り組みは相互に関連性があるもので，グリーン調達は化学物質の管理と密接に関連し，環境マネジメントシステムはISO14001の認証取得，省エネ，廃棄物削減，省資源などの活動にかかわって具体化されている。したがって，単一の取り組みというよりは複数の取り組みを組み合わせて実施されている。

4　完成品メーカー・部品メーカー別の考察

続いて，調査対象企業を完成品メーカーと部品メーカー（素材メーカーを含む）に分類してみると，その割合は，タイでは部品メーカー35社（68.6％），完成品メーカー16社（31.4％）である。これに対しベトナムでは，部品メー

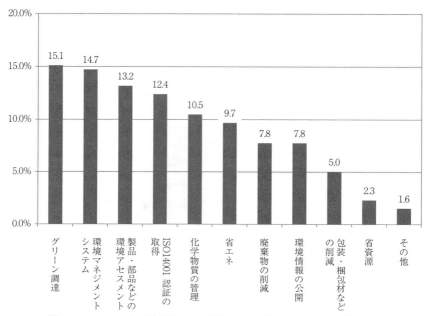

図4-2　ベトナム日系企業による環境関連取引条件の内容（複数回答）

カー71社（74.0％），完成品メーカー25社（26.0％）であった。つまり，両国において日本からの投資の約4分の3は完成品ではなく，素材および部品の生産に向けられている。

　この背景として，わが国の両国への直接投資は，自動車産業および電機産業を代表とする加工組立型への投資が多く，そしてサプライヤーと一体となって進出していることがあげられる。加工型産業は多くのサプライヤーからなる産業集積を必要とし，完成品メーカーよりも部品メーカーの数が圧倒的に多数を占めるのが普通である。こうした企業に混じって，食品メーカー，家具メーカー，繊維メーカーなどが進出している。

　事業規模や事業経験年数についてはすでに言及したので，以下では，完成品メーカーと部品メーカーの環境取り組みについて，両者の間に有意な差がみられた項目の特徴から説明する（表4-13，表4-14）。

　第1に，外部要因である政府の環境規制の認識に関して，タイでは完成品メーカーが部品メーカーよりも強く認識し，顧客・市場の環境要請について

表4-13　タイ日系企業による環境経営の取り組み（完成品・部品メーカー別平均値）

		全社 (51社)	完成品メーカー (16社)	部品メーカー (35社)	差の検定 (p値)
外部要因	現地政府の環境規制は厳しい	3.04	3.25	2.94	0.27
	現地政府の水質規制は厳しい	3.10	3.13	3.09	0.91
	現地政府の大気汚染規制は厳しい	3.06	3.13	3.03	0.74
	現地政府の廃棄物規制は厳しい	3.04	3.19	2.97	0.47
	現地地域社会の環境要請は強い	3.22	3.44	3.12	0.33
	現地市場の環境要請は強い	3.57	3.19	3.74	0.08*
環境戦略	環境達成目標がある	4.12	3.56	4.37	0.09*
	トップは環境のリーダーシップを発揮している	4.22	4.19	4.23	0.88
	環境対策に従業員を積極的に参加させている	3.84	3.81	3.86	0.87
組織的取り組み	親会社はゼロエミッションを達成している	3.08	2.87	3.18	0.46
	親会社はエコデザインを実施している	4.22	4.06	4.29	0.44
	親会社はグリーン調達を実施している	3.98	3.44	4.24	0.06*
	ゼロエミッションを達成している	2.62	2.27	2.78	0.16
	エコデザインを実施している	3.60	3.79	3.52	0.47
	グリーン調達基準は本社工場と同水準である	3.46	3.33	3.52	0.62
	3Rに取り組んでいる	4.08	3.81	4.20	0.29
	親会社は環境報告書を作成している	2.63	2.53	2.67	0.56
	親会社はISO14001認証を取得している	2.71	2.31	2.89	0.03**
	環境報告データを作成している	2.26	1.94	2.41	0.07*
	ISO14001認証を取得している	2.63	2.00	2.91	0.00***
パフォーマンス	水質汚濁防止の取り組みは成果をあげている	4.22	4.33	4.18	0.57
	大気汚染防止の取り組みは成果をあげている	3.90	4.20	3.76	0.11
	CO_2削減の取り組みは成果をあげている	3.89	4.00	3.84	0.59
	廃棄物削減の取り組みは成果をあげている	3.98	3.81	4.06	0.35
	環境対策によりコスト削減効果が得られている	3.65	3.69	3.64	0.88
	環境対策により収益があがっている	3.70	3.75	3.68	0.82
環境経営支援	親会社による3R支援がある	3.35	3.19	3.42	0.60
	親会社による技術支援がある	2.62	2.44	2.71	0.57
	親会社によるEMS支援がある	3.02	2.75	3.15	0.42
	サプライヤーの3R活動を支援している	2.62	2.19	2.82	0.07*
	サプライヤーに技術支援をしている	2.46	2.31	2.53	0.52
	サプライヤーにEMS支援をしている	2.68	2.31	2.85	0.16

（注1）数値は5点尺度（強くそう思う～全くそう思わない）の平均値。ただし，環境報告書，ISO14001は3点尺度（はい，準備中，いいえ）の平均値。

（注2）***$p<0.01$，**$p<0.05$，*$p<0.10$。

表4-14 ベトナム日系企業による環境経営の取り組み（完成品・部品メーカー別平均値）

		全社 (96社)	完成品メーカー (25社)	部品メーカー (71社)	差の検定 (p値)
外部要因	現地政府の環境規制は厳しい	3.78	3.79	3.77	0.92
	現地政府の水質規制は厳しい	3.14	3.12	3.14	0.92
	現地政府の大気汚染規制は厳しい	3.03	2.75	3.13	0.13
	現地政府の廃棄物規制は厳しい	3.14	3.12	3.15	0.91
	現地地域社会の環境要請は強い	3.09	3.00	3.13	0.65
	現地市場の環境要請は強い	3.98	3.96	3.99	0.90
環境戦略	環境達成目標がある	4.08	4.04	4.10	0.75
	トップは環境のリーダーシップを発揮している	4.03	4.00	4.04	0.82
	環境対策に従業員を積極的に参加させている	3.94	3.92	3.94	0.89
組織的取り組み	親会社はゼロエミッションを達成している	3.63	3.58	3.64	0.83
	親会社はエコデザインを実施している	4.00	4.05	3.98	0.75
	親会社はグリーン調達を実施している	3.79	3.80	3.79	0.97
	ゼロエミッションを達成している	3.16	2.79	3.29	0.04**
	エコデザインを実施している	3.78	3.64	3.83	0.37
	グリーン調達基準は本社工場と同水準である	3.19	3.05	3.23	0.54
	3Rに取り組んでいる	3.72	3.64	3.75	0.64
	親会社は環境報告書を作成している	2.82	2.78	2.84	0.67
	親会社はISO14001認証を取得している	2.68	2.63	2.70	0.72
	環境報告データを作成している	2.86	2.88	2.86	0.84
	ISO14001認証を取得している	2.39	2.09	2.49	0.04**
パフォーマンス	水質汚濁防止の取り組みは成果をあげている	4.06	3.80	4.16	0.02**
	大気汚染防止の取り組みは成果をあげている	4.13	4.08	4.15	0.64
	CO_2削減の取り組みは成果をあげている	3.89	3.88	3.89	0.97
	廃棄物削減の取り組みは成果をあげている	3.95	3.92	3.96	0.81
	環境対策によりコスト削減効果が得られている	3.54	3.38	3.60	0.29
	環境対策により収益があがっている	2.99	2.79	3.06	0.26
環境経営支援	親会社による3R支援がある	3.20	3.20	3.20	1.00
	親会社による技術支援がある	2.70	2.79	2.67	0.64
	親会社によるEMS支援がある	3.15	3.16	3.15	0.98
	サプライヤーの3R活動を支援している	3.01	2.78	3.09	0.25
	サプライヤーに技術支援をしている	2.62	2.54	2.65	0.65
	サプライヤーにEMS支援をしている	2.95	2.58	3.07	0.06*

（注1） 数値は5点尺度（強くそう思う～全くそう思わない）の平均値。ただし，環境報告書，ISO14001は3点尺度（はい，準備中，いいえ）の平均値。
（注2） ***$p<0.01$，**$p<0.05$，*$p<0.10$。

は部品メーカーが強く認識している。顧客・市場の環境要請については，10％水準で有意な差がみられる。ベトナムでは政府規制についても顧客・市場の環境要請についても，部品メーカーが完成品メーカーよりもわずかに強く認識しているが，有意な差はなかった。

第2に，組織的取り組みの中で，親会社および海外子会社のISO14001の認証取得について，タイではいずれも部品メーカーの値が完成品メーカーの値よりも有意に大きい。ベトナムでもほぼ同様の状況であり，ベトナム子会社のISO14001の認証取得において有意な差があった。つまり，海外子会社による環境マネジメントシステムの取り組みは，部品メーカーで強く認識されており，その重要性が高いことを示唆している。

質問票調査に回答した部品メーカーの大部分は，電機，自動車，精密機械の加工組立型産業に属している。そこでは，すでにISO14001の取得はサプライヤーに不可欠となっている。そのことが強く反映されている可能性がある。しかし，完成品メーカーの場合，小規模な食品，家具，縫製などの企業が含まれ，それらではISO14001の認証取得は必ずしも優先事項となってはいないと考えられる。

次に，完成品メーカーと部品メーカーの間に有意な差は見られなかったが，理論的に注目すべき点がいくつかあった。第1に，親会社のグリーン調達について，両国とも有意な差は認められなかったが，部品メーカーが規制を強く認識している。これもISO14001の場合と同様の理由が存在していると見られる。

第2に，環境パフォーマンスについて，タイではおおむね完成品メーカーの値が部品メーカーよりも大きく，ベトナムでは部品メーカーの値が完成品メーカーよりも大きい。経済パフォーマンスも同様の傾向である。完成品メーカーは，部品メーカーに比べ，消費市場に直接関係するために，事業経験年数が長くなると，市場対応的な環境取り組みが進み，他方で，特に素材メーカーは特に環境負荷が高い産業であるために，事業経験年数が短いほど，汚染対策に力を入れなければならないことが起こると見られる。

第3に，親会社による海外子会社支援については，タイでは部品メーカーの値が完成品メーカーよりも大きく，ベトナムでは完成品メーカーの値が部

品メーカーよりも大きい。これは，親会社のグリーン調達の取り組みと同じパターンであり，親会社の取り組みを反映したものと考えられる。

第4に，外部要因の中で，政府の環境規制と顧客・市場の環境要請を比べると，タイでは，顧客・市場の環境要請が強い。特に，部品メーカーで強く知覚されている。これはグリーン調達に関連してサプライヤーに対する顧客企業の要請が相当に強く表明されているからであろう。しかし，完成品メーカーの場合は，顧客・市場からの直接的な圧力は強くないようである。顧客・市場の圧力は部品メーカーほど強く知覚しているのである。

第5に，環境パフォーマンスについては，タイでは完成品メーカー，部品メーカーともに水質が強く認識され，水への配慮が重要であることを示している。これに対しベトナムでは，完成品メーカーで大気質の方がやや強く，大気汚染対策に取り組んでいる様子がうかがわれる。これは，ハノイやホーチミンの大都市で大気汚染が深刻さを増し，それに対する規制が強化されていることを示唆している。

第6に，サプライヤー支援は，タイでは取り組み別に大きな差異はないが，EMS支援がもっとも大きく，ベトナムでは3R活動の支援がもっとも大きい。これはベトナムでは，3Rのうちのリデュースやリサイクルに力を入れ環境への取り組みが初期的段階にあることを示唆している。つまり，廃棄物や資源・エネルギーの削減，廃棄物のリサイクルなどに重点があると考えられる。開発機能の移転を前提とするエコデザインは限られるであろう。それゆえ改善活動やTQC活動による費用効果のあるプロセス革新に重点が置かれていることを示している。これに対しタイでは，環境マネジメントシステムを構築し実質的に運用することへ重点が移ってきていることを示唆している。

5 結び

本章では，タイおよびベトナムにおける日本企業の子会社に対して実施した質問票調査に基づいて，環境経営の海外移転に関する実態を考察した。その結果，海外子会社による環境経営の取り組みには一定の特徴があることを

確認できた。

　第1に，親会社からその海外子会社への環境取り組みの移転が着実に実施されていることが認められる。親会社の環境方針や環境取り組みは，海外においても相当に移転されつつあることが明らかになった。しかしそこには時間差があり，親会社における取り組みの後に海外子会社への移転が一般的であることを示唆している。その意味では，親会社の経験と組織能力を源泉として，親会社でのシステムの構築を土台に移転される実態がデータによっても支持される。

　また，ベトナムとタイを比較したとき，投資時期も平均で約8年の差があり，しかも経済発展段階にも両国の間に時間差が認められる。タイへの環境マネジメントシステムの移転はより進んでおり，ベトナムはまだ初期的な取り組みに力を入れている。

　第2に，加工組立型産業に比べると素材型産業での環境取り組みレベルは相対的に低く認識される傾向がある。加工組立型産業では，ライフサイクル的な取り組みが可能であり，その成果が表れやすい。これに対し素材型産業はエネルギー多消費型で排出原単位が大きいことが背景にある。排出原単位は，製品1単位の生産あるいは売上に必要なエネルギー，CO_2，廃棄物などの排出量のことである。排出原単位が大きい事実を反映して，取り組みやその成果についての自己評価が相対的に低くなっている。素材型産業では政府規制は相対的に強く認識されている。他方，加工組立型産業では逆のことが言える。

　第3に，海外直接投資が途上国に環境汚染を輸出することになるのか，それとも途上国の環境保全に貢献するのかという多くの論争を引き起こした理論的命題に対して，途上国の環境改善に役立つ組織能力の移転が行われていることを示唆している。少なくとも親会社の進んだ環境取り組みや環境能力が海外事業へ着実に移転されていることを確認することができる。

　しかし，この場合，汚染逃避仮説に対する要素賦存仮説が主張する状況とは意味が異なるものである。その理由は，要素賦存仮説は，素材型産業における先進国の比較優位がその輸出を増やすことによって発展途上国の素材型産業の生産が減り汚染が減ることを意味するが，直接投資の拡大は輸出では

なく先進国企業自らによる生産拡大であるからである。先進国企業は発展途上国に対する直接投資によって進出し，そこでより進んだ技術をもとに組織としてすぐれた環境パフォーマンスを実現し，汚染を低減することができることを意味しているのである。

　以上の分析結果を踏まえ，次章以降では，環境経営の海外移転がいかなるメカニズムの中で行われるのか，そしてその促進要因は何かを検証する。さらに，環境経営の移転は社会的責任評価や親会社の業績といかなる関係にあるのかを実証的に明らかにする。最後に環境経営取り組みを事例的に検討することにする。

第5章　環境経営移転の促進要因

　本章では，日本企業の海外子会社（ベトナム，タイ）における環境経営の促進要因を，第4章で示したデータを用いて定量的に分析する。加えて，環境経営の成果としての環境パフォーマンスの促進要因を明らかにする。これらにより，第3章で示した仮説1「環境経営の取り組みが進んでいる多国籍企業は，海外子会社への環境経営の移転に積極的である」，仮説2「多国籍企業による環境経営の海外移転は，現地の政府，顧客企業，地域社会に係る外部要因に影響される」と，仮説3「海外子会社の環境パフォーマンスは，海外子会社の環境経営の取り組みにより高められる」を検証する。

1　先行研究

　第2章で示したように，Jeppesen and Hansen（2004）は，経営移転に係る先行研究の整理から，環境経営の海外移転の規定要因として，政府規制，顧客・市場，内部資源・環境戦略の3つを示している。
　第1に，政府規制に関して，多国籍企業に対し一層の環境保全へのコミットメントを求める政府，顧客・市場，消費者などのうち，政府は環境規制を課することのできる重要な外部ステークホルダーである。政府は住民に健康被害を及ぼす有害性のある環境汚染物質に対して，科学的知見などに基づく規制値を設定する。
　第2に，顧客・市場に関して，政府による規制は，満たされなければならない取引の条件となって市場ニーズに反映される。また，顧客は独自にさまざまなニーズを持ち，品質，機能，価格などにおいて具体的に対応しなければならない。消費財メーカーは市場・消費者のニーズに適応できなければ事業を続けることができない。生産財メーカーは顧客企業を通して間接的に市場ニーズの圧力を受ける。顧客の要請に対する適応行動は，企業の経済的パ

フォーマンスを決定するという意味で決定的条件である。

第3に，内部資源・環境戦略に関して，海外事業を展開する親会社の環境戦略の存在がある。親会社は環境経営の海外移転の実質的な主体である。親会社の意思決定を規定する環境戦略は，環境経営の中心的機能を果たしている。環境戦略は企業の活動を方向づけ，投資行動を決定する。海外事業の環境対策のあり方は親会社の環境戦略によって基本的な特徴が現れることとなる。ただし，親会社の環境戦略と海外子会社の環境戦略はグループ企業として内部化された組織にあるとしても，必ずしも同一ではない。親会社と海外子会社の事業を取り巻く外部環境や内部条件が異なるからである。

これら3要因の影響について，彼らは定性的な検討を行っている。しかし，各要因の定量的な強度や要因間の関係性，移転経路などの解明は研究課題として残されている。

2 分析フレームの設定とデータ

(1) 分析フレームの設定

まず前節の3要因を整理し，政府規制および顧客・市場などを「外部要因」とし，企業内部要因である内部資源・環境戦略を，「親会社の組織的取り組み」と「子会社の環境戦略」に区分する。そして，「外部要因」「親会社の組織的取り組み」「子会社の環境戦略」が，「子会社の組織的取り組み」と「環境パフォーマンス」に与える影響を明らかにする分析フレームとして設定し，ベトナムおよびタイにおける日系企業の環境経営の促進要因と環境パフォーマンスの促進要因を定量的に明らかにする。つまり，本章では子会社の環境取り組みのうち，「子会社の組織的取り組み」およびその成果である「環境パフォーマンス」の促進要因を明らかにする。

外部要因は，Henrique and Sadorsky (1996) などを踏まえ，現地政府の環境規制 (GOV)，地域社会の環境要請 (COM)，顧客・市場の環境要請 (CUS) の強度の3つとした。

親会社の組織的取り組みは，技術的側面と管理的側面に分けられる。技術的側面は，生産プロセスである開発設計，調達・製造，廃棄物処理というラ

イフサイクルでのグリーン化に関連しており、ここでは調達・製造で実施される親会社のグリーン調達の実施状況（PGREN）で測定した。他方、管理的側面は、親会社のISO14001認証の取得状況（PISO）、親会社の環境報告書の策定状況（PREP）、親会社の出資比率（JOWN）で測定した。

　子会社の環境戦略は、海外子会社のトップの環境リーダーシップ（LDS）、環境達成目標（GOAL）の強度を用いた。戦略とは組織の活動と資源を統合し、方向づける枠組みである。戦略は構成員の動機づけの仕組みを決定し目的の明確化に役立つものとなる。

　子会社の組織的取り組みは、親会社の組織的取り組みと同様に、グリーン調達の実施状況（GREN）、ISO14001認証の取得状況（ISO）、環境報告書の策定状況（REP）で測定した。

　環境パフォーマンスについては、実数値データ入手は困難なため、個々の物質の排出抑制状況を認知指標で測定した。対象は水質汚濁防止（WPER）、大気汚染防止（APER）、廃棄物削減（WSTPER）、CO_2削減（CO2PER）の4つとした。

(2) データ

　分析するデータは、第4章で示したベトナムおよびタイでの質問票調査から得られたデータを用いる。ベトナムの記述統計（N＝96）を表5-1、タイの記述統計（N＝51）を表5-2に示した。回答はいずれもリッカート方式の5点尺度（強くそう思う、ややそう思う、どちらでもない、あまりそう思わない、全くそう思わない）で測定した。ただし、日本の親会社と海外子会社のISO14001認証の取得状況（PISO, ISO）、環境報告書の策定状況（PREP, REP）は3点尺度（はい、準備中、いいえ）で測定した。ここで、組織的取り組みにおける管理的側面のPISOとPREP、ISOとREPの相関係数は、ベトナムでそれぞれ$r=0.445$（$p<0.01$）、$r=0.354$（$p<0.01$）、タイで$r=0.735$（$p<0.01$）、$r=0.431$（$p<0.01$）と高いため、環境マネジメントシステムとしてそれぞれ1つの指標に加工した。具体的には、日本の親会社の環境マネジメントシステムをPISOとPREPの和をとりPMANA、海外子会社の環境マネジメントシステムをISOとREPの和をとりMANA

表 5-1　ベトナムの記述統計

指標		設問	平均	標準偏差
外部要因	GOV	現地政府の環境規制は厳しい	3.777	(0.819)
	COM	現地地域社会の環境要請は強い	3.095	(1.203)
	CUS	現地市場の環境要請は強い	3.978	(0.926)
親会社の組織的取り組み	PISO	親会社はISO14001認証を取得している	2.683	(0.701)
	PREP	親会社は環境報告書を作成している	2.822	(0.509)
	PGREN	親会社はグリーン調達を実施している	3.793	(0.857)
	JOWN	出資比率（親会社との全体的な関係性の強度）	95.070	(15.325)
子会社の環境戦略	LDS	環境対策に対してトップはリーダーシップを発揮している	4.033	(0.702)
	GOAL	環境対策について達成目標がある	4.083	(0.790)
子会社の組織的取り組み	ISO	ISO14001認証を取得している	2.394	(0.832)
	REP	環境報告書のデータを作成している	2.863	(0.475)
	GREN	グリーン調達基準は本社工場と同水準である	3.185	(1.074)
環境パフォーマンス	WPER	水質汚濁防止の取り組みは成果をあげている	4.064	(0.653)
	APER	大気汚染防止の取り組みは成果をあげている	4.130	(0.633)
	WSTPER	廃棄物削減の取り組みは成果をあげている	3.948	(0.671)
	CO2PER	CO_2削減の取り組みは成果をあげている	3.886	(0.915)

(注) 数値は5点尺度（強くそう思う～全くそう思わない）。ただし，PISO, ISOとPREP, REPは3点尺度（はい，準備中，いいえ）。また，JOWNは親会社の出資比率合計（%）。

表 5-2　タイの記述統計

指標		平均	標準偏差
外部要因	GOV	3.039	(0.916)
	COM	3.220	(1.075)
	CUS	3.569	(1.063)
親会社の組織的取り組み	PISO	2.706	(0.701)
	PREP	2.625	(0.733)
	PGREN	3.000	(1.616)
	JOWN	87.319	(16.837)
子会社の環境戦略	LDS	4.216	(0.856)
	GOAL	4.118	(1.306)
子会社の組織的取り組み	ISO	2.627	(0.747)
	REP	2.260	(0.876)
	GREN	3.458	(1.148)
環境パフォーマンス	WPER	4.140	(1.050)
	APER	3.896	(0.881)
	WSTPER	3.980	(0.869)
	CO2PER	3.894	(0.914)

(注) 表5-1に同じ。

第 5 章　環境経営移転の促進要因

表 5-3　変数間の相関係数（ベトナム）

	1	2	3	4	5	6	7	8	9	10	11	12	13	14
1 GOV	1.00													
2 COM	0.45**	1.00												
3 CUS	0.25*	0.25*	1.00											
4 PMANA	0.24	0.03	0.07	1.00										
5 PGREN	0.19	0.06	0.19	0.58**	1.00									
6 JOWN	-0.25*	-0.14	0.04	-0.10	-0.02	1.00								
7 LDS	0.20	0.13	0.04	0.12	0.38**	-0.20	1.00							
8 GOAL	0.27**	0.10	0.15	0.08	0.38**	-0.22*	0.53**	1.00						
9 MANA	0.11	0.01	0.07	0.37**	0.40**	0.01	0.24*	0.44**	1.00					
10 GREN	-0.05	0.15	0.02	0.17	0.39**	0.11	0.24*	0.14	0.22	1.00				
11 WPER	0.17	0.31**	0.13	-0.11	0.13	0.01	0.34**	0.20	0.01	0.22	1.00			
12 APER	0.36**	0.21*	0.12	-0.04	0.30**	-0.08	0.35**	0.27**	0.07	0.11	0.45**	1.00		
13 WSTPER	0.37**	0.27**	0.19	-0.03	0.19	-0.06	0.31**	0.35**	0.15	0.22*	0.52**	0.47**	1.00	
14 CO2PER	0.19	0.16	0.08	0.15	0.40**	-0.02	0.19	0.46**	0.20	0.14	0.43**	0.46**	0.42**	1.00

（注 1）PMANA は PISO と PREP，MANA は ISO と REP の結合データ。
（注 2）**$p<0.01$，*$p<0.05$．

表 5-4　変数間の相関係数（タイ）

	1	2	3	4	5	6	7	8	9	10	11	12	13	14
1 GOV	1.00													
2 COM	0.28	1.00												
3 CUS	0.22	0.52**	1.00											
4 PMANA	-0.05	-0.11	-0.11	1.00										
5 PGREN	-0.14	0.15	0.01	0.44**	1.00									
6 JOWN	-0.12	-0.15	-0.12	-0.21	-0.06	1.00								
7 LDS	0.04	0.13	0.06	0.30*	0.32*	-0.35*	1.00							
8 GOAL	0.05	0.21	0.33*	0.54**	0.41**	-0.36*	0.53**	1.00						
9 MANA	-0.06	0.16	0.37**	0.42**	0.37**	-0.26	0.35*	0.67**	1.00					
10 GREN	-0.16	0.01	0.05	0.02	0.23	0.25	-0.16	-0.01	0.03	1.00				
11 WPER	-0.05	0.04	0.00	0.19	0.22	-0.11	0.37**	0.20	0.11	-0.01	1.00			
12 APER	0.11	0.11	-0.05	0.04	0.16	-0.14	0.45**	0.27	0.10	0.33*	0.42**	1.00		
13 WSTPER	-0.15	-0.02	-0.05	0.33*	0.42**	-0.39**	0.44**	0.54**	0.40**	0.16	0.30*	0.48**	1.00	
14 CO2PER	-0.18	0.04	-0.01	0.26	0.24	-0.30*	0.38**	0.43**	0.34*	0.14	0.31*	0.69**	0.58**	1.00

（注）表 5-3 に同じ。

とし，分析に用いた。さらに，JOWN は親会社の出資比率（%）で測定した。また変数間の相関係数はベトナムが表5-3，タイは表5-4となる。

3 「子会社の組織的取り組み」に関する分析結果

(1) ベトナムの分析結果

環境マネジメントシステム（MANA）の移転・実施状況，およびグリーン調達（GREN）の実施状況を目的変数とし，説明変数に外部要因（GOV, COM, CUS），親会社の組織的取り組み（JOWN, PMANA または PGREN），子会社の環境戦略（LDS または GOAL）を用いた分析モデルを，モデル1A，モデル1B のように設定し，最小二乗法（OLS）により推定を行った。既述のように，このモデルは，海外子会社の環境取り組みは外部要因，親会社の取り組み，子会社の環境戦略によって規定されるものと仮定している。なお，子会社の環境戦略のLDSとGOALは相関係数が高いため（$r=0.527$，$p<0.01$），それぞれの指標を用いた2つのモデルで推計を行った。また，ダミー変数（D_scale）として，従業員規模299人以下を0とし，300人以上を1として設定した。これにより，目的変数に対する従業員規模の正負の影響を見ることができる。

モデル1A
$$MANA = \alpha + \beta_{m1}GOV + \beta_{m2}COM + \beta_{m3}CUS + \beta_{m4}LDS（GOAL）\\ + \beta_{m5}JOWN + \beta_{m6}PMANA + \beta_{m7}D\_scale$$

モデル1B
$$GREN = \alpha + \beta_{g1}GOV + \beta_{g2}COM + \beta_{g3}CUS + \beta_{g4}LDS（GOAL）\\ + \beta_{g5}JOWN + \beta_{g6}PGREN + \beta_{g7}D\_scale$$

結果，表5-5より，環境マネジメントシステム（MANA）には，子会社の環境戦略としてはトップの環境リーダーシップ（LDS）は有意ではなく，環境達成目標（GOAL）が有意となった。加えて，親会社の出資比率（JOWN）の高さ，親会社の環境マネジメントシステム（PMANA），企業規

模の大きさが促進要因となった。

　一方，グリーン調達（GREN）は親会社のグリーン調達実施状況（PGREN）のみが有意となった。子会社のトップの環境リーダーシップや環境達成目標ではなく，親会社のグリーン調達実施が促進要因となっている。また，2つのモデルともに外部要因（GOV, COM, CUS）の有意な影響はみられなかった。

　これらより，ベトナムの子会社の環境への組織的取り組みは，親会社の組織的取り組み状況に有意に規定されていること，つまり親会社の環境への組織的取り組みが環境経営移転の基礎にあると推測できる。

(2) タイの分析結果

　タイの調査データについても同様に，環境マネジメントシステム（MANA）とグリーン調達（GREN）をそれぞれ目的変数とし，説明変数に外部要因（GOV, COM, CUS），親会社の組織的取り組み（JOWN, PMANA または PGREN），子会社の環境戦略（LDS または GOAL）を用いた分析モデルを設定し，最小二乗法により推定を行った。また，子会社の環境戦略の LDS と GOAL は相関係数が高いため（$r=0.531$, $p<0.01$），それぞれの指標を用いた2つのモデルで推計を行った。また，ダミー変数（D_scale）も同様に設定した。

　結果，表5-6より，環境マネジメントシステムには，子会社の環境戦略としてはトップの環境リーダーシップは有意ではなく，環境達成目標が有意となった。また，いずれの指標も顧客・市場の環境要請（CUS）が有意となった。加えて，LDS のモデルで親会社の環境マネジメントシステム（PMANA）が有意となった。なお，VIF より多重共線性は確認できなかったが，PMANA と GOAL の相関が高いこともあり（$r=0.542$, $p<0.01$），GOAL のモデルでは PMANA は有意にならなかった。

　一方，グリーン調達は，親会社のグリーン調達実施状況（PGREN）と顧客・市場の環境要請（CUS）の値は大きいものの，いずれの指標も有意にはならず，F 値も小さく，妥当性が十分確保されなかった。

　この結果から，タイ子会社の環境への組織的取り組みは，日本の親会社の

表5-5　ベトナムの分析結果 (MANA, GREN)

	Model 1A (MANA)					Model 1B (GREN)			
	標準化係数	t 値	標準化係数	t 値		標準化係数	t 値	標準化係数	t 値
GOV	-0.052	-0.345	-0.106	-0.771	GOV	-0.301	-1.939	-0.285	-1.814
COM	0.146	1.017	0.173	1.312	COM	0.243	1.534	0.242	1.540
CUS	-0.075	-0.611	-0.136	-1.177	CUS	-0.067	-0.494	-0.068	-0.505
PMANA	0.211	1.789	0.222	2.051*	PGREN	0.323	2.252*	0.386	2.796**
JOWN	0.244	1.930	0.274	2.328*	JOWN	0.163	1.230	0.077	0.591
LDS	0.178	1.404			LDS	0.158	1.155		
GOAL			0.365	2.919**	GOAL			-0.031	-0.207
D_scale	0.429	3.567**	0.366	3.211**	D_scale	0.004	0.033	0.032	0.236
Constant	1.377	1.131	1.224	0.831	Constant	0.528	0.312	2.036	1.369
Adj R^2		0.272		0.338	Adj R^2		0.136		0.120
F value		3.986**		5.304**	F value		2.301*		2.191*
DW		1.967		2.189	DW		2.195		2.211

(注) **$p<0.01$, *$p<0.05$.

表5-6　タイの分析結果 (MANA, GREN)

	Model 1A (MANA)					Model 1B (GREN)			
	標準化係数	t 値	標準化係数	t 値		標準化係数	t 値	標準化係数	t 値
GOV	-0.147	-1.179	-0.098	-0.839	GOV	-0.151	-0.944	-0.163	-0.999
COM	-0.055	-0.373	-0.083	-0.606	COM	0.049	0.266	0.035	0.186
CUS	0.466	3.172**	0.302	2.079*	CUS	0.102	0.572	0.168	0.858
PMANA	0.365	2.908**	0.159	1.128	PGREN	0.301	1.897	0.308	1.734
JOWN	-0.102	-0.806	-0.065	-0.558	JOWN	0.187	1.159	0.221	1.374
LDS	0.194	1.515			LDS	-0.208	-1.239		
GOAL			0.465	2.969**	GOAL			-0.155	-0.759
D_scale	0.169	1.360	0.124	1.062	D_scale	-0.010	-0.068	-0.006	-0.036
Constant	1.825	0.249	1.470	1.004	Constant	1.773	1.631	1.489	1.289
Adj R^2		0.398		0.481	Adj R^2		0.030		0.007
F value		5.241**		6.968**	F value		1.204		1.044
DW		2.349		2.365	DW		1.556		1.616

(注) **$p<0.01$, *$p<0.05$.

組織的取り組み状況に規定されている。また，環境マネジメントシステムは，外部要因であるタイの顧客・市場の環境要請にも影響されている。つまり，親会社の環境への組織的取り組みが，現地の顧客・市場の要請の影響を受けつつ，タイ子会社へ移転されていると解釈できる。

(3) 考察

仮説1「環境経営の取り組みが進んでいる多国籍企業は，海外子会社への環境経営の移転に積極的である」に関して，子会社の組織的取り組み（MANA，GREN）は，親会社の組織的取り組み（PMANA，PGREN）に規定されていることから，仮説1の妥当性が確認された。

次に，ベトナムおよびタイの分析結果いずれにおいても，子会社の環境戦略指標としたトップの環境リーダーシップ（LDS）と環境達成目標（GOAL）の影響には違いがあった。すなわち，海外子会社では，環境経営の組織的取り組みに対して，トップの環境リーダーシップよりも環境達成目標が重要であることを示している。これは，海外子会社ではトップが積極的に主体性を持って動くよりも，親会社の設定する環境方針・戦略の下で追求される環境達成目標が重要であるということを示している。またこのことは，親会社の戦略的影響と子会社のトップによる環境リーダーシップの相対的位置関係を示唆している。

次に，仮説2「多国籍企業による環境経営の海外移転は，現地の政府，顧客企業，地域社会に係る外部要因に影響される」に関して，現地政府の環境規制（仮説2-1），顧客・市場の環境要請（仮説2-2），地域社会の環境要請（仮説2-3）が環境経営の海外移転を促進するのかについて本章での検証結果を，表5-7に整理して示した。なお，ここでは，仮説での「多国籍企業による環境経営の海外移転」の結果としての海外子会社の組織的取り組み（環境マネジメントシステム，グリーン調達）が，外部要因（現地政府の環境規制，顧客・市場の環境要請，地域社会の環境要請）から有意な影響を受けるかという観点から仮説の妥当性を判断する。

表5-7より，ベトナムでは，海外子会社の環境マネジメントシステムおよびグリーン調達には，いずれの外部要因も直接的には有意な影響を与えなかった。タイでは，顧客・市場の環境要請のみが環境マネジメントシステムに有意な影響を与えていた。これらより，タイ子会社への環境マネジメントシステムの移転に関してのみ，仮説2-2が成立する結果となった。

表5-7 海外子会社の組織的取り組みと外部要因の検証結果のまとめ

環境マネジメントシステム（MANA）	現地政府の環境規制（GOV）	ベトナム	×
		タイ	×
	地域社会の環境要請（COM）	ベトナム	×
		タイ	×
	顧客・市場の環境要請（CUS）	ベトナム	×
		タイ	○
グリーン調達（GREN）	現地政府の環境規制（GOV）	ベトナム	×
		タイ	×
	地域社会の環境要請（COM）	ベトナム	×
		タイ	×
	顧客・市場の環境要請（CUS）	ベトナム	×
		タイ	×

(注) ○：5％水準で有意，×：5％水準で有意でない。

4 「環境パフォーマンス」に関する分析結果

(1) ベトナムの分析結果

続いて本節では，環境経営の成果としての環境パフォーマンスの促進要因について分析する。水質汚濁防止（WPER），大気汚染防止（APER），廃棄物削減（WSTPER），CO_2削減（CO2PER）それぞれを目的変数とし，説明変数に外部要因（GOV，COM，CUS），親会社の出資比率（JOWN），子会社の環境戦略（LDS または GOAL）を用いた分析モデルを下記のように設定し，最小二乗法により推定を行った。また，ダミー変数（D_scale）も前節と同様に設定した。

モデル2A
$$WPER = \alpha + \beta_{w1}GOV + \beta_{w2}COM + \beta_{w3}CUS + \beta_{w4}LDS(GOAL)$$
$$+ \beta_{w5}JOWN + \beta_{w6}D\_scale$$

モデル2B
$$APER = \alpha + \beta_{a1}GOV + \beta_{a2}COM + \beta_{a3}CUS + \beta_{a4}LDS(GOAL)$$
$$+ \beta_{a5}JOWN + \beta_{a6}D\_scale$$

第 5 章　環境経営移転の促進要因

表 5-8　ベトナムの分析結果（WPER, APER）

	Model 2A (WPER)				Model 2B (APER)			
	標準化係数	t 値	標準化係数	t 値	標準化係数	t 値	標準化係数	t 値
GOV	-0.059	-0.448	-0.056	-0.416	0.324	2.374*	0.312	2.261*
COM	0.343	2.661**	0.353	2.677**	0.015	0.111	0.032	0.233
CUS	-0.025	-0.217	-0.040	-0.350	-0.019	-0.167	-0.034	-0.296
JOWN	0.051	0.435	0.027	0.227	0.025	0.210	-0.001	-0.012
LDS	0.322	2.782**			0.276	2.358*		
GOAL			0.192	1.604			0.148	1.235
D_scale	-0.105	-0.951	-0.095	-0.845	-0.082	-0.736	-0.077	-0.681
Constant	2.429	2.821**	3.059	3.691**	2.236	2.698**	2.815	3.518**
Adj R^2		0.132		0.066		0.135		0.076
F value		2.897*		1.923		2.906*		2.048
DW		1.930		1.985		2.069		2.279

（注）**p <0.01，*p <0.05.

モデル 2 C

$$\text{WSTPER} = \alpha + \beta_{ws1} \text{GOV} + \beta_{ws2} \text{COM} + \beta_{ws3} \text{CUS} + \beta_{ws4} \text{LDS (GOAL)} + \beta_{ws5} \text{JOWN} + \beta_{ws6} \text{D\_scale}$$

モデル 2 D

$$\text{CO2PER} = \alpha + \beta_{c1} \text{GOV} + \beta_{c2} \text{COM} + \beta_{c3} \text{CUS} + \beta_{c4} \text{LDS (GOAL)} + \beta_{c5} \text{JOWN} + \beta_{c6} \text{D\_scale}$$

結果，表 5-8 より，ベトナムにおいては，水質汚濁防止（WPER）および大気汚染防止（APER）には，子会社の環境戦略ではトップの環境リーダーシップ（LDS）が有意となっており，リーダーの規制値遵守の意識や行動が影響を与えていることが明らかになった。加えて，環境質の性質から，水質汚濁防止には地域社会の環境要請（COM），大気汚染防止には政府の環境規制（GOV）が有意な影響を与えている。これは，汚染物質の空間的な広がり程度や汚染への反応主体の違いに注目すると，広域被害を及ぼしやすい大気汚染防止には政府の役割が重要となり，局地的な被害を及ぼすことの多い水質汚濁防止には地域社会からの要請が規定要因となる傾向があることを示している。なお，環境達成目標（GOAL）を用いたモデルは F 値が有意でなく，係数も有意でなかった。

表5-9 ベトナムの分析結果（WSTPER, CO2PER）

	Model 2C (WSTPER)				Model 2D (CO2PER)			
	標準化係数	t値	標準化係数	t値	標準化係数	t値	標準化係数	t値
GOV	0.187	1.417	0.155	1.206	0.139	0.910	0.086	0.624
COM	0.206	1.600	0.225	1.795	0.037	0.247	0.065	0.479
CUS	0.051	0.449	0.023	0.208	0.013	0.103	0.005	0.042
JOWN	-0.004	-0.035	0.024	0.215	-0.069	-0.514	0.052	0.426
LDS	0.160	1.396			-0.002	-0.014		
GOAL			0.241	2.098*			0.400	3.323**
D_scale	0.087	0.791	0.043	0.400	0.157	1.248	0.072	0.634
Constant	2.384	2.974**	2.232	3.117**	3.296	2.333*	1.012	0.855
Adj R²		0.122		0.139		-		0.124
F value		2.779*		3.147**		0.703		2.692*
DW		2.286		2.439		1.946		1.929

（注）**$p<0.01$，*$p<0.05$．

次に，表5-9より，廃棄物削減（WSTPER）およびCO₂削減（CO2PER）には，環境達成目標が有意となっている。廃棄物やCO₂には政府による規制値はないが組織的な対応が求められるため，親会社の方針・戦略の下で自主的な目標設定およびそれに基づく組織的な取り組みが重要といえる。水質汚濁防止や大気汚染防止と異なり，末端処理的な技術的対応だけでなく，全製造工程に係る一人ひとりの省資源・省エネなどのソフト面での対応が必要となると考えられる。

また，水質汚濁や大気汚染と異なり，廃棄物とCO₂からは直接的な健康被害は直ちには生じにくいため，外部要因であるベトナムの各主体の要請（GOV，COM，CUS）は相対的に小さなものであった。

これらの結果より，ベトナムでは，環境パフォーマンスに影響を与える子会社の環境戦略として，明確な法的な規制値がある環境対応については，リーダーの規制値遵守の意識や行動が影響を与えている。他方で，法的な規制値のない環境対応には，自主的な目標設定およびそれに基づく取り組みが影響を与えている。これは，親会社の方針が子会社の環境経営目標として裁量的な取り組みを必要とするCO₂削減により強く関係する一方で，具体的な規制対応を強く必要とする水質，大気質については海外子会社の現地トップによる直接的な環境リーダーシップが必要であることを示唆している。

(2) タイの分析結果

ベトナムの調査データの分析と同様に，タイの調査データについても，環境パフォーマンスである水質汚濁防止（WPER），大気汚染防止（APER），廃棄物削減（WSTPER），CO_2削減（CO2PER）をそれぞれ目的変数とし，説明変数に外部要因（GOV，COM，CUS），親会社の出資比率（JOWN），子会社の環境戦略（LDS または GOAL）を用いた分析モデルを設定し，最小二乗法により推定を行った。またダミー変数（D_scale）も同様に設定した。

結果，表5-10より，水質汚濁防止（WPER）および大気汚染防止（APER）には，子会社の環境戦略ではトップの環境リーダーシップ（LDS）が有意となっており，リーダーの規制値遵守の意識や行動が影響を与えていると考えられる。ただしF値は有意でなかった。

なお，表5-2の政府の規制（GOV）スコアの相対的な水準の低さから，政府の環境規制の影響は特に強くないことがわかる。規制値を遵守し，長期的に事業を継続している事業所では，政府規制の影響は小さくなるものと考えられる。第4章で示したように，平均事業経験年数はタイ子会社がベトナム子会社より約8年長い。このことも，サンプル数の制約とともに，モデルの適合度が低くなった理由の1つと考えられる。

表5-10 タイの分析結果（WPER, APER）

	Model 2A (WPER)				Model 2B (APER)			
	標準化係数	t 値	標準化係数	t 値	標準化係数	t 値	標準化係数	t 値
GOV	−0.056	−0.376	−0.046	−0.290	0.100	0.690	0.111	0.715
COM	0.008	0.044	0.043	0.237	0.109	0.646	0.116	0.642
CUS	0.016	0.092	−0.071	−0.383	−0.146	−0.857	−0.228	−1.247
JOWN	0.022	0.141	−0.049	−0.303	0.011	0.072	−0.039	−0.243
LDS	0.393	2.553*			0.451	3.039**		
GOAL			0.223	1.283			0.329	1.866
D_scale	−0.078	−0.529	−0.101	−0.633	−0.055	−0.386	−0.139	−0.870
Constant	1.590	1.446	1.402	2.988**	1.279	1.447	1.145	3.012**
Adj R^2		0.031		−		0.123		0.007
F value		1.256		0.427		2.079		1.058
DW		1.802		1.777		2.100		1.863

（注）**$p<0.01$，*$p<0.05$．

表5-11 タイの分析結果（WSTPER, CO2PER）

	Model 2C (WSTPER)				Model 2D (CO2PER)			
	標準化係数	t値	標準化係数	t値	標準化係数	t値	標準化係数	t値
GOV	-0.194	-1.423	-0.152	-1.200	-0.198	-1.321	-0.166	-1.156
COM	-0.010	-0.066	-0.001	-0.005	0.019	0.112	0.028	0.172
CUS	-0.080	-0.525	-0.238	-1.647	-0.011	-0.066	-0.194	-1.144
JOWN	-0.272	-1.926	-0.238	-1.861	-0.231	-1.507	-0.210	-1.463
LDS	0.337	2.408*			0.310	2.009		
GOAL			0.521	3.772**			0.470	2.928**
D_scale	0.143	1.080	0.053	0.428	-0.091	-0.620	-0.130	-0.921
Constant	1.203	3.573**	0.913	5.110**	1.376	3.085**	1.061	4.465**
Adj R^2		0.220		0.337		0.114		0.198
F value		3.250*		5.058**		1.961		2.854*
DW		2.191		2.289		1.685		1.488

（注）**$p<0.01$, *$p<0.05$.

次に，表5-11より，廃棄物削減（WSTPER）およびCO$_2$削減（CO2PER）には，ベトナムの分析結果と同じく，いずれも環境達成目標が有意となっている。廃棄物やCO$_2$には政府による規制値はないが，その削減に係る取り組みには組織的な対応が求められることを示している。なお，WSTPERのモデルではトップの環境リーダーシップも有意である。

(3) 考察

仮説3「海外子会社の環境パフォーマンスは，海外子会社の環境経営の取り組みにより高められる」に関する本章の検証結果を，表5-12に整理して示した。なお，ここでは，仮説での「海外子会社の環境経営の取り組み」を，海外子会社の環境戦略（トップの環境リーダーシップ，環境達成目標）としてとらえ，これが環境パフォーマンスに有意な影響を与えるかという観点から仮説の妥当性を判断する。

表5-12より，ベトナムおよびタイの分析結果いずれにおいても，法的な規制値がある環境汚染物質（水質，大気質）に対しては，海外子会社トップの規制値遵守の意識や行動が影響を与えている。一方，法的に厳しい規制値のない環境汚染物質（廃棄物，CO$_2$）には，自主的な目標設定およびそれに基づく組織的取り組みが大きな影響を与えている。なお，タイの廃棄物削減

表5-12　環境パフォーマンスと子会社の環境戦略の検証結果のまとめ

水質汚濁防止 (WPER)	トップの環境リーダーシップ（LDS）	ベトナム	○
		タイ	○
	環境達成目標（GOAL）	ベトナム	×
		タイ	×
大気汚染防止 (APER)	トップの環境リーダーシップ（LDS）	ベトナム	○
		タイ	○
	環境達成目標（GOAL）	ベトナム	×
		タイ	×
廃棄物削減 (WSTPER)	トップの環境リーダーシップ（LDS）	ベトナム	×
		タイ	○
	環境達成目標（GOAL）	ベトナム	○
		タイ	○
CO_2削減 (CO2PER)	トップの環境リーダーシップ（LDS）	ベトナム	×
		タイ	×
	環境達成目標（GOAL）	ベトナム	○
		タイ	○

（注）○：5％水準で有意，×：5％水準で有意でない。

にはトップの環境リーダーシップも影響を与えている。これらより，仮説3について，海外子会社の環境パフォーマンスは，海外子会社の環境戦略により高められる，といえる。さらに，環境汚染物質の特性に応じて，トップの環境リーダーシップ，環境達成目標のいずれかが，その環境パフォーマンス向上により寄与していることが明らかになった。

5　結び

本章では，日本企業の海外子会社（ベトナム，タイ）での環境経営の促進要因，およびその成果としての環境パフォーマンスの促進要因を明らかにした。

第1に，全体として，親会社から海外子会社への環境経営に関する組織的取り組みの移転を確認することができる。ベトナム子会社の環境経営の組織的取り組みには，親会社の環境マネジメントシステムとグリーン調達が有意

に作用している。つまり，子会社の環境マネジメントシステムには親会社による環境マネジメントシステムが，グリーン調達には親会社のグリーン調達が重要な促進要因となっている。同じくタイの分析結果からも，日本の親企業からタイ子会社への環境マネジメントシステムの移転により，タイ子会社の環境マネジメントシステムが構築されていることが認められた。

　分析結果からは，多国籍企業の本社に依存するがゆえに，本社から海外子会社へ組織プラクティス（実践）が移転されることが示された。親会社において環境マネジメントシステムが構築され，それが海外子会社に移転されることにより，海外子会社の組織体制の構築が促進される。しかし，そこには時間差があり，親会社のシステム構築後に海外子会社への移転が行われている。

　以上より，仮説1「環境経営の取り組みが進んでいる多国籍企業は，海外子会社への環境経営の移転に積極的である」に関して，環境経営に関する組織的取り組みとしての環境マネジメントシステムとグリーン購入について，親会社から海外子会社への移転が確認できた。一方で仮説2に関しては，外部要因は環境経営移転の直接的な促進要因にはならないことが示された。

　第2に，環境パフォーマンスについて，ベトナム子会社では，海外子会社のトップの環境リーダーシップあるいは環境達成目標，そして法的な規制値がある環境質では政府の環境規制または地域社会の環境要請が有意に作用していることが明らかになった。個別にみると，水質には地域社会の要請が，大気質には政府規制が有意な影響を与えている。また，水質，大気質管理にはリーダーの規制値遵守の意識・行動が有効であり，法的な規制の少ない廃棄物やCO_2には自主的な目標設定とそれに基づく組織的取り組みが影響を与えている。

　ベトナムの分析結果と同様に，タイ子会社の環境パフォーマンスについても，海外子会社トップの環境リーダーシップあるいは環境達成目標の存在が有意に作用していることが明らかになった。個別にみると，法的な規制値のある水質と大気質の管理にはリーダーの規制値遵守の意識・行動が有効であり，法的に厳しい規制値のない廃棄物やCO_2には自主的な目標設定とそれに基づく組織的取り組みが影響を与えている。現地ヒアリングの内容を踏ま

えると，これらの状況は途上国での環境問題への反応として，しばしば観察される現象と一致している。これらより，仮説3「海外子会社の環境パフォーマンスは，海外子会社の環境経営の取り組みにより高められる」が確認された。

　以上のように，本章では，タイ・ベトナムの両国において，環境マネジメントシステムおよびグリーン調達の移転について有意な関係にある促進要因が確認され，環境パフォーマンスの促進要因を明らかにした。そこでは，仮説1に関連して，海外子会社への移転については親会社の組織的取り組みが有意に関係し，親会社によって構築されたシステムが海外子会社へ移転されていることが明らかになった。その意味で，親会社の組織能力の構築が海外事業の環境経営の基盤であることが認められる。

第6章　環境経営の海外移転の
メカニズム

　前章では，先行研究を踏まえて，親会社から海外子会社への環境経営移転の促進要因を並列的に取り上げ，その影響の強度を検証した。本章では，その結果を踏まえつつ，要因間の関係と移転経路について分析する。つまり，親会社，海外子会社，そしてサプライヤーとの3者の関係の中で，環境経営がどのような経路で移転されるのか，そのメカニズムを共分散構造分析によって明らかにする。

　これらにより，第3章で示した仮説4「環境経営の取り組みが進んでいる海外子会社は，サプライヤーへの環境経営の移転に積極的である」を検証するとともに，前章で検証した仮説1，2，3の再検討を行うことにする。なお，タイの調査データはサンプル数（N＝51）が少なく共分散構造分析には適さないため，ベトナムの調査データのみを用いた分析を行う。

1　環境経営移転の構造的側面

(1) 移転の主体

　環境経営の移転とは，持続可能な社会の実現にかかわる技術的ならびに管理的取り組みを，ある組織から他の組織へ移転することであると定義した。海外移転の場合には，この取り組みを特定の社会のある組織から別の社会の組織へ移転することである。こうして環境経営移転においては，国内子会社や国内サプライヤーなどの他組織への移転と，海外子会社および海外サプライヤー組織への活動およびシステムの移転が含まれる。しかし，経営活動は，複雑なサプライチェーンに依存することで明らかなように，多くの下位システムから構成され，それらの下位システムは単独で存在するものではなく，全体のシステムに組み入れられ相互依存的に存在し機能することに注意しなければならない。

既述のように，環境経営の海外移転を担う主体についてみると，第1に，グローバルな事業活動を展開する多国籍企業。第2に，海外子会社・関連会社。第3に，サプライヤーが存在する。特に，海外事業の製造工程で必要な原材料・部品のサプライヤーの組織能力の向上は，環境経営を途上国へ移転し，機能させる上で欠かせない部分である。国内および海外サプライヤーへの波及とその成果をあげることが事業のグリーン化のカギを握っており，途上国の環境負荷を削減することにも寄与する。

　数多くのサプライヤーを必要とする加工組立型産業の中で，特に自動車組立メーカーは，自社の競争力が品質的にもコスト的にもサプライチェーン活動全体に依存していることを理解して，サプライヤーの支援・強化に国内でも海外でも取り組んできた。国内ではサプライヤーによる品質管理手法やかんばん方式の導入はすでに1970年頃には始まっている。現在，環境問題についても，排気ガスの削減，エネルギー効率の改善要請，ELV（使用済車輌）指令などによって圧力は強まっており，サプライチェーンでの各種取り組みが進められている。

(2) 移転の経路と段階

　一般的に，環境経営は次の経路と段階を経て，移転し普及している。

　第1段階は国内子会社への移転である。第1章で述べたように，多国籍企業にとって環境経営に取り組んでいかなければならない理由が明白になってきた。社会的責任やRoHS指令，REACH規制，さらに環境イノベーションによる競争優位の重要性などである。特に，エネルギーコスト節約や化学物質削減は，組織をあげて取り組むことによって，経営効率の向上や環境リスクの削減に寄与することができる。こうして多国籍企業は，自らの経営に環境マネジメントシステムを組み入れ，サプライチェーン管理を強めている。それは，組織内の対応から子会社を含む対応へと広がっている。

　第2段階は国内サプライヤーへの移転である。加工組立産業では，コスト低減や生産効率化をサプライチェーン全体で高めることが，製品の市場競争力を強化する上で決定的に重要である。かんばん方式の導入，TQMの展開，物流合理化などはサプライチェーンにまで拡大されて，その効果をより大き

なものにしている。同様に，資源生産性の向上や環境リスクの低減は，サプライチェーン全体で達成することによって効果が大きくなる。

　第3段階は海外子会社への移転である。多国籍企業は，製品ライフサイクルの変化や各国間の賃金コストの格差を理由として，生産機能を一般的には先進国から発展途上国へと移転していく。製品・サービスのコスト競争力は，競争優位のもっとも基本的な源泉とされるからである。そこで多国籍企業は，優位性のある技術や世界的なマーケティング能力を背景に，グローバルな価値連鎖を構築することによって競争優位性を維持あるいは創造しようとする。そのとき，グローバルに統合化された経営システムや生産システムを構築することが，業務効率化には決定的に重要である。

　第4段階は海外サプライヤーへの移転である。すでに代表的な多国籍企業はグローバルに事業展開をしている。多国籍企業は，ジャスト・イン・タイムの生産方式をグローバルに展開するためには，子会社のみならずサプライヤーを含むサプライチェーン全体での展開を始めている。ライフサイクル全体での効率化やコスト低減がより有効であるからである。同様に，環境効率や環境リスクの点からも海外事業のサプライチェーン管理が次第に強められる。

　グローバルに展開する企業では，その環境方針や環境行動基準は，同時的に追求されることが多くなる。環境マネジメントシステムを確立するにつれ，環境経営は本社から方針が全世界の事業所へ同時的に伝達され，展開されるようになる。サプライチェーン全体の管理システムを構築した場合には，同時的な一元的管理が行われる。

　なお，われわれの分析では，海外子会社にとってのサプライヤーは日系，ローカルの区分をすることなく扱っている。ヒアリング調査から日系企業が主たるサプライヤーであることも明らかとなった。こうした実態の理解を前提にサプライヤーへの波及を分析していく。

2　環境経営移転の分析フレームと理論モデル

(1) 分析フレーム

本章では，前節で示したような環境経営移転の第3，4段階の海外子会社および海外サプライヤーへの移転メカニズムを，図6-1の分析フレームに基づいて，共分散構造分析によって構造的に明らかにする。

第3章で示した図3-1の基本的なフレームに，本章で使用する指標を記入したものが図6-1である。主要概念と指標はすでに第3章で説明してきた。要約的に繰り返すと，第1の概念は外部要因で，企業が知覚する外部からの影響をもたらす要因である。企業にとって，多様な外部要因が機会や脅威を作り出すが，「政府の環境規制」「地域社会の環境要請」「顧客・市場の環境要請」を取り上げる。

第2に，グローバルな事業活動を展開する主体である多国籍企業（親会社）が存在する。親会社は，競争優位を強めるために，その技術や経営手法を国内から海外事業へ移転し，海外事業の効率的な遂行を追求している（Buckley and Casson, 1976）。親会社の保有する資源・組織能力は，海外子

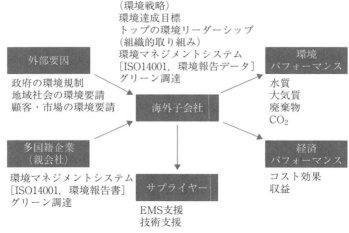

図6-1　環境経営移転の分析フレーム

第6章　環境経営の海外移転のメカニズム

会社の能力基盤である。したがって，親会社の環境の組織的取り組みは子会社への経験・能力の移転の源泉となる。しかし，親会社の環境戦略と海外子会社の環境戦略はグループ企業として内部化された組織にあるとしても，必ずしも同一ではない。海外事業の内部条件や外部条件は相当に異なるからである。親会社の組織的取り組みについては，「環境マネジメントシステム」「グリーン調達」を指標として用いる。

第3に，環境経営の取り組みが展開される海外子会社がある。海外子会社による環境経営の戦略的側面としては，「トップの環境リーダーシップ」の発揮と「環境達成目標」の設定が重要である。それに基づいて組織的取り組みが展開される。代表的な組織的取り組みとして，「環境マネジメントシステム」「グリーン調達」を指標として用いる。

第4に，環境経営の取り組みの成果として，環境パフォーマンスと経済パフォーマンスがある。環境パフォーマンスに関しては水質，大気質，廃棄物，CO_2を対象とし，経済パフォーマンスについては「コスト効果（EFFECT）」「収益（RETURN）」の指標を用いる。

第5に，サプライヤーである。特に，製造工程で必要な原材料・部品のサプライヤーの成長は，加工組立産業にとって重要であるとともに，環境経営の途上国への移転を進める上で重要な要件である。海外のサプライヤーへの環境マネジメントシステムの移転・構築とその成果をあげることが重要なカギである。なお，本研究は海外子会社への質問票調査をベースにしており，サプライヤー自身の環境経営の水準までは測定していない。したがって，代わりに海外子会社によるサプライヤー支援の状況を分析フレームに組み込んでいる。サプライヤー支援として，「EMS（環境マネジメントシステム）支援（EMSUP）」「技術支援（TESUP）」の2つを指標として用いる。

上の分析モデルの妥当性に関連してつけ加えると，外部要因，戦略，組織，成果は戦略的経営論および経営組織論で基本的な分析次元である。また，われわれのモデルは，OECD（1999）が環境影響について展開してきたDSRモデルと整合的である。DSRとは，D（Driving force）が駆動的要因，S（State）が状態，R（Response）が反応を意味している。この視点は，われわれの分析では，海外子会社を主格とすると，D（外部要因，親会社）－S

(環境パフォーマンス・経済パフォーマンス，サプライヤー支援) - R (海外子会社 [環境戦略，組織的取り組み]) の次元で示された全体の構造を表している。

(2) 理論モデルの設定

図6-1の分析フレームをもとに，サプライヤー支援に係る理論モデルを図6-2，環境パフォーマンスおよび経済パフォーマンスに係る理論モデルを図6-3のように設定する。図6-2は，「親会社の組織的取り組み→子会社 (環境戦略，組織的取り組み)→サプライヤー支援」へとつながる移転，図6-3は，「親会社の組織的取り組み→子会社 (環境戦略，組織的取り組み)→環境パフォーマンスおよび経済パフォーマンス」へとつながる移転である。

図6-2に関して，第5章では，子会社の組織的取り組み＝f (外部要因，親会社の組織的取り組み，子会社の環境戦略) として，目的変数である子会社の組織的取り組みと，各説明変数との2要素間の関係を最小二乗法によって分析した。それに対して図6-2では，第5章のモデルでの説明変数間の関係である「外部要因→子会社の環境戦略」「親会社の組織的取り組み→子会社の環境戦略」を新たに分析できる。また何よりも，「子会社の組織的取り組み→サプライヤー支援」「子会社の環境戦略→サプライヤー支援」の検証を通じて，親会社-子会社-サプライヤーの3者での環境経営の移転メカニズムを構造的に明らかにできる。

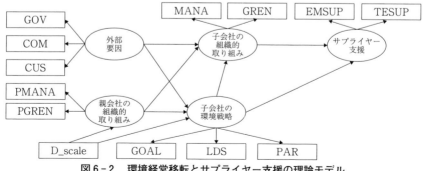

図6-2　環境経営移転とサプライヤー支援の理論モデル

第6章　環境経営の海外移転のメカニズム

　また図6-3に関して，第5章では，環境パフォーマンス＝f（外部要因，親会社の組織的取り組み，子会社の環境戦略）として，目的変数である環境パフォーマンスと各説明変数との2要素間の関係を最小二乗法によって分析した。それに対して図6-3では，図6-1に基づいて，説明変数間の関係を「外部要因→子会社（環境戦略，組織的取り組み）」「親会社の取り組み→子会社（環境戦略，組織的取り組み）」として構造的に設定し，第5章で分析した「子会社の環境戦略→パフォーマンス（環境，経済）」に加えて，「子会社の組織的取り組み→パフォーマンス（環境，経済）」を新たに分析できる。これらより，親会社－子会社－パフォーマンス（環境，経済）という環境経営の成果の発現メカニズムを構造的に明らかにできる。

　以上の2つのモデルの分析を通じて，環境経営の海外移転のメカニズムを明らかにする。これにより仮説4「環境経営の取り組みが進んでいる海外子会社は，サプライヤーへの環境経営の移転に積極的である」を検証するとともに，第5章で検証した仮説1「環境経営の取り組みが進んでいる多国籍企業は，海外子会社への環境経営の移転に積極的である」，仮説2「多国籍企業による環境経営の海外移転は，現地の政府，顧客企業，地域社会に係る外部要因に影響される」，および仮説3「海外子会社の環境パフォーマンスは，海外子会社の環境経営の取り組みにより高められる」の再検討を行う。

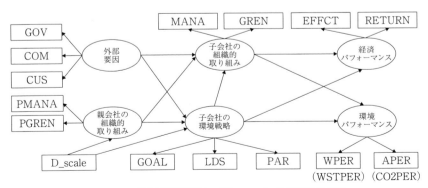

図6-3　環境経営移転とパフォーマンスの理論モデル

(3) データ

分析で用いるデータは表6-1の通りであり，前述したサプライヤー支援（EMSUP, TESUP）と，経済パフォーマンス（EFFECT, RETURN）の指標が，前章のデータから追加されている。

これらの具体的な設問は，EMS支援（EMSUP）は「サプライヤーにEMS支援をしている」，技術支援（TESUP）は「サプライヤーに技術支援をしている」，コスト効果（EFFECT）は「環境対策によりコスト削減効果が得られている」，収益（RETURN）は「環境対策により収益があがっている」について5点尺度で測定した。

また，子会社の環境戦略に，従業員の参加（PAR）を新たに追加した。これはサプライヤー支援（EMSUP, TESUP）に現場で実際に携わる従業員

表6-1 記述統計

指標		設問	平均	標準偏差
外部要因	GOV	現地政府の環境規制は厳しい	3.777	(0.819)
	COM	現地地域社会の環境要請は強い	3.095	(1.203)
	CUS	現地市場の環境要請は強い	3.978	(0.926)
親会社の組織的取り組み	PMANA	親会社の環境マネジメントシステムの水準	5.438	(1.105)
	PGREN	親会社はグリーン調達を実施している	3.793	(0.857)
子会社の環境戦略	LDS	環境対策に対してトップはリーダーシップを発揮している	4.033	(0.702)
	GOAL	環境対策について達成目標がある	4.083	(0.790)
	PAR	環境対策に従業員を積極的に参加させている	3.937	(0.712)
子会社の組織的取り組み	MANA	環境マネジメントシステムの水準	5.200	(1.136)
	GREN	グリーン調達基準は本社工場と同水準である	3.185	(1.074)
環境パフォーマンス	WPER	水質汚濁防止の取り組みは成果をあげている	4.064	(0.653)
	APER	大気汚染防止の取り組みは成果をあげている	4.130	(0.633)
	WSTPER	廃棄物削減の取り組みは成果をあげている	3.948	(0.671)
	CO2PER	CO_2削減の取り組みは成果をあげている	3.886	(0.915)
経済パフォーマンス	EFECT	環境対策によりコスト削減効果が得られている	3.543	(0.907)
	RETURN	環境対策により収益があがっている	2.989	(1.006)
サプライヤー支援	EMSUP	サプライヤーにEMS支援をしている	2.947	(1.114)
	TESUP	サプライヤーに技術支援をしている	2.624	(1.010)

(注1) 5点尺度により測定。ただし，PMANA, MANAは6点尺度。
(注2) MANAはISO14001認証の取得状況（ISO）と環境報告書の策定状況（REP）の和であり，PMANAは親会社のISO14001認証の取得状況（PISO）と親会社の環境報告書の策定状況（PREP）の和である。

を戦略的にどのように位置づけているかが，サプライヤーへの支援水準を規定すると考えられるためである。

なお，前章で水質汚濁防止（WPER）と大気汚染防止（APER），廃棄物削減（WSTPER）とCO_2削減（CO2PER）とで規定要因が異なったため，環境パフォーマンスは WPER と APER，WSTPER と CO2PER の組み合わせで2つのモデルに分けて分析を行う。

3　理論モデルの検証結果

(1)　サプライヤー支援の分析

図6-2の理論モデルについて，表6-1のデータによって共分散構造分析を行った。モデルでは識別性確保のため，潜在変数から観測変数のパスにおいて，上方あるいは左方にあるパス係数を1に固定する制約を課し，最尤法により解を求めた。結果，モデルの適合度は CFI = 0.934，RMSEA = 0.059 となった（図6-4）。豊田（1992, 1998），加納・三浦（1997），山本・小野寺（2002）らより，一般的に CFI は0.9以上，RMSEA が0.07以下であれば，モデルの適合度が高いとされるため，本モデルは一定の適合度を示すといえる。

図6-4より，まず第5章で分析できなかった関係として，「外部要因→子会社の環境戦略」「親会社の組織的取り組み→子会社の環境戦略」が有意となった（p<0.05）。さらに，第5章と同様に，「親会社の組織的取り組み→

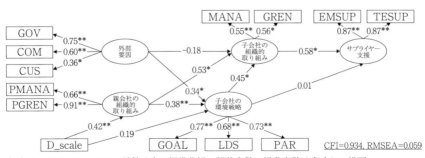

（注）** p<0.01，* p<0.05。係数は全て標準化解。誤差変数，撹乱変数は省略して描画。

図6-4　環境経営移転とサプライヤー支援の分析結果

子会社の組織的取り組み」も有意となった（p<0.05）。これらより，第5章で検証した仮説1「環境経営の取り組みが進んでいる多国籍企業は，海外子会社への環境経営の移転に積極的である」に関して，親会社の環境方針・戦略が反映している親会社の組織的取り組みは，子会社の組織的取り組みに加えて，子会社の環境戦略にも直接的な影響を与えていることが示された。

また，第5章と同様に，「子会社の環境戦略→子会社の組織的取り組み」は有意となり（p<0.05），「外部要因→子会社の組織的取り組み」は5％水準で有意にならなかった。第5章でみたように，政府の環境規制，顧客・市場と地域社会の環境要請といった外部要因は，海外子会社の組織的取り組みに直接作用していない。しかし図6-4より，外部要因は海外子会社の環境戦略を通して間接的に寄与していることが示された。また，「親会社の組織的取り組み→子会社の環境戦略」を踏まえると，海外子会社の組織的取り組みは，親会社や外部要因に影響を受けた海外子会社の環境戦略を通して機能しているといえる。

以上より，第5章で検証した仮説2の親会社による環境経営の海外移転が外部要因（政府の環境規制，顧客・市場の環境要請，地域社会の環境要請）に影響を受けるかどうかの再検証に関して，海外子会社の環境戦略と組織的取り組みについて，外部要因とそれぞれの関係を構造的に分析した結果，外部要因は海外子会社の環境戦略にのみ直接的な影響を与えることが示された。この点については，第3章で親会社の環境方針・戦略は，一定の程度で親会社の組織的取り組みに反映しているとみなしてきた。こうして，親会社の環境方針・戦略の海外移転の結果として，海外子会社の環境戦略が機能することになる。したがって，仮説2「多国籍企業による環境経営の海外移転は，現地の政府，顧客企業，地域社会に係る外部要因に影響される」は，「多国籍企業（親会社）の環境方針・戦略の海外移転は，現地の政府，顧客企業，地域社会に係る外部要因に影響される」として成立する。第5章では，政府の環境規制，顧客・市場の環境要請，地域社会の環境要請それぞれの海外子会社の組織的取り組みへの直接の影響は見られなかったが，本章において，外部要因としての海外子会社の環境戦略への直接の影響が示された。そして，間接的に外部要因は海外子会社の組織的取り組みへ影響を与えることが明ら

かとなった。

　次に，「子会社の組織的取り組み→サプライヤー支援」は有意（p<0.05）であるのに対し，「子会社の環境戦略→サプライヤー支援」は5％水準で有意とはならなかった。これより，海外子会社の組織的な取り組みが実践されることが，サプライヤー支援に結びついているといえる。つまり，海外子会社の環境戦略による直接の影響というよりは，組織による実践が重要であり，実践していることがサプライヤーに対して有意な作用を及ぼしている。また，この場合の環境戦略は，海外子会社としての独自の環境戦略ではなく，親会社の環境方針・戦略が反映したものである。環境戦略が子会社の組織的取り組みを推進し，サプライヤー支援につながるのである。

　これらの結果は，われわれの調査が，サプライヤー支援がEMSと技術支援の2つの指標によって測定されていることで，より明確に表れたのかもしれない。それは，サプライヤー支援に環境方針や戦略が関係ないという意味ではなく，具体的な支援の直接の源泉はISO14001やグリーン調達などの具体的な取り組みであり，それを実践する海外子会社の組織能力であるからであろう。

(2) 環境パフォーマンスと経済パフォーマンスの分析

　続いて，図6-3の理論モデルについて，表6-1のデータを用いて共分散構造分析を行った。モデルでは識別性確保のため，潜在変数から観測変数のパスにおいて，上方あるいは左方にあるパス係数を1に固定する制約を課し，最尤法により解を求めた。結果，環境パフォーマンスを水質（WPER）と大気質（APER）に設定したモデル，および廃棄物（WSTPER）とCO_2（CO2PER）としたモデルいずれもが「子会社の環境戦略→環境パフォーマンス」「子会社の環境戦略→経済パフォーマンス」が有意にならず，モデルの適合度も低かったため，これらを削除して再度分析を行った。

　その結果，環境パフォーマンスをWPERとAPERにしたモデルの分析結果は図6-5となり，モデルの適合度はCFI＝0.910，RMSEA＝0.056と本モデルは一定の適合度を示した。また，環境パフォーマンスをWSTPERとCO2PERにしたモデルの分析結果は図6-6となり，モデルの適合度はCFI

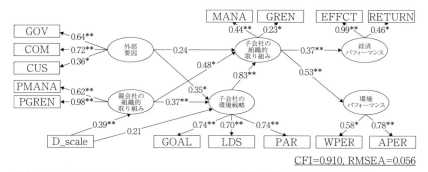

（注）** p<0.01，*p<0.05。係数は全て標準化解。誤差変数，撹乱変数は省略して描画。
図6-5　環境経営移転とパフォーマンス（WPER，APER）の分析結果

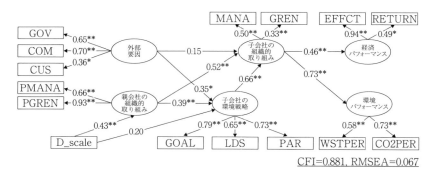

（注）** p<0.01，*p<0.05。係数は全て標準化解。誤差変数，撹乱変数は省略して描画。
図6-6　環境経営移転とパフォーマンス（WSTPER，CO2PER）の分析結果

=0.881，RMSEA=0.067となった。CFIが0.9を若干下回るが，RMSEAが0.07以下となっており，図6-6も一定の適合度を有するといえる。

図6-5，図6-6より，まず，外部要因，親会社の組織的取り組み，子会社の環境戦略，子会社の組織的取り組みの間には，前項で示した図6-4と同様の関係性が示された。次に，第5章で分析できなかった「子会社の組織的取り組み→パフォーマンス（環境，経済）」は有意となった（p<0.05）。一方，前述したように「子会社の環境戦略→パフォーマンス（環境，経済）」は5％水準で有意な関係が見い出せなかった。図6-4のサプライヤー支援と同様に，環境パフォーマンスと経済パフォーマンスにも「子会社の環境戦略→子会社の組織的取り組み→パフォーマンス（環境，経済）」というメカ

ニズムがあることが示された。前項の分析と同様に，ここでも海外子会社の組織的な取り組み実践の移転に果たす重要性が指摘できる。

また図6-5より，第5章では法的な規制値がある水質汚濁防止（WPER）と大気汚染防止（APER）に対して，外部要因としての地域社会の環境要請（COM），政府の環境規制（GOV）がそれぞれ有意な影響を与えるという結果が示されたが，それは「外部要因→子会社の環境戦略→子会社の組織的取り組み→環境パフォーマンス（WPER，APER）」というメカニズムの一部が表出したものである。

同様に，第5章では水質汚濁防止（WPER）と大気汚染防止（APER）に対して，子会社の環境戦略としてのトップの環境リーダーシップ（LDS），そして廃棄物削減（WSTPER）とCO_2削減（CO2PER）には環境達成目標（GOAL）が有意な影響を与えるという結果が示されたが，これも前述の環境汚染物質の特性に沿った形での「子会社の環境戦略→子会社の組織的取り組み→環境パフォーマンス」のメカニズムの一部としてとらえられる。

以上より，第5章で検証した仮説3「海外子会社の環境パフォーマンスは，海外子会社の環境経営の取り組みにより高められる」は，「海外子会社の環境パフォーマンスは，海外子会社の環境戦略に促進された組織的取り組みの実践により高められる」となる。そして，海外子会社の環境戦略は独自の環境戦略ではなく，親会社の環境方針・戦略が反映したものとみなされる。

また，第5章では分析を行わなかった経済パフォーマンスについて，海外子会社の組織的取り組みの実践が，環境効果のみならず経済効果にもつながることが示された。環境への取り組みは，ISO14001やグリーン調達などの取り組みのほかには，技術的にインクリメンタル（漸進的）な取り組みが種々行われ，費用節約的な成果が得られているとみられる。これは，環境経営の取り組みが，経済効果を高める種類の活動に重点があることを示唆している。また，海外子会社での技術革新は，重要な製品開発機能の移転が行われていないため，プロセス革新による改善がこの成果をもたらすと見られる。

なお，海外子会社の環境戦略がパフォーマンスに有意でないという結果は，われわれが行った日米企業の比較分析の結果得られた日本企業の特徴とは表面的には異なる結果を示している（金原他，2011）。この相違点について，

われわれは次のように理解している。すなわち，日米企業の本社レベルでの行動を分析すると，環境経営の推進には環境戦略がドライビングフォースとして重要であり，それによって組織が動かされるとともに，パフォーマンスにも直接寄与するという因果メカニズムが確認された。これに対し，海外子会社を対象とした本分析では，海外子会社の環境戦略はパフォーマンスへの直接の作用が弱く，むしろ組織の実践的取り組みが環境パフォーマンスにも経済パフォーマンスにも有意に作用する。これは，親会社の影響下にある海外子会社の環境経営について何が促進要因であるかを示唆している。分析結果より，海外子会社の組織的取り組みがパフォーマンスに実質的に作用を及ぼしている。同時に，海外子会社の組織的取り組みは親会社の組織的取り組みによって影響されている。親会社から海外子会社の環境戦略への作用が有意であり，環境戦略からの組織的取り組みの影響とあわせて，子会社の組織的取り組みは親会社の戦略・方針が間接的な促進要因であることを示している。

この点について，海外子会社への環境経営の国際移転に関して調査を行ったHansen（2002）は，調査回答企業の27％で，本社の関与が子会社による環境マネジメントシステムの認証取得の主たる促進要因であるという結果を示しており，われわれの分析結果と整合的である。

4 考察

図6-4で示したように，仮説4「環境経営の取り組みが進んでいる海外子会社は，サプライヤーへの環境経営の移転に積極的である」は，より正確には「環境経営の組織的取り組みの実践が進んでいる海外子会社は，サプライヤーへの環境経営の移転に積極的である」となる。そして，海外子会社の組織的取り組みは，海外子会社の環境戦略により規定されている。

海外子会社とサプライヤーの関係が安定的で緊密であるほど，環境経営はサプライヤーへ波及するとみられる。両者の緊密な関係は，コミュニケーションおよび情報共有を促す。情報共有は，コスト効率や品質改善にプラスの影響を与える（Dyer and Nobeoka, 2000）。その意味で，知識の送り手

（source）と受け手（recipient）の信頼関係の質は，移転される知識の理解を深め，国境を越えた知識の効率的，能率的な移転のカギである（Pérez-Nordtvedt et al., 2008）。知識移転に関連して，サプライヤーが特定の顧客からより多くの品質に関する支援を受けるとき，特定の顧客関係はサプライヤーの製品品質が他の顧客に対する品質と比較して高くなる，と指摘されている（Dyer and Hatch, 2006）。つまり知識共有イニシアチブの大きな顧客の下では，サプライヤーは品質およびコストのパフォーマンスの改善がすぐれているというのである。

　本章では第5章で検証した仮説1，2，3の再検証を行い，仮説2は「多国籍企業（親会社）の環境方針・戦略の海外移転は，現地の政府，顧客企業，地域社会に係る外部要因に影響される」，仮説3は「海外子会社の環境パフォーマンスは，海外子会社の環境戦略に促進された組織的取り組みの実践により高められる」となることを明らかにした。海外子会社の環境戦略は，外部要因および親会社の環境方針・戦略により促進される一方，環境パフォーマンス・経済パフォーマンス，そしてサプライヤー支援は，海外子会社の環境戦略による直接の影響というよりは，海外子会社の組織的取り組みの実践によって高められるのである。本章では，第5章の分析結果と整合的な結果を得つつ，より詳細な分析により，環境経営の移転メカニズムまでを明らかにした。

　また，仮説1「環境経営の取り組みが進んでいる多国籍企業は，海外子会社への環境経営の移転に積極的である」に関して，親会社から海外子会社への環境戦略および組織的取り組みの移転が確認できた。海外子会社による環境経営は，子会社による累積的な学習能力に依存し，あわせて親会社からの能力移転にも依存している。子会社の組織能力向上のためには，親会社からの能力や取り組みの移転が推進される必要がある。

5　結び

　本章では，多国籍企業による環境経営の海外移転のメカニズムを分析した。この分析から，海外子会社への移転のメカニズムが明らかになった。分析結

果は仮説4を支持し，仮説1の妥当性も確認された。加えて，第5章で検証した仮説2，3について，より詳細な分析を行った。

　多国籍企業は，その組織能力をベースに環境戦略・方針，組織的取り組みを海外事業へ移転する。親会社でのISO14001，グリーン調達などの実践に係る組織能力がベースとなって海外への移転が進められる。特に，環境技術のうち，省資源・省エネルギーなどの経済効果をもたらす工程イノベーションがインセンティブとなり導入される傾向にあり，経済パフォーマンスとの両立が目指される。

　企業は，投資コストや環境リスクの削減，社会的責任への対応，顧客企業の取引要件に対応するなど，総合的に判断して環境への投資を行っている。それは，次第に競争優位の獲得の可能性が強まるがゆえに，より積極的に実施される傾向にある。

第 7 章　CSR と環境経営移転

　第 5，6 章において環境経営の海外移転の促進要因および移転のメカニズムを明らかにした。そこでは親会社の環境取り組みの重要性が指摘された。本章および次の第 8 章では，その親会社がどのような特質を有していれば環境経営移転が進むのかについて，さらに分析を行う。

　まず本章では，親会社の社会的責任（CSR）の評価が，環境経営の海外移転とどのように関係しているかを分析する。本章では仮説 5「CSR 評価が高い多国籍企業は，環境経営の海外移転に積極的である」を検証する。このため，親会社の CSR 評価データと，これまで用いてきた海外子会社への質問票調査データを使って分析を進める。

1　先行研究

(1) CSR の定義

　持続可能な発展のための世界経済人会議（WBCSD : World Business Council for Sustainable Development）は，「CSR とは持続可能な経済の発展，従業員の労働，その家族，地域社会と全体としての社会に，生活の質を改善するために貢献する企業の関与である」と定義している（WBCSD, 1999）。これに対し谷本（2006）は，「CSR とは，企業活動のプロセスに社会的公平性や倫理性，環境や人権への配慮を組み込み，ステークホルダーに対してアカウンタビリティを果たしていくこと」と説明している。さらに EU は，CSR とは責任ある行動が持続可能な事業の成功につながるという認識を企業が深め，社会・環境問題を自発的に，その事業活動およびステークホルダーとの相互関係に取り入れるための概念であるとしている（European Commission, 2001）。

　このように CSR については論者によって少しずつ異なる定義が存在する

が，CSR は企業と社会との関係にかかわるものであるという点で共通している。CSR は，社会の長期的ニーズに応える企業の事業と社会の間の暗黙の社会契約から生ずる義務を伴うものである（Lantos, 2001）。それゆえ，社会における企業の役割を理解し，社会の期待に応えることが CSR の本質的な機能である。その意味で，社会における企業の役割としての社会的責任の内容は時代とともにある。

われわれは，CSR とは，「企業が事業活動を行うにあたり，環境保全，社会的公平性や従業員の雇用などにおいて社会に期待される機能を果たしつつ，社会的存在として正当性を得るために求められる責任のこと」と定義する。この定義では，社会的責任を果たすことが，社会的正当性を得るための必要条件であることを重視している。

(2) CSR の歴史的展開

歴史的に見ると，CSR は20世紀初頭の社会的責任投資（SRI：Socially Responsible Investment）にその原型が見い出される（Lantos, 2001；水口編, 2011）。社会的責任投資は，アルコール，タバコ，ギャンブルなどに反対するキリスト教的な倫理観からから始まり，次第にその内容を拡大してきた。1960年代，70年代は，ベトナム戦争反対運動と軍需産業を投資対象から排除する動きが強まった。また，深刻化する公害問題と消費者運動が企業への批判を強めた。76年には OECD が多国籍企業の行動規範に関する「OECD 多国籍企業ガイドライン」を発表し，2000年6月にその改訂版が発表された。1980年代後半から90年代になると新たに地球環境問題が重視されてきた。

行政的には，米国では，環境保護庁（EPA）の設置（1970）の他，雇用機会均等委員会（Equal Employment Opportunity Commission, 1965）および消費者製品安全委員会（Consumer Product Safety Commission, 1972）が設置されて，環境，従業員，消費者が企業の重要な合法的なステークホルダーであることが認識され，それに対する配慮が必要であることが制度的に具体化した。こうして環境問題は，CSR の重要な要件とみなされるようになった。

1999年に当時の国連事務総長によって提案されたグローバル・コンパクト

は，平等，公平性，環境，腐敗撲滅を重視し，この流れは2010年11月にISO26000の規格発行となった。ISO26000は企業のみならずあらゆる組織の社会的責任について規格を定めている。ISO26000では，社会的責任の中核課題として，統治組織，人権，労働慣行，環境，公正な事業慣行，消費者課題，コミュニティへの参画およびコミュニティの発展の7つの課題をあげている。ISO26000は，すべての組織に共通の責任として，人権や平等を含む組織の社会的側面，環境的側面に焦点を置いている。

さらに天然資源の利用については，それが紛争地域からの紛争鉱物でないことを証明する情報開示を求める動きが強まり，木材については国際NGOの森林管理協議会（Forest Stewardship Council）によるFSC認証制度が普及してきている。前者の紛争鉱物については，アフリカのコンゴ民主共和国とルワンダ共和国の紛争地域で大量の難民が発生し，人権侵害や非人道的行為が行われる中で天然資源が採掘され輸出されている状況を打開するために，OECDは2011年5月に「OECDデュディリジェンス・ガイドライン」を採択した。それによって鉱物資源の責任ある調達のためにグローバルなサプライチェーン管理を促し，調達された資源が紛争鉱物でないことを明示することを求めるようになった。ISO26000では，デュディリジェンスは，「あるプロダクト又は組織のライフサイクル全体における，組織の決定および活動によって起こる，実際および選択的な，社会的，環境的および経済的なマイナスの影響を回避し軽減する目的で，マイナスの影響を特定する包括的で積極的なプロセス」と定義している。加えて，2011年にはScope 3が発行され，サプライチェーンの温室効果ガスの算定・公表を企業に求めている。

これらの動きは，企業の社会的責任をサプライチェーン全体で果たすことを求める傾向にある。サプライチェーンにおいて経済効率のみならず社会，環境への配慮を求めるようになった。こうした視点に基づいたサプライチェーンの取り組みを「持続可能なサプライチェーン管理」（Sustainable Supply Chain Management）と呼んでいる。Carter and Rogers（2008）は，持続可能性の概念をサプライチェーン管理に導入することの必要性を強調している。彼らは，持続可能なサプライチェーン管理（SSCM）とは，「個別企業およびそのサプライチェーンの長期的経済パフォーマンスを改善するた

めの，主要な組織間事業プロセスの全体的な調整における，組織の社会的・環境的・経済的な目標の戦略的で，透明性のある統合と達成」と定義している。

グリーンサプライチェーン管理（GSCM）と持続可能なサプライチェーン管理（SSCM）の概念は，類似している。しかし，厳密には，前者がサプライチェーンのグリーン化を重視して環境配慮をするのに対し，後者は持続可能性を広く考慮し環境および社会を含む CSR としてのサプライチェーン管理であるところに違いがある。

(3) CSR の理論

上述のように複数の領域で CSR の実践的展開が行われる一方で，CSR については多様な概念と理論が提示されてきた。その中でもっとも極端な意見は経済学者の Friedman によるものである。自由な市場経済を主張する Friedman（1970）は，市場では各経済主体が自己の利益を最大化するように行動することが経済全体としてもっとも利益が大きいと主張して，社会的責任論を批判した。同様の批判は，1990年代において Porter が環境と経済の両立可能性を指摘するポーター仮説を提示したときにも出現した（Walley and Whitehead, 1994）。他方で，社会的責任についての実務的な見解は，社会的責任とは法を遵守することであるととらえる傾向があった。

では，CSR の機能あるいは構成要素とは何であろうか。トリプル・ボトムラインは，経済，環境，社会の3つの次元における企業の責任を意味している（Elkington, 1998）。トリプル・ボトムラインは，社会的責任の構成要素を簡潔に示してきた。これに対し Carroll（1991）は，CSR には経済的，法律的，倫理的，利他的の4つの次元があり，ピラミッド型をなしていることを明らかにした。また，Lantos（2001, 2002）は，企業の社会的責任について3つのタイプに分類している。Lantos の言う CSR は，第1は，倫理的 CSR である。それは，企業に道徳的責任を求めている。第2は，利他的な CSR である。第3は戦略的 CSR で戦略的な事業目標を達成するコミュニケーションサービス活動に配慮することである。さらに Schwartz and Carroll（2003）は，Carroll の社会的責任のピラミッドモデルを修正し，社会的

責任を経済的,法的,倫理的の3領域に分けている。

これに対しPorter and Kramer (2006) は,CSRについて戦略論的な視点の重要性を強調する。彼らはCSRを2つのタイプに要約している。第1は,公害問題に対する責任を取り上げる。このCSRの理解は,公害問題への対応のように規制遵守という姿勢が特徴的で受身的な社会的責任論と言われる。企業による反社会的な活動に対する批判も強くなり,その動きは多国籍企業の行動規範の制定へと導いた (OECD, 1976)。

第2は,戦略的CSRで,企業は競争優位を持つために企業戦略の一部としてCSRに積極的に投資すべきであるという。なぜなら,企業の成功は,適切なインフラストラクチャー,将来の従業員に対する質の高い教育,地域サプライヤーとの協力,制度の質,法律などにかかわり,それに依存しているからである。CSRの取り組みによって社会性を高めて市場の評価を獲得することができれば,企業は競争優位を強め,市場成果を高めることができる (Lantos, 2001)。したがって,CSRへの投資は,製品革新やプロセス革新をすることによって社会性を高めれば,製品差別化を強めることになるとしている。

同様に,European Commission (2001) の『グリーンペーパー』(Green Paper) は,CSRの取り組みは社会による企業の評価を高め,それが企業の経済的パフォーマンスにプラスに作用することを強調している。その理由として,第1に,CSRは労働環境を改善し,労働者が組織忠誠心を高め生産的であることを確かなものとする。それは有能な人材を獲得しやすくする。第2に,資源消費や汚染廃棄物の削減などの環境に責任を持つ行為は,資源のもっとも能率的な使用を確かなものにする。第3に,CSRによって企業外部のさまざまなステークホルダーと対話を深めるとき,ステークホルダーとの信頼関係の構築に役立つ。第4に,投資家や消費者がCSRに取り組む企業に対する評価を高め,資本市場の投資を増やしたり,消費者の購買行動に反映することができる,と指摘する。

企業法的見地からは,社会的責任は所有権に基づく所有者モデルと,契約概念に基づく契約モデルに対比される (落合, 1998)。所有権理論は,所有に基づく権利の優先性を認めるがゆえに企業の社会的責任はその権利を侵害

しない範囲の内容であることを主張する。他方，契約理論は，CSRを多様なステークホルダーとの社会契約であると考える。契約理論では，従業員は時間と知的資本を，顧客は信頼，地域社会はインフラ，従業員の教育，税制上の支援などによって企業と関係しているとみなしている。

このほか，企業倫理についての考察の中で，高（2013）は，社会的責任について次のような見方をしている。すなわち，株式会社においては所有に基づく責任と義務が，出資者の有限責任制度の導入によって所有者から株式会社に転嫁されていることが，企業が「社会的責任を負わざるを得ない本源的理由」であるとする。この指摘は，株式会社には全出資者の有限責任制があるものの，所有から発生する責任が企業の社会的責任の根拠であることを明らかにしている。

前述のポーターは，2011年にCSRに代えてCSV（Creating Shared Value；共有価値創造）という概念を提示した（Porter and Kramer, 2011）。それは，社会との共通の理念に立って，共有価値を創造することがこれからの社会的役割であると主張している。このようにCSRとそれを説明する理論モデルは，時代によって内容が変化している。CSRは社会によって求められる機能である。それぞれの社会は倫理，価値規範，文化，宗教など多くの違いがある。社会的責任はそれぞれの社会の諸条件によって根本的に規定されている。それは，CSRが共通の内容および責任基準を固定的にとらえることが難しいことを示している。今日ではCSRの理念は社会にも企業にも浸透しつつあるが，その概念は多義的で構成要素もそれぞれの時代の社会条件に依存的である。したがって，CSRをどのように理論的に説明するかについて異なる見解が展開されてきた。

他方で，グローバル化の中で経済活動の評価基準の共通化が経済的，社会的，環境的観点から進んでいる。実践的には国際NGOのGRI（Global Reporting Initiative）ガイドラインやグローバル・コンパクトの影響もあり，企業のCSR報告書の構成は世界的に標準化されつつある。その中で環境保全は重要な一部をなしている。この事実からも，企業が社会的責任の一部として環境経営の取り組みをグローバルに移転・普及することは避けられないことである。

ところが，CSRと環境経営そのものの海外移転の関係を直接取り上げている研究はまだ見当たらない。これまでのCSR研究では，CSRと経済パフォーマンスの関係が分析されてきた（Carter, 2005；馬奈木，2008；Amann et al., 2011）。さらに，環境取り組みとしてのサプライチェーン管理と経済パフォーマンスの関係の分析が行われてきた（宮崎，2013）。われわれはCSRと海外事業への環境経営の移転の関係を明らかにすることが重要であると考え，本章ではこれら研究を一歩進めて，CSRと環境経営の海外移転の関係の分析を試みる。

2 データ

本章で用いるデータは2種類ある。第1にCSRに関して，東洋経済新報社のデータブック『CSR企業総覧』のCSR評価データを用いる。これは，企業の社会的責任についてのわが国の代表的な格付けであり，かつ大規模な調査としては唯一のものである。類似の情報としては日本経済新聞社の「環境経営度調査」および日本政策投資銀行による環境経営格付けがあるが，それはいずれも格付けの対象が環境側面に限定されていて社会貢献，雇用，統治などの側面は含まれないもので，CSRとは評価対象が異なるものである。

東洋経済新報社の2010年版CSR評価は，09年9月に実施され1104社の格付け結果が公表されている。社会的責任の4分野について各々約20種類の項目の評価を積み上げて，AAA，AA，A，B，Cの5段階の評価を行っている。4分野は，環境，企業統治，人材活用，社会性の4つである。

例えば，環境については，環境担当部署の有無，環境方針文書の有無，環境会計の有無，ISO14001取得率，グリーン購入比率，グリーン調達体制，CO_2排出量などの削減への中期計画の有無などの21項目が評価される。企業統治については，CSR担当部署の有無，CSR担当役員の有無，CSR方針の有無，倫理行動規定・規範・マニュアルの有無など21項目である。人材活用は，女性社員比率，女性管理職比率，女性役員の有無，産休期間，障害者雇用率，労働災害度数率などの24項目がある。そして，社会性については，消費者対応部署の有無，商品・サービスの安全性・安全体制に関する部署の有

無,NPO・NGO などとの連携,SRI・エコファンドなどの採用状況,ISO9000シリーズの取得状況,ボランティア休暇,地域社会参加活動実績などの19項目が含まれている。

各企業のCSR評価は,4分野のそれぞれについて総合的にAAA,AA,A,B,Cのいずれかで評価されている。本章では,それらを5,4,3,2,1の5点尺度に置き換えて4分野の評価を合計してスコアを算出する。したがって,最大でCSR評価のスコアは20点である。

第2に,環境経営の海外移転については,すでに説明したベトナムでの質問票調査から得られたデータを用いる。CSRデータと質問票調査のデータのマッチングによって得られるサンプル数は30社である。本章ではこのデータを使って分析を行う。なお,タイについては2つのデータセットのマッチングによって得られるサンプル数が少なく,本章ではベトナムデータのみを用いて分析する。

3 仮説と分析モデル

本章で用いるCSR評価は,企業の社会的責任が実行される内容を85項目4分野にわたり評価した上で,社会的責任の総合評価を行っている。その評価は企業の社会的機能を多面的にとらえている。企業は,事業を効率的,効果的に遂行するためには,その方針や組織能力を企業組織全体に広め,活動の一貫性と効率性を確保しなくてはならない。したがって,その取り組みは本社と同程度というわけにはいかないが,海外事業へも広められると考えられる。

したがって,CSR評価の高い企業は,環境的,社会的側面に配慮した行動を取るがゆえに,海外事業においても環境経営に積極的に取り組むであろうと推測される。その背景には,RoHS指令のような法的規制が存在することへの対応,サプライチェーン全体での環境リスクの削減,市場での格付け評価が資金調達に影響すること,環境パフォーマンスを高めて市場での競争力を高めることの必要性などがあり,企業のグローバルな環境への取り組みを押し上げるからである。このように企業には,特に世界を代表する多国籍

第7章 CSRと環境経営移転

企業には，本社レベルで実施されている環境経営の実践を海外事業へ移転する明らかな動機が存在する。

そこでわれわれは，CSRと環境経営の海外移転との関係について，第3章で示した次の仮説が成り立つと考える。本章ではこの仮説の検証を行う。

仮説5：CSR評価が高い多国籍企業は，環境経営の海外移転に積極的である。

　仮説5-1：CSR評価が高い企業は，環境マネジメントシステムの海外移転に積極的である。

　仮説5-2：CSR評価が高い企業は，グリーン調達の海外移転に積極的である。

　仮説5-3：CSR評価が高い企業は，サプライヤーへの環境経営の移転に積極的である。

われわれの分析モデルは下記の通りであり，CSR評価（CSR）を主要な説明変数とし，環境経営の移転を目的変数とする。モデル3Aは環境マネジメントシステム（MANA）の移転，モデル3Bはグリーン調達（GREN）の移転を目的変数としている。また，モデル3CはサプライヤーへのEMS支援（EMSUP），モデル3Dはサプライヤーへの技術支援（TESUP）を目的変数としている。

CSR評価以外の説明変数は，第5章での分析と同様に，外部要因として現地政府の環境規制（GOV），地域社会の環境要請（COM），顧客・市場の環境要請（CUS），子会社の環境戦略として，海外子会社のトップの環境リーダーシップ（LDS），環境達成目標（GOAL），親会社の組織的取り組みとして親会社の出資比率（JOWN）を用いた（表7-1）。なお，LDSとGOALは相関が高いため（$r=0.458$, $p<0.05$），それぞれの指標を用いた2つのパターンで推計を行った。また，ダミー変数（D_scale）として従業員規模299人以下を0とし，300人以上を1として設定した。変数間の相関係数は表7-2となる。

なお説明変数としてのCSR評価は，目的変数である環境経営の取り組み

表7-1 記述統計

指標		設問	平均	標準偏差
外部要因	GOV	現地政府の環境規制は厳しい	3.800	(0.847)
	COM	現地地域社会の環境要請は強い	3.000	(1.203)
	CUS	現地市場の環境要請は強い	3.867	(0.937)
親会社の組織的取り組み	CSR	親会社のCSRの評価	16.067	(2.959)
	JOWN	出資比率(親会社との全体的な関係性の強度)	94.433	(13.640)
子会社の環境戦略	LDS	環境対策に対してトップはリーダーシップを発揮している	4.143	(0.591)
	GOAL	環境対策について達成目標がある	4.167	(0.699)
子会社の組織的取り組み	ISO	ISO14001認証を取得している	2.690	(0.604)
	REP	環境報告書のデータを作成している	2.933	(0.365)
	GREN	グリーン調達基準は本社工場と同水準である	3.148	(0.949)
サプライヤー支援	EMSUP	サプライヤーにEMS支援をしている	2.655	(0.814)
	TESUP	サプライヤーに技術支援をしている	2.966	(1.052)

(注1) 数値は5点尺度(強くそう思う~全くそう思わない)。ただし,ISOとREPは3点尺度(はい,準備中,いいえ)。またCSRは4~20点の値をとり,JOWNは親会社の出資比率(%)。
(注2) サンプル数が異なるため,第5章の記述統計とは数値は異なる。以下の第8章でも同様。

表7-2 変数間の相関関係

	1	2	3	4	5	6	7	8	9	10	11
1 GOV	1.00										
2 COM	0.71**	1.00									
3 CUS	0.10	0.21	1.00								
4 CSR	0.14	0.09	-0.11	1.00							
5 JOWN	-0.42*	-0.14	0.28	-0.24	1.00						
6 LDS	0.28	0.11	-0.02	0.28	-0.44*	1.00					
7 GOAL	0.52**	0.20	0.04	0.19	-0.34	0.46*	1.00				
8 MANA	0.30	0.23	-0.03	0.13	-0.24	0.21	0.59**	1.00			
9 GREN	-0.05	0.24	0.20	0.47*	0.28	0.25	0.02	-0.20	1.00		
10 EMSUP	-0.01	0.17	0.14	0.03	0.17	-0.04	0.10	0.18	0.31	1.00	
11 TESUP	0.08	0.16	0.01	0.20	0.07	0.08	0.15	0.27	0.41*	0.61**	1.00

(注1) MANAはISOとREPの結合データ。
(注2) **$p<0.01$, *$p<0.05$。

と同時期かそれに先行している必要がある。しかし,CSRデータをt期でとるかt-1期でとるかは,この場合決定的な違いをもたらすことはないと考える。なぜなら,CSRにしても環境経営移転にしても単一年度で行われたものを対象にしているわけではなく,累積的な取り組みを評価しているからである。つまり,CSR評価は企業の全般的経営姿勢を反映するもので,累積されたものである。組織のシステムや手続きは,それまでの取り組みが

総合的に結実しルーチン化したものであり，現在の実践や組織能力は，それまでの経験や組織能力の蓄積の蓄積によってもたらされる。そこで本書では，CSR 評価データは2009年について，企業の環境経営取り組みデータは2010年として両者の整合性を図った。

モデル 3 A
$$\text{MANA} = \alpha + \beta_{m1}\text{GOV} + \beta_{m2}\text{COM} + \beta_{m3}\text{CUS} + \beta_{m4}\text{CSR} + \beta_{m5}\text{JOWN} + \beta_{m6}\text{LDS}(\text{GOAL}) + \beta_{m7}\text{D\_scale}$$

モデル 3 B
$$\text{GREN} = \alpha + \beta_{g1}\text{GOV} + \beta_{g2}\text{COM} + \beta_{g3}\text{CUS} + \beta_{g4}\text{CSR} + \beta_{g5}\text{JOWN} + \beta_{g6}\text{LDS}(\text{GOAL}) + \beta_{g7}\text{D\_scale}$$

モデル 3 C
$$\text{EMSUP} = \alpha + \beta_{e1}\text{GOV} + \beta_{e2}\text{COM} + \beta_{e3}\text{CUS} + \beta_{e4}\text{CSR} + \beta_{e5}\text{JOWN} + \beta_{e6}\text{LDS}(\text{GOAL}) + \beta_{e7}\text{D\_scale}$$

モデル 3 D
$$\text{TESUP} = \alpha + \beta_{t1}\text{GOV} + \beta_{t2}\text{COM} + \beta_{t3}\text{CUS} + \beta_{t4}\text{CSR} + \beta_{t5}\text{JOWN} + \beta_{t6}\text{LDS}(\text{GOAL}) + \beta_{t7}\text{D\_scale}$$

4 分析結果

(1) 結果

上記のモデルを最小二乗法により分析を行った結果，表 7－3 の結果が得られた。これより次の点が明らかとなった。

第 1 に，CSR 評価（CSR）は，グリーン調達（GREN）の海外移転に対して有意な正の関係にある（$p<0.01$）。このことから，CSR 評価の高い企業は，社会的責任や環境経営に対する取り組みに積極的であり，グリーン調達の海外移転に積極的に取り組んでいることがわかる。そして海外子会社のグリーン調達には CSR 評価のみならず，地域社会の環境要請（COM）も有意に作用している（$p<0.05$）。グリーン調達は，進出先の地域社会の環境要請に配慮することによって強まることを示している。

表7-3　分析結果

	Model 3A (MANA)				Model 3B (GREN)			
	標準化係数	t値	標準化係数	t値	標準化係数	t値	標準化係数	t値
GOV	0.229	0.699	-0.276	-0.991	-0.408	-1.650	-0.441	-1.474
COM	-0.055	-0.190	0.219	0.944	0.533	2.278*	0.542	2.129*
CUS	-0.154	-0.749	-0.159	-1.002	0.100	0.606	0.133	0.766
CSR	-0.059	-0.289	-0.113	-0.742	0.510	3.200**	0.557	3.328**
JOWN	-0.091	-0.379	-0.071	-0.400	0.434	2.361*	0.326	1.768
LDS	0.020	0.084			0.309	1.853		
GOAL			0.623	3.360**			0.070	0.347
D_scale	0.510	2.515*	0.454	2.899**	-0.038	-0.232	-0.035	-0.196
Constant	5.402	2.714*	4.406	3.239**	-4.145	-1.897	-2.003	-1.009
Adj R^2		0.097		0.433		0.446		0.352
F value		1.400		4.060**		3.872**		3.018*
DW		1.898		2.365		2.304		2.275

	Model 3C (EMSUP)				Model 3D (TESUP)			
	標準化係数	t値	標準化係数	t値	標準化係数	t値	標準化係数	t値
GOV	-0.103	-0.304	-0.267	-0.755	0.061	0.188	-0.010	-0.028
COM	0.305	0.969	0.385	1.275	0.117	0.388	0.122	0.403
CUS	0.042	0.185	0.052	0.247	-0.079	-0.361	-0.121	-0.571
CSR	0.020	0.089	0.017	0.085	0.134	0.628	0.131	0.647
JOWN	0.237	0.885	0.228	0.977	0.244	0.952	0.224	0.961
LDS	0.141	0.588			0.077	0.338		
GOAL			0.288	1.205			0.147	0.615
D_scale	0.109	0.482	0.107	0.510	0.349	1.614	0.327	1.558
Constant	-0.675	-0.188	-0.842	-0.289	-0.271	-0.107	-0.055	-0.026
Adj R^2		-		-		-		-
F value		0.486		0.819		0.793		0.811
DW		1.252		1.398		1.368		1.463

（注）**$p<0.01$，*$p<0.05$．

　また，説明変数に戦略要因として環境達成目標（GOAL）を入れた場合に比べ，トップの環境リーダーシップ（LDS）を入れた場合には，CSR評価と地域社会の環境要請のみならず，親会社の出資比率（JOWN）が有意であった。このようにグリーン調達は，所有に基づいた親会社の支配が有意に関係していることが示された。

　第2に，現地政府の環境規制（GOV）はグリーン調達に対して有意ではないものの負の関係が認められた。多国籍企業が現地政府によって環境デー

タの提出を求められていることは明白な事実で，その意味で現地政府の規制が重要性を持つことは予想される。しかし，グリーン調達の実践についての分析結果は，現地政府による規制は，移転のドライビングフォースでないことを示唆している。

ただし上の結果についての評価には注意が必要で，われわれが取り上げている政府規制は，現地政府の規制に限定して影響を尋ねている。それには輸出市場や多国籍企業本国での政府規制を含めていない。政府の影響全般として言えば，EU の RoHS 指令のように，輸出市場での規制の影響は大きいものがある。また，水や大気などの排出に関する政府規制を強く認識しないとはいえ，現地政府が環境規制を行い，外国企業に対して環境データの届け出を義務づけているのは一般的事実である。

したがって，地域社会の環境要請が正の関係にあることを考えると，現地政府の影響は総合的にはやはり重要である。進出先の社会に受け入れられない事業は継続があり得ないからである。現地政府の直接的規制はグリーン調達の実施に関連しては比較的弱く受け止められているが，広く進出先での地域社会の環境要請はプラスに作用し強く受け止められている。

第3に，環境マネジメントシステム（MANA）を目的変数としたとき，第5章と同様に，環境達成目標は環境マネジメントシステムと有意に正の関係にあった（$p<0.01$）。これに対し，トップの環境リーダーシップは環境マネジメントシステムに対して有意ではなかった。この結果が示唆するのは，海外子会社の環境経営は，海外子会社のトップの環境リーダーシップが決定的ではなく，親会社の環境戦略の支配下にある明確な環境達成目標が重要であるということである。

海外子会社は，独自の機能と裁量性を持つことがあるが，基本的な政策や戦略については依然として経営権を持つ親会社の支配下にある。したがって海外子会社による環境達成目標は当然親会社の環境方針を反映するであろう。海外子会社の環境達成目標は，親会社の影響の下で，取り組みの移転と強い関係がある。グリーン調達が政府規制にかかわり，しなければならない（must）責任を果たすために CSR と有意であるのとは対照的に，環境マネジメントシステムは環境達成目標と関係しているのである。

第4に,企業規模は,環境マネジメントシステムの構築に一定の役割を果たしている。一般には,大規模企業はより多くのステークホルダーを抱え多くの市場とかかわるために外部圧力を相対的に強く受け,社会的に責任ある方法で行動するようになる(Amann et al., 2011)。したがって,大規模企業は小規模企業よりも環境マネジメントシステム構築への取り組みを相対的に強める。また大規模企業は外部圧力に適応することができるより多くの経営資源を保有する。したがって,大規模企業であるほどCSR圧力は強められ,環境マネジメントシステムとの関係は強まると想像される。

第5に,CSR評価はサプライヤーへのEMS支援(EMSUP),サプライヤーへの技術支援(TESUP)に直接的な影響を与えていない。これより,仮説5-3「CSR評価が高い企業は,サプライヤーへの環境経営の移転に積極的である」は支持されない。ここで,表7-2の相関関係より,CSRとTESUPはある程度の相関があるといえるが,CSRとEMSUP間には相関はない。またTESUPとグリーン調達(GREN)には有意な関係がある($p<0.05$)。これより,第6章での環境経営移転のメカニズム,およびここでのCSR評価とグリーン調達の有意な関係性,グリーン調達と技術支援の相関の高さを踏まえると,「親会社のCSR評価→海外子会社のグリーン調達→サプライヤーへの技術支援」というメカニズムが推測される。CSR評価は,グリーン調達を進めるなかで,サプライヤーへの技術支援に間接的な影響を与えている可能性がある。ただ,仮説5-3は,サンプル数制約のため第6章のような共分散構造分析での検証が行えないため,今後の検証課題として残されている。

(2) 考察

表7-3より,CSR評価は環境マネジメントシステムと有意な関係にはなかった。海外子会社レベルでは,CSR評価は環境マネジメントシステムと強く関連していない。つまり,仮説5-2「CSR評価が高い企業は,グリーン調達の海外移転に積極的である」は支持されたが,仮説5-1「CSR評価が高い企業は,環境マネジメントシステムの海外移転に積極的である」は支持されなかった。これは当初の予想とは異なる結果である。

これには次の理由が考えられる。環境マネジメントシステムは，親会社と比較してベトナム子会社の発展段階や規模の違いが大きく，その制約によって海外子会社ではまだしっかり構築されていないと考えられることである。われわれの調査対象であるベトナム子会社の規模は，平均すると従業員数817人である。これは，多国籍企業である親会社と海外子会社の組織能力に格差があることを示唆している。また，われわれの調査対象のベトナム子会社はその設立年が平均で2001年と新しい。したがって，事業経験や組織能力の蓄積は親会社と比べて低くなる。そして親会社と子会社の間には環境取り組みにおいて時間差がある。親会社は81.7％がISO14001の認証を取得しているが，子会社では61.7％である。子会社の環境マネジメントシステムは構築の途中である。これらの理由で，CSRと環境マネジメントシステムに関して親会社と海外子会社の間で異なる関係が見出されるものと考えられる。

さらにもう1点注意しておく必要がある。一般に，CSRは自発的なものだと考えられている（De Shutter, 2008）。しかし，われわれが確認したのは，特に法的に規制された化学物質の管理を実施するためのグリーン調達に対するCSRの関係である。そのため，この場合のCSRは全く自発的なものとは言えないのである。

5　結び

本章では，親会社のCSR評価と環境経営の海外子会社への移転の関係を分析した。先行研究では，CSR評価と経済パフォーマンスの関係が分析されてきた。しかし，それらの研究は，CSR評価と経済パフォーマンスの関係を論ずるもので，環境経営の取り組みがサプライチェーンの中で組織間に移転されるプロセスや促進要因を分析することはなかった。

われわれは，日本企業の海外事業を対象にしてこの点を分析した。その結果，親会社のCSR評価はグリーン調達に関して取り組みを強め，海外移転されることが明らかになった。

こうした関係をもたらすのは，外部要因の他に，親会社の環境戦略の取り組み，その海外子会社の組織能力によって強く影響されることが理論レ

ビューと分析結果から明らかになった。グリーン調達の移転の前提として，親会社に環境方針ないし環境戦略が策定され，環境経営の取り組みが強化されることが移転の重要な要因となる。つまり，それが意味するのは，親会社における持続可能な発展に向けた社会的な責任意識の向上と企業活動への取り組みが重要であることである。それは環境経営が社会的な責任意識の向上によって強められるものであり，親会社にとって，環境への取り組みを環境戦略として確立することが海外移転を促すと同時に，社会的責任を果たしあるいは競争優位につながることを理解することが重要である。

第8章　業績と環境経営移転

　本章では，親会社の業績が環境経営の海外子会社への移転とどのように関係しているかを分析する。これは，これまでの研究関心で言えば，企業の業績は海外事業の環境取り組みと両立するのかという疑問と置き換えることができる。そこで本章では仮説6「業績が良い多国籍企業は，環境経営の海外移転に積極的である」を検証する。このため，親会社の財務データと，これまで用いた海外子会社の質問票調査データによる分析を進める。

　ところで，本章はこれまで分析を行った前3章とどのような関係にあるのか，相互の位置づけを説明しておこう。まず，第5章では，親会社の環境取り組みを説明変数として分析を行い，第6章でその親会社の環境取り組みの影響について，より詳細な分析を行った。そして，第7章では社会的責任を扱った。第8章で経済的側面を対象とすることで，第5章，第7章とあわせて，環境・社会・経済という持続可能性の中心的内容を分析することとなる。それゆえ，これらの3章は，いかなる特性を持つ親会社が環境経営の海外移転を進めるかという分析視角において，互いに補完的な内容となり，総合的な結論を導き出すことが可能となる。

1　先行研究

　すでに言及したように，環境経営取り組みの海外事業への移転の促進要因やプロセスに関する先行研究の数は限られている。ここでは，第2章で行った先行研究のレビューから関連する点をはじめに要約的に説明する。環境経営の海外移転を分析する研究は限られるため，本書のテーマである環境経営の移転と密接に関連する視点の研究を取り上げる。

　第1に，環境と経済は両立するのか否かに関する研究がある。この研究は，海外事業において環境と経済は両立するのかというテーマの基礎になる研究

である。第2の関連研究は，サプライチェーン管理の研究である。多国籍企業の環境経営は，グローバルなサプライチェーンに波及するのか，そしてその移転はどのようなメカニズムの中で行われるのかという論点にかかわっている。

まず第1の，経済と環境の関係について重要な基礎となる先行研究は，1990年代から始まった。その研究は，ポーターによって提示されたポーター仮説をめぐって米国，英国，ドイツ，日本などで研究が実施されてきた（Porter and v.d. Linde, 1995；Jaffe and Stavins, 1995；Palmer et al., 1995；Hart and Ahuja, 1996；Russo and Fouts, 1997；Konar and Cohen, 2001；Wagner et al., 2002；金原・金子，2005）。

これらの研究の結論は，2つに大別される。第1は，経済パフォーマンスと環境パフォーマンスの間にはトレードオフの関係があり，環境保全のための費用は追加的コストであるという見方である（Walley and Whitehead, 1994）。したがって，環境法令遵守のために支出されるコスト増加は，競争上の不利をもたらすと考える。第2は，環境パフォーマンスの改善は競争優位や経済パフォーマンスを高めるという見方である。これは，環境パフォーマンスの改善がより能率的な生産工程や，生産性の改善，低い法令遵守費用をもたらすと考える。

Porter（1991, 1995）は，いわゆるポーター仮説を提起し，先駆的研究者として地位づけられているが，彼の主張は実証的な論証によるものではなく，数個の事例に基づいた考察である。実証的研究としては，はじめに Hart and Ahuja（1996）による研究がある。彼らは，説明変数の環境パフォーマンスを TRI（Toxic Release Inventory；有害物質排出目録）に基づいた1988-89年の化学物質排出量削減の変化率で表している。他方，目的変数の経済パフォーマンスは89年から92年の売上高利益率，総資産利益率，自己資本利益率を用いている。この他の制御変数として，R&D 集約度，広告宣伝費比率，資本集約度，負債比率，産業成長率を用いている。彼らの分析結果は，汚染予防活動は経済パフォーマンスに対して1-2年の時間差で正の関係があることを示している。

続いて Russo and Fouts（1997）は，環境パフォーマンス指標として環境

格付けを用い，経済パフォーマンスとしてROA（総資産利益率）を用いている。分析の結果，両者の関係は統計的に有意な正の関係であり，成長産業でその関係が強められていることを明らかにした。この研究はポーター仮説を支持している。

これに対し筆者たちは，わが国製造業企業の環境と経済の関係について分析を行い，両者の間に統計的に有意な正の関係があることを明らかにした（金原・金子，2005）。この研究では，環境パフォーマンスを示す環境効率データは，各社のCO_2排出量を売上高で除した環境効率指標を用いた。さらにその後，PRTRデータおよびTRIデータを毒性係数によって重みづけしたデータから環境効率を測定し，環境と経済の関係を分析した（金原他，2011）。

環境と経済の関係に関する先行研究の結論は，持続可能性の実現に向けて主要企業が大きな努力をしてきたことを反映している。また，企業の努力が公害対策型の環境技術から競争優位に結びつく製品開発に向けられてきたことを反映している。わが国の環境特許件数は，特許の種類を水，大気，廃棄物，エネルギー，製品設計に分類すると，2003年に製品設計が最大の割合を占めるようになった（金原，2013）。それゆえ，環境パフォーマンスを高めることによって経済パフォーマンスを向上させる可能性が高くなり，そのための企業努力が強まるとすれば，それは事業のグローバル展開にも波及するであろう。環境への取り組みが競争優位をもたらす可能性が高まるのであれば，企業はますますグローバルにその可能性を追求するであろう。その意味で，環境経営の海外移転にも積極的になると予想される。

第2に，アセンブラー・サプライヤーの企業間関係と深くかかわるサプライチェーン管理の研究がある。サプライヤーの研究は，経済の二重構造論が注目されていた1960年代に大きな関心を持って行われ，そこではサプライヤーの劣位性が強調されてきた。

これに対し，浅沼（1984，1989）が，サプライヤーである中小企業の技術力について新しい研究を行い，伝統的な二重構造論とは異なる中小企業の理論モデルを示した。続いて，Nishiguchi（1994）やDyer（1996）による研究によって，サプライヤーが組織能力を高め，アセンブラーの競争優位の構

築に貢献していることが明らかにされてきた。これらの分析は，関係性アプローチあるいはネットワーク論として展開されている。サプライヤー・アセンブラーの関係の中でサプライヤーが組織能力を高めていくメカニズムが明らかになり，グループ企業のネットワークが学習・能力形成に重要な意味を持つことが理論的に説明されるようになった。

　他方，物流や調達という実践の中で，アセンブラー・サプライヤーの関係はサプライチェーンとしてとらえられるようになった。全社的品質管理（TQM）やジャスト・イン・タイムの生産方式をサプライチェーン全体に広げることは物流管理の大きな課題であった。サプライチェーンは事業の効率化の重要なカギである。サプライヤーの組織能力の向上無くして，効率化を推進しアセンブラー企業の競争力を高めることは不可能である。それゆえ，サプライチェーンの各活動の統合化を進め，市場ニーズへの迅速な対応をすることがサプライチェーン全体を通して遂行されようとしている。こうしてアセンブラー企業は，膨大な数の部品が多数の企業によって担われるロジスティクスシステムとしてのサプライチェーンを考えなければならなくなった。

　組織能力がサプライチェーンのいかなる構造とプロセスによって海外移転されるのか明らかにすることは，環境経営移転を促進し持続可能な発展に対する有効性を高めるために不可欠である。環境経営の移転は，これらの研究が取り上げる論点と密接にかかわって実施される。第2の論点は，サプライヤーへの移転に関連し，第9章以降の事例研究によって検討するサプライチェーンの管理の重要な側面を示している。

2　データ

　本章で用いるデータは2種類ある。第1に，財務データについては，日経NEEDSからROA（総資産利益率），ROS（売上高利益率）の2種類を用いる。財務データ期間は，2001-09年度，2001-07年度，2003-07年度の3期間のそれぞれについて計算を試みた。08年にはリーマンショックがあり，世界的に異常な混乱があった年である。そのため，リーマンショック以前のデータを使うか，リーマンショックを含む期間のデータにするべきかその影響を

確認する必要があった。実際の計算結果は，この3通りの期間のどれを用いても有意な関係の現れる要因は共通しており結論に違いはないと言えるものであった。そこで本章では，2001-09年の平均値を用いた分析結果について説明する。

第2に，環境経営の海外移転については，第4章で示した，われわれがベトナムで実施した質問票調査から得られたデータを用いる。日経NEEDSと質問票調査の2つをマッチングして得られるサンプル数は39社であった。本章の分析はこの39社について行う。なお，タイについては2つのデータセットのマッチングによって得られるサンプル数が少なく，本章ではベトナムデータのみを用いて分析する。

3 仮説と分析モデル

本章で分析するテーマは，第3章で提示した次の仮説である。

仮説6：業績が良い多国籍企業は，環境経営の海外移転に積極的である。
　仮説6-1：業績が良い企業は，環境マネジメントシステムの海外移転に積極的である。
　仮説6-2：業績が良い企業は，グリーン調達の海外移転に積極的である。
　仮説6-3：業績が良い企業は，サプライヤーへの環境経営の移転に積極的である。

この仮説の根拠は，高業績企業には経営資源の余裕が生まれ，社会的責任を果たすべく環境への投資を行う資源を確保できることによって，海外での展開も促進されると考えられることである。

内部化理論は，企業は内部化することによって取引コストの優位性を獲得できるがために海外直接投資を行うと説明する。さらに資源ベース論は組織能力の構築が累積的に行われ経路依存的であることを指摘してきた（Barney, 1991 ; Hart, 1995）。これらの理論を適用すれば，海外事業における環境能力は親会社の保有する組織能力を移転し高めることによって，海外での優

表 8-1 記述統計

指標		設問	平均	標準偏差
外部要因	GOV	現地政府の環境規制は厳しい	3.667	(0.838)
	COM	現地地域社会の環境要請は強い	3.026	(1.203)
	CUS	現地市場の環境要請は強い	3.947	(0.899)
親会社の組織的取り組み	ROA	親会社のROA（総資産利益率）［2001〜09年の平均値］	17.930	(11.316)
	ROS	親会社のROS（売上高利益率）［2001〜09年の平均値］	20.182	(10.814)
	JOWN	出資比率（親会社との全体的な関係性の強度）	94.436	(14.158)
子会社の環境戦略	LDS	環境対策に対してトップはリーダーシップを発揮している	4.139	(0.723)
	GOAL	環境対策について達成目標がある	4.103	(0.788)
子会社の組織的取り組み	ISO	ISO14001認証を取得している	2.658	(0.669)
	REP	環境報告書のデータを作成している	2.949	(0.320)
	GREN	グリーン調達基準は本社工場と同水準である	3.222	(0.989)
サプライヤー支援	EMSUP	サプライヤーにEMS支援をしている	2.769	(0.959)
	TESUP	サプライヤーに技術支援をしている	3.051	(1.123)

(注) 数値は5点尺度（強くそう思う〜全くそう思わない）。ただし，ISOとREPは3点尺度（はい，準備中，いいえ）。ROA, ROSは2001-09年の平均値，JOWNは親会社の出資比率（％）。

位性を得ることができると仮定できるであろう。

そこでわれわれは，次のモデルによって，業績と環境経営の取り組みの海外移転の関係を分析する。モデル4Aは，環境マネジメントシステム（MANA）の移転，モデル4Bはグリーン調達（GREN）の移転を目的変数としている。また，モデル4CはサプライヤーへのEMS支援（EMSUP），モデル4Dはサプライヤーへの技術支援（TESUP）を目的変数としている。

ROA, ROSを主要な説明変数とし，第5章での分析と同様に，外部要因として現地政府の環境規制（GOV），顧客・市場の環境要請（CUS），地域社会の環境要請（COM），子会社の環境戦略としてのトップの環境リーダーシップ（LDS），環境達成目標（GOAL），親会社の組織的取り組みとして親会社の出資比率（JOWN）を説明変数に用いた（表8-1）。なお，LDSとGOALは相関が高いため（$r=0.527$, $p<0.01$），それぞれの指標を用いた2つのパターンで最小二乗法により推計を行った。また，ダミー変数（D_scale）として従業員規模299人以下を0とし，300人以上を1として設定した。変数間の相関係数は表8-2となる。

第 8 章　業績と環境経営移転

表 8 - 2　変数間の相関係数

	1	2	3	4	5	6	7	8	9	10	11	12
1 GOV	1.00											
2 COM	0.56**	1.00										
3 CUS	0.01	0.17	1.00									
4 ROA	0.19	0.19	-0.21	1.00								
5 ROS	-0.07	0.13	-0.10	0.74**	1.00							
6 JOWN	-0.40*	-0.25	0.14	-0.24	-0.03	1.00						
7 LDS	0.31	0.33	-0.03	0.35*	0.47**	-0.38*	1.00					
8 GOAL	0.45**	0.30	0.01	0.25	0.30	-0.35*	0.66**	1.00				
9 MANA	0.31	0.31	-0.08	0.17	0.19	-0.23	0.26	0.59**	1.00			
10 GREN	0.04	0.33*	0.18	0.05	0.07	0.14	0.42**	0.30	0.15	1.00		
11 EMSUP	0.07	0.37*	0.19	-0.03	0.02	0.06	0.39**	0.35*	0.36**	0.61**	1.00	
12 TESUP	0.07	0.30	0.11	0.22	0.28	-0.04	0.44**	0.42**	0.33*	0.58**	0.72**	1.00

（注1）MANA は ISO と REP の結合データ。
（注2）**p <0.01，*p <0.05．

モデル 4 A

$$\mathrm{MANA} = \alpha + \beta_{m1}\mathrm{GOV} + \beta_{m2}\mathrm{COM} + \beta_{m3}\mathrm{CUS} + \beta_{m4}\mathrm{LDS}\,(\mathrm{GOAL})$$
$$+ \beta_{m5}\mathrm{JOWN} + \beta_{m6}\mathrm{ROA}\,(\mathrm{ROS}) + \beta_{m7}\mathrm{D\_scale}$$

モデル 4 B

$$\mathrm{GREN} = \alpha + \beta_{g1}\mathrm{GOV} + \beta_{g2}\mathrm{COM} + \beta_{g3}\mathrm{CUS} + \beta_{g4}\mathrm{LDS}\,(\mathrm{GOAL})$$
$$+ \beta_{g5}\mathrm{JOWN} + \beta_{g6}\mathrm{ROA}\,(\mathrm{ROS}) + \beta_{g7}\mathrm{D\_scale}$$

モデル 4 C

$$\mathrm{EMSUP} = \alpha + \beta_{e1}\mathrm{GOV} + \beta_{e2}\mathrm{COM} + \beta_{e3}\mathrm{CUS} + \beta_{e4}\mathrm{LDS}\,(\mathrm{GOAL})$$
$$+ \beta_{e5}\mathrm{JOWN} + \beta_{e6}\mathrm{ROA}\,(\mathrm{ROS}) + \beta_{e7}\mathrm{D\_scale}$$

モデル 4 D

$$\mathrm{TESUP} = \alpha + \beta_{t1}\mathrm{GOV} + \beta_{t2}\mathrm{COM} + \beta_{t3}\mathrm{CUS} + \beta_{t4}\mathrm{LDS}\,(\mathrm{GOAL})$$
$$+ \beta_{t5}\mathrm{JOWN} + \beta_{t6}\mathrm{ROA}\,(\mathrm{ROS}) + \beta_{t7}\mathrm{D\_scale}$$

4　分析結果

(1) 結果

ROS を説明変数にした分析結果（表 8 - 3），ROA を説明変数にした分析結果（表 8 - 4）より，次の点が明らかになった。

ROS を用いて分析した場合（表 8 - 3），第 1 に，グリーン調達（GREN）

表 8 - 3　分析結果（ROS）

	Model 4A (MANA)				Model 4B (GREN)			
	標準化係数	t 値	標準化係数	t 値	標準化係数	t 値	標準化係数	t 値
GOV	−0.090	−0.453	−0.208	−1.229	−0.372	−2.115*	−0.390	−1.836
COM	0.290	1.539	0.331	2.117*	0.526	3.019**	0.549	2.725*
CUS	−0.171	−1.063	−0.175	−1.306	0.062	0.439	0.084	0.514
ROS	0.352	2.148*	0.199	1.442	−0.212	−1.376	−0.020	−0.123
JOWN	−0.068	−0.390	0.029	0.204	0.427	2.775*	0.286	1.688
LDS	0.126	0.673			0.679	4.102**		
GOAL			0.519	3.329**			0.378	2.012
D_scale	0.302	1.934	0.243	1.868	0.019	0.140	−0.046	−0.286
Constant	4.818	3.642**	3.776	3.825**	−2.867	−1.721	−0.384	−0.222
Adj R^2		0.263		0.450		0.438		0.207
F value		2.681*		5.214**		4.563**		2.268
DW		1.418		2.248		1.808		1.868

	Model 4C (EMSUP)				Model 4D (TESUP)			
	標準化係数	t 値	標準化係数	t 値	標準化係数	t 値	標準化係数	t 値
GOV	−0.313	−1.562	−0.364	−1.781	−0.233	−1.146	−0.294	−1.417
COM	0.441	2.301*	0.497	2.654*	0.337	1.732	0.352	1.846
CUS	0.031	0.191	0.037	0.232	0.025	0.154	−0.001	−0.003
ROS	−0.233	−1.354	−0.178	−1.100	0.056	0.321	0.123	0.746
JOWN	0.254	1.434	0.212	1.275	0.153	0.852	0.095	0.561
LDS	0.561	2.933**			0.441	2.273*		
GOAL			0.486	2.640*			0.403	2.149*
D_scale	0.130	0.824	0.072	0.469	0.239	1.501	0.198	1.271
Constant	−2.180	−0.976	−0.907	−0.456	−1.208	−0.612	−0.020	−0.011
Adj R^2		0.228		0.205		0.206		0.178
F value		2.434*		2.366*		2.262		2.148
DW		1.014		1.622		1.381		1.827

（注）**$p<0.01$，*$p<0.05$.

を目的変数としたとき，売上高利益率（ROS）は有意な値を示さなかった。つまり ROS は，グリーン調達の移転とは関係していなかった。子会社の環境戦略指標にトップの環境リーダーシップ（LDS）を用いた場合も，環境達成目標（GOAL）を用いた場合もその関係は変わらなかった。

　第 2 に，しかし，目的変数に対する他の変数の関係を調べると，LDS を説明に用いた場合，親会社の出資比率（JOWN），現地政府の環境規制（GOV），地域社会の環境要請（COM）が有意な関係を示した。親会社の出

第8章　業績と環境経営移転

表8-4　分析結果（ROA）

	Model 4A (MANA)				Model 4B (GREN)			
	標準化係数	t値	標準化係数	t値	標準化係数	t値	標準化係数	t値
GOV	-0.106	-0.491	-0.228	-1.304	-0.322	-1.826	-0.383	-1.864
COM	0.319	1.574	0.351	2.182*	0.502	2.805**	0.543	2.697*
CUS	-0.192	-1.094	-0.190	-1.355	0.068	0.465	0.086	0.526
ROA	0.113	0.641	0.067	0.478	-0.095	-0.651	0.004	0.024
JOWN	-0.019	-0.102	0.051	0.350	0.388	2.495*	0.284	1.683
LDS	0.242	1.254			0.595	3.849**		
GOAL			0.596	3.971**			0.370	2.071*
D_scale	0.307	1.827	0.232	1.736	0.004	0.031	-0.046	-0.288
Constant	4.589	3.214**	3.717	3.603**	-2.563	-1.500	-0.406	-0.232
Adj R^2		0.145		0.416		0.406		0.207
F value		1.802		4.657**		4.118**		2.265
DW		1.482		2.337		1.955		1.882

	Model 4C (EMSUP)				Model 4D (TESUP)			
	標準化係数	t値	標準化係数	t値	標準化係数	t値	標準化係数	t値
GOV	-0.258	-1.275	-0.310	-1.538	-0.251	-1.259	-0.333	-1.660
COM	0.427	2.177*	0.481	2.541*	0.334	1.732	0.353	1.874
CUS	0.032	0.193	0.040	0.245	0.041	0.245	0.017	0.103
ROA	-0.122	-0.724	-0.097	-0.605	0.105	0.631	0.156	0.977
JOWN	0.217	1.206	0.192	1.134	0.167	0.939	0.119	0.707
LDS	0.473	2.640*			0.444	2.514*		
GOAL			0.424	2.433*			0.431	2.481*
D_scale	0.120	0.744	0.072	0.460	0.238	1.503	0.199	1.281
Constant	-1.842	-0.805	-0.853	-0.417	-1.349	-0.687	-0.234	-0.135
Adj R^2		0.191		0.183		0.215		0.189
F value		2.148		2.186		2.328		2.231
DW		1.111		1.570		1.417		1.876

（注）**$p<0.01$，*$p<0.05$．

資比率や地域社会の環境要請，トップの環境リーダーシップは有意な正の関係にあり，現地政府の環境規制は有意な負の関係であった。次にGOALを用いると，地域社会の環境要請のみが有意な関係になった。

第3に，グリーン調達の代わりに環境マネジメントシステム（MANA）を目的変数とすると，子会社の環境戦略指標にLDSを用いるとき，ROSは環境マネジメントシステムの移転と有意な正の関係を示した（p<0.05）。つまり，業績が環境マネジメントシステムの移転と有意に関係していることが

示された。環境マネジメントシステムに対する業績の関係は，この場合を除けば，後述する ROA（総資本利益率）を用いた分析でも有意ではなかったが，いずれの場合も正の符号を示している。

第4に，業績はサプライヤーへの EMS 支援（EMSUP），サプライヤーへの技術支援（TESUP）に直接的な影響を与えていない。ただ，EMS 支援と技術支援いずれにも子会社の環境戦略であるトップの環境リーダーシップあるいは環境達成目標が有意な影響を与え，EMS 支援には地域社会の環境要請も有意な影響を与えている。これは ROA を用いた分析（表8-4）でも同様の結果である。

ここで，表8-2の相関関係より，ROS（ROA）と TESUP はある程度の相関があるといえるが，ROS（ROA）と EMSUP 間には相関はない。これより，第6章での環境経営移転のメカニズム，およびここでの ROS と環境マネジメントシステムの有意な関係性を踏まえると，「ROS－環境マネジメントシステム－サプライヤーへの技術支援」というメカニズムが推測される。ROS は，環境マネジメントシステム構築を進めるなかで，サプライヤーへの技術支援に間接的な影響を与えている可能性がある。ただ，表8-2での EMSUP および TESUP と MANA の有意な相関関係を踏まえると，業績はサプライヤーへの技術支援だけでなく，EMS 支援にも間接的に影響を与える可能性も示唆される。ただ，この仮説6-3は，サンプル数制約のため第6章のような共分散構造分析での検証が行えないため，今後の検証課題として残されている。

続いて，財務指標を ROS に代えて ROA を用いて分析した場合（表8-4），第1に，グリーン調達と ROA の間には有意な関係は見い出せなかった。ROA は有意でなかったが，LDS を用いた場合に，親会社の出資比率，地域社会の環境要請，トップの環境リーダーシップの変数が有意に作用することを示した。

第2に，目的変数に環境マネジメントシステムを用いた場合においても，ROA と有意な関係は見られなかった。ROA を使ったモデルでは，LDS を用いると有意な関係となる他の変数もなく，LDS の代わりに GOAL を用いると，地域社会の環境要請と環境達成目標は環境マネジメントシステムと有

表8-5 業績と子会社の組織的取り組み，サプライヤー支援の検証結果のまとめ

ROS	⟶	環境マネジメントシステム（MANA）	○
	⟶	グリーン調達（GREN）	×
	⟶	EMS 支援（EMSUP）	×
	⟶	技術支援（TESUP）	×
ROA	⟶	環境マネジメントシステム（MANA）	×
	⟶	グリーン調達（GREN）	×
	⟶	EMS 支援（EMSUP）	×
	⟶	技術支援（TESUP）	×

（注）○：5％水準で有意，×：5％水準で有意でない。

意な関係が得られた。

　以上の結果を図式的に整理すると，表8-5のようになる。有意な関係ありを○，有意な関係なしを×としている。これらより，われわれが事前に予想した仮説は広く成立することはなく，ROSデータを使ったときのみ目的変数MANAに対して業績が有意に作用していることが示された。したがって仮説は部分的に支持されるにとどまっている。仮説6-1「業績が良い企業は，環境マネジメントシステムの海外移転に積極的である」は支持されたが，仮説6-2「業績が良い企業は，グリーン調達の海外移転に積極的である」，仮説6-3「業績が良い企業は，サプライヤーへの環境経営の移転に積極的である」は支持されなかった。

　この分析結果は，CSR指標を使って行った第7章の分析結果と対照的な傾向を示した。表8-6より，第7章では，CSRはGRENには作用しているがMANAには作用していないという結果であった。他方，ROSはGRENには作用していないがMANAには作用しているという結果である。

　このようにCSRと業績（ROS）は環境経営取り組みの移転に対して対照的な結果を表している。なぜこのような結果となるのであろうか。この結果についてわれわれは次の解釈ができると考える。

　第1に，その理由は，業績（ROA，ROS）とグリーン調達（GREN）は連動性が弱く，グリーン調達は業績にかかわりなく，取引条件として重要な要件となっているからである。これに対し，業績と環境マネジメントシステ

表 8-6 CSR 評価と子会社の組織的取り組み，サプライヤー支援の検証結果のまとめ

CSR	⟶	環境マネジメントシステム（MANA）	×
	⟶	グリーン調達（GREN）	○
	⟶	EMS 支援（EMSUP）	×
	⟶	技術支援（TESUP）	×

(注) ○：5％水準で有意，×：5％水準で有意でない。

ム（MANA）の関係は，有意な関係は限定的ではあったが，ROA，ROS いずれのケースでも同じ方向に作用している。そのことから，業績は環境マネジメントシステムの移転と結びつく可能性が高いと考えられる。

つまりこれは，法的規制が背景にあるグリーン調達の取り組みは企業業績に左右されて変動するというよりは，企業の社会的責任の取り組みとその評価によって促進されることを示唆している。社会的責任は，企業にとって「must」の性質の強いグリーン調達に向けられるのである。これに対し，法的達成基準のない環境マネジメントシステムの構築はグリーン調達の基礎として必要ではあるが，CSR と直接連動するものではないと言えるのである。

なお，業績（ROS）は，CSR とは対照的に，GREN 調達には強く結びつかず環境マネジメントシステムに結びついている。これは，企業の業績が環境マネジメントシステムの構築を押し上げる可能性を示唆している。環境取り組みには，明確な規制に対する取り組みと，より自主的な取り組みがあり，それぞれが強められるのは，異なる要因によるということを示唆している。これは，第5章で分析した CO_2・廃棄物と水質・大気質のケースの違いと類似している。

現在，個別の企業とって CO_2 と廃棄物は，一部を除けば，排出基準が明示的に設定されているものではない。目標として自主的な取り組みが求められている。しかし，水質や大気質の排出基準はすでに明確で命令的であり基準を遵守する必要がある。この2つの異なる性質の環境目標について有意に作用する要因が異なるのである。そのことから，厳しい排出基準にかかわるグリーン調達と，明示的な基準のない環境マネジメントシステムには異なる傾向が見出されるのである。本章の業績，第7章の CSR，第5章の環境パ

フォーマンスの規定要因はいずれも整合的な関係を示している。

ただ，ROA と ROS は広義には企業の業績を表す指標であり，それが移転の促進要因として有意性に違いがあるという分析結果にはさらなる吟味が必要である。われわれの分析結果は，環境マネジメントシステムに対する ROS と ROA はどちらも共通した方向性を示唆しているものの，有意性は部分的であった。より詳しい検証は今後の研究にゆだねられるが，われわれは，ROS と ROA が本質的な意味の違いがあるというより，環境経営の移転に関しては同一方向に作用していると推測している。

(2) 考察

「適切な環境規制は企業の技術開発を促し，その結果，資源生産性を高めあるいはコスト競争力を高めるがゆえに，経済パフォーマンスの向上をもたらす」というポーター仮説は，どこまで妥当性があるであろうか。本書の分析では，規制は，直接組織の取り組みに作用するよりも，企業の環境戦略を通して作用することが示された。環境規制は，公害型環境問題に対しては，有効であったことが指摘されてきた。しかし，CO_2 と廃棄物についてはその有効性が明らかではない。規制が行動を引き起こす程度に強ければ戦略と組織は連動するであろう。ところが裁量的行動であるがゆえに，直接的な組織取り組みを引き起こさないケースは，環境戦略への強い働きかけが必要であることを示唆している。裁量にゆだねられる行動は，企業の経営理念やリーダーシップに相対的に依存しているのである。

さらに1つの疑問は，経済的余裕が環境への取り組みを強めるという経験的な根拠であった。環境への取り組みは，汚染対策的であるほど，また末端処理的であるほど，コスト促進要因であり，財務的資源の投資を必要とする。また，環境経営の発展段階論は，経営資源・組織能力の積み上げによって環境経営が進展することを明らかにしてきた (Kolk and Mauser, 2002)。したがって，環境と経済の間には双方向的な因果関係が存在すると考えられてきた。

本章におけるわれわれの仮説は，大きな経営資源を保有する大企業で環境経営が相対的に進んでいるという事実があり，経験的には妥当性のある仮説

と思われる。しかし，分析結果は，部分的な支持にとどまっている。その理由として，環境経営の取り組みの中でもグリーン調達と環境マネジメントシステムでは異なる性格を有することによると思われる。つまり，環境マネジメントシステムは業績との連動性に結びつく傾向があるが，グリーン調達はより規制対応的で「must」である取引条件としての性格が強く，業績との関係は強くないと考えられるのである。

　言い換えれば，業績の向上は環境経営取り組みの基本的な性格を強めるだろう。しかし，グリーン調達と環境マネジメントシステムに分けてその作用を吟味したとき，業績はグリーン調達に対して相対的に弱く，環境マネジメントシステムに対して強く作用している。グリーン調達は業績にはかかわりなく実施されるケースが多く見られる。これに対し，環境マネジメントシステムは業績との連動性が相対的に強く，すべてのケースで同方向の作用を表している。

　これまでの分析から，環境経営を促進する因果的メカニズムについて外部要因が組織の取り組みに直接働きかけるよりはむしろ子会社の環境戦略に作用し，それが組織の環境行動を促進することが明らかになった。そして環境マネジメントシステムとグリーン調達の促進には，異なる要因が作用している。

5　結び

　本章では，理論的にも実践的にも強い関心が持たれている環境と経済の関係の発展的テーマとして，企業業績と環境経営の海外移転の関係について分析した。

　本章の分析結果は，われわれの仮説を部分的に支持するものであった。つまり，業績は特定の条件で環境マネジメントシステムを強めている。しかし，業績が常に環境経営の取り組みを強めるとは結論することができなかった。特に，グリーン調達への取り組みは業績との結びつきは強くないものであった。むしろ，企業業績は環境マネジメントシステムを構築することに寄与している。したがって，仮説6-1「業績が良い企業は，環境マネジメントシ

ステムの海外移転に積極的である」は支持されたが，仮説6-2「業績が良い企業は，グリーン調達の海外移転に積極的である」は支持されなかった。これは業績が良い大企業では相対的に社会的責任を強く自覚し，環境マネジメントシステムの構築を海外でも強めているという経験的な事実と整合している。業績が一律に環境経営取り組みを強めるよりは，特定の取り組みが特定の条件の下で推進されると考えられる。

　以上の分析結果は，次の点を含意している。第1に，企業の社会的責任意識を高めることが，企業の環境経営を全体的に押し上げ自主的な取り組みを促進する。第2に，それと対照的に，直接規制を強める政策は企業取引にとっては所与とされている。それは，業績の良しあしにかかわらず，実行することが求められる。その意味でも，公害型汚染や有害化学物質の削減についてはこの種の政策が有効性があると考えられる。第3に，明確な排出基準や厳しい規制のないCO_2排出量低減に取り組むには，ますます企業の主体的な取り組みに依存するようになる。そのとき，企業業績に依存する環境経営取り組みを単に期待するのではなく，企業の社会的責任意識を高めることが取り組みの普及にとって重要となる。

　その意味で，持続可能性への意識の向上や社会的責任を企業が広く共有するべく，情報開示のガイドラインの制定や環境教育などの社会環境の整備を進めることが必要である。それに加えて，環境への取り組みを促す市場的政策（エコポイント制や税制措置など）によって企業のインセンティブを高める政策を導入することが重要であろう。

第9章　環境経営とサプライチェーン管理

　サプライチェーンとは，原材料採取から最終消費者に至るまでの製品・サービス供給プロセスの多様な機能の連鎖のことである。言い換えると，サプライチェーンとは，原料採取から始まり，調達，製造，販売，そして廃棄・回収までの全フローの，異なる段階にある多くの企業によって構成される価値連鎖のことである。それゆえサプライチェーン管理とは，顧客価値を付加する製品，サービス，情報を提供するサプライヤーからエンドユーザーまでの事業プロセスの統合である（Lambert et al., 1998）。

　グローバルなサプライチェーン管理は，アウトソーシングや海外直接投資に伴う効率化追求で必要不可欠となってきた。しかし，今やそれは，企業経営の効率化と環境保全の両方の意味で，新たな課題となってきた。一方で事業の効率化がサプライチェーンに大きく依存し，他方で，環境経営の社会的責任の遂行や環境リスクの低減のためにサプライヤーからの調達管理の徹底が欠かせないからである（Srivastava, 2007 ; Halldórsson et al., 2009）。

　第3〜8章では，多国籍企業（親会社）の海外子会社への環境経営の移転に関しての促進要因，メカニズムなどを明らかにし，特に第6章では親会社，海外子会社，サプライヤーの3者の関係の中で，海外子会社からサプライヤーへの環境経営移転に関する分析を行った。ただし，実証分析は海外子会社への質問票調査をベースにしており，サプライヤー自身の環境経営の水準までは測定していない。そのため，海外子会社によるサプライヤー支援に至るメカニズムの分析にとどまっている。

　そこで，第9〜11章では，サプライチェーンにおける環境経営移転の理論と実践について，個別企業を対象にしたヒアリング結果などに基づいて定性的に考察する。第9章ではサプライチェーン管理の理論および全体的特性，第10章ではサプライチェーン下流の完成品メーカー，第11章ではサプライチェーン上流の部品サプライヤーの環境経営の実践を考察する。これらによ

り，先の実証分析を補完するとともに，個別企業の具体的な取り組み提示により，実証分析結果の理解をより豊かなものにできる。

まず本章では，環境経営の視点に立ったとき，サプライヤーはアセンブラーの活動の中でどのように位置づけられるのか，そしてアセンブラー・サプライヤーの関係にはどのような特徴があるのか，サプライチェーンを管理することの意味を考察する。続いて，環境経営の取り組みがサプライチェーンへいかに移転され普及するのか検討する。そして環境能力の形成のメカニズムを考察する。最後に，先の実証分析でも明らかになったように，裁量的な取り組みが求められる CO_2 排出への対策として，サプライチェーン管理の重要な課題となりつつある Scope 3 の温室効果ガス排出量の算定を取り上げ，それに企業がどのように対応しようとしているのか，その内容と課題を検討する。

1 アセンブラー・サプライヤー関係の構造

(1) アセンブラー・サプライヤーの関係

中小のサプライヤーは，経済の二重構造論が注目されていた1960年代にはその劣位性が強調されてきた。中小企業論では，サプライヤー＝下請中小企業の意味で，中小サプライヤーは経済的弱者とみなされることが多かった。中小サプライヤーは相対的な低賃金，低生産性，低い技術力，弱い資本力を一般的な特徴とすることが指摘されてきた。製造業において中小企業の約70％が下請け企業であった時代においては，経済の二重構造論を背景に下請けサプライヤーは従属的な経済的弱者として扱われてきた。

しかし，中村（1964）の『中堅企業論』や清成他（1971）のベンチャー企業論はそうした通説に異論を唱え，成長力のある中堅・中小企業の現実を明らかにした。続いて，浅沼（1984, 1989）が，サプライヤーである中小企業の技術力について新たな視野を切り開き，これまでとは異なる理論モデルを示した。その後，海外研究者によっても，日本の経済成長の基礎にある中小企業の技術力の積極的な評価がなされるようになった（Rothwell, 1992）。

政策的には，1995年に「中小企業の創造的事業活動の促進に関する臨時措

置法」が施行され，創造の担い手としての中小企業という視点が中小企業政策に取り入れられた。99年には中小企業基本法が改正され，新しい産業の担い手として中小企業の創造的機能を重視するようになった。こうして90年代は，それまでの従属的下請けや経済的弱者としての中小企業論から，イノベーションを行い成長する可能性のある中小企業に関する研究や政策展開が進んだ。いわゆる第三次ベンチャーブームが盛り上がった。この背景には，わが国のみならず先進各国で基幹産業の成熟化が進み，新しい産業を育成する必要が高まったという事実と，情報技術の発達が新規企業に新しい事業機会をもたらしていることがあった。

　こうした状況の中で，1990年代には新たな理論モデルによってサプライヤーをとらえる研究が急速に進んだ。Sako（1992）や Nishiguchi（1994），Dyer（1996）による研究は，サプライヤーが組織能力を高めアセンブラーの競争優位の構築に貢献していることを独自の分析方法によって明らかにした。これらの分析は，関係性アプローチとして展開されている。これらの研究によって，サプライヤーが組織能力を高めていくメカニズムが次第に明らかになり，グループ企業のネットワークが学習・能力形成に重要な意味を持つことが理論的に説明されるようになった。

　関係性の理論は，アセンブラー・サプライヤーの垂直的な取引関係に注目していた。しかし，サプライヤーによる情報共有，学習，動機づけのプロセスを分析するにつれ，それはアセンブラーとの垂直的関係のみでなく，グループ企業のネットワークの水平的関係の中でより強く進められていることを次第に重視するようになった。その結果，サプライヤーを企業間ネットワークの中でとらえ，その組織能力の強化の面から明らかにする研究が行われてきた。

(2) ロジスティクスシステムとしてのサプライチェーン

　他方，物的流通（physical distribution），ロジスティクス（logistics）管理の関心が，次第に企業間のサプライチェーン全体の管理へと発展してきた。1963年に全米物流管理協議会（NCPDM ; National Council of Physical Distribution Management）が設立され，それは85年に全米ロジスティクス管理

協議会（CLM : Council of Logistics Management）に改組された。さらに2005年にはサプライチェーンマネジメント専門家会議（CSCMP : Council of Supply Chain Management Professionals）に改組されている。このように，サプライチェーン管理は，物流やロジスティクスと深く関係し，その取り組みから発展している。

ロジスティクスとは，Council of Logistics Management（1998）の定義では，「顧客の要求に適合する目的のために，出発点から消費点まで，財，サービスと関連する情報の効率的，効果的なフローと保管を計画，実行，統制するサプライチェーンのプロセスの一部」である（CLM, 1998 ; Mentzer et al., 2001）。

わが国の自動車メーカーでは，貿易自由化を控えた1960年代末に，協力企業と一体になってQCサークル活動に取り組み企業グループ全体の競争力を高める努力をしてきた。それ以来，ジャスト・イン・タイムの生産・調達方式をサプライチェーン全体に広げることは物流・調達の大きな課題であった。リードタイムを短縮する，コストを削減するなどは，サプライヤーに決定的に依存しているからである。コスト優位を実現し競争力を高めるサプライヤーの組織能力の向上無くして，自動車産業のように外注比率の高い産業でアセンブラー企業の効率化を推進して競争力を高めることはできない。したがって，サプライチェーンの各活動の統合化を進め，市場ニーズへの迅速な対応をすることがサプライチェーン全体を通して求められてきた。

こうして製造業企業ではサプライチェーンをますます重視しなければならなくなった。その理由は，言い換えると，第1に，サプライチェーンは，製造工程と調達・物流が連結した複雑なシステムであるということである。しかも，事業がグローバルに展開され調達のグローバル化を伴うようになったとき，分散している調達や物流の体系的な統合は生産効率に大きな影響を持っている。それゆえ，コスト，品質，供給量，物流ルート，物流方法，納期，情報管理などを有機的に統合し管理する必要が圧倒的に強まった。複雑なシステムであるサプライチェーン全体を視野に入れて統合することが全体の効率を高め，より大きな顧客価値をもたらすことができる。ロジスティクス論やマーケティング戦略論で取り組んできた同期化やクイックレスポンス

(QR)を実現するには，サプライチェーン全体の効率化を達成することが不可欠と考えられている。クイックレスポンスとは，在庫のフローを加速しながら，在庫コスト管理と能率を改善する多くの戦術を結合する，小売業で展開されてきた戦略である（Lambert et al., 1998）。

第2に，サプライヤーが供給する原材料・部品について安全性および環境リスクの観点からサプライチェーン管理が必要になった。原材料・部品の調達網は，国内のみならず海外にも拡大した。特にコスト低減のためにアウトソーシングが増加し，発展途上国からの調達が増加した。そのとき，サプライチェーン全体で問題に取り組まなければ大きなリスクを抱えることになる。それは多くの部品メーカーの上に成り立つ電機・自動車産業に限定されるものではない。食品における安全性，木材の森林認証制度もサプライチェーン管理を強く求めている。

2 サプライチェーンにおける環境経営の分析視点

サプライチェーン管理が注目されるようになった理由として，Lummus and Vokurka（1999）は次のように要約している。第1は，企業にとって全体の成果を高めるためにサプライチェーン全体を管理することがきわめて重要になったことである。第2に，国際的な競争が激化したことである。第3に，大部分の企業にとって，一部門あるいは一機能の成果を最大（部分最適）にすることは，会社全体にとっては最適の成果ではないものとなるかもしれないことである。こうしたことから，企業にとって重要なことは，そのサプライチェーン全体の管理を強めること，個々の活動をできるだけ全体の最適化に向けてチェーン内の各結節点の連携を管理することである。それによって事業の全体の効率化とスピード化，市場変化に適応する柔軟性を高めることができる。

重要性を増し，また複雑なシステムであるサプライチェーンの中で，環境問題が重視されるようになった重要な契機は，第1は，ISO14040規格によってライフサイクル・アセスメント（LCA）が導入されたことである。ISO14040の導入によって，個別製品の原料採取から廃棄・リサイクルまで

の環境負荷の把握が規格として制定された。とはいえ，ISO14040によるライフサイクル・アセスメントは，実践するには多くの理論的課題を解決する必要がある。毒性の異なるさまざまな化学物質の人類および自然環境への影響を総合すること，さらには，水，大気，天然資源，エネルギー，化学物質，廃棄物などの異なる環境影響の評価を統合する問題があった。

したがって実際には，厳密なライフサイクル・アセスメントの実施は容易ではない。わが国では，一般社団法人産業環境管理協会が，ライフサイクル全体の環境負荷を測定する支援サービスを行ってきた。数千，数万の生産品目数を有する企業が，個別製品のすべてについてライフサイクル・アセスメントを厳密に実施することは時間的にも費用的にも現実的ではない。

また，より多くの企業が採用している代替的方法として，事業活動による総合的な環境負荷について，各機能段階のインプットとアウトプットを総合的に算定するマテリアルバランスの計測を実施している。ライフサイクル・アセスメントと，それと同義的に扱われる傾向にあるマテリアルバランスは，個別製品と企業活動全体という対象の違いや環境影響評価の方法の違いはあるものの，いずれにしても事業活動の全プロセスを対象とした環境負荷の計測を課題としている。それによって，環境負荷削減に大きな意味のある活動を特定し，有効な対策を具体的に探すことができる。こうした製品ライフサイクルの全プロセスに注目することによって，サプライチェーンでの環境問題の取り組みが重要な課題として認識されることになった。

サプライチェーンの環境管理に関連する第2の重要な契機は，環境規制で2003年に制定されたRoHS指令および06年に制定されたREACH規制である。これによって企業は，原材料・部品の調達を含めて規制に対応した行動をサプライチェーン全体で取ることが必要となった。製品に含まれる原材料・部品を，内製のみならず外製を含めて適切に管理しなければならなくなったのである。

事業のグローバル展開は調達のグローバル化を伴い，環境リスクや環境負荷への配慮は次第にサプライチェーン全体に拡大されるようになった。衣料品や運動靴，日用雑貨などではすべての生産機能を発展途上国に移転している企業が増えている。サプライチェーンの調達管理によって達成される効率

化は，在庫および在庫コストや輸送コストを削減し，同時に CO_2 排出量を削減したり環境リスクを低減したりすることができる。

サプライチェーン管理が環境問題とリンクされるようになる第3の契機は，企業の社会的責任の理念が拡大され，明確になったことである。この社会的責任は，現在では，環境のみならず，人権，労働などの社会的公平性と，政治腐敗にも及ぶものである。途上国企業にアウトソーシングした生産が，劣悪な労働条件の中で行われたり，児童労働が行われたり，環境破壊が行われることに対しては，厳しい批判が行われるようになった。多国籍企業は，これらについてサプライチェーン全体の責任を求められるようになった。これらに配慮して行われるサプライチェーン管理は，持続可能なサプライチェーン管理（Sustainable Supply Chain Management）と呼ばれている。持続可能なサプライチェーン管理（SSCM）とは，Carter and Rogers（2008）によれば，「個々の企業とそのサプライチェーンの長期の経済的パフォーマンスを改善するための主要な組織間ビジネスプロセスの全体的な調整における，組織の社会的・環境的・経済的な目標の戦略的で透明な統合と達成である」と定義されている。こうして，サプライチェーン管理は広く持続可能性（Sustainability）と結びつけて考えることが避けられなくなってきた。

3 サプライチェーンにおける環境経営移転の特徴

(1) サプライチェーンのグリーン化

これまで述べてきたように，サプライチェーンの生産効率化は環境問題と別物というわけではない。生産の効率化は資源消費やエネルギー消費の削減を意味するからである。軽量化などによる資源集約性の改善は，生産の効率化とコスト低減をもたらし，環境効率を改善している。このように，効率化と環境保全が密接に関連するがゆえに，企業は環境に関して受身的な対応でなく，能動的なアプローチを取ることの重要性が戦略的視点からも強調されている（Porter and Kramer, 2006）。

サプライチェーンの分析は，会計学的にも新たな研究テーマとなっている。マテリアルフローにおける環境コストの把握とその対策を議論するマテリア

ルフローコスト会計（MFCA）は，サプライチェーンにおけるマテリアルフローを環境視点に立って分析し，ロスをもたらす原因を突き止め，マテルアルロスの経済価値やコスト特性を調べることによって材料ロス，不良在庫を削減する対策を考えることが行われてきている。現実に，キヤノンでは，グループ外の企業との間にもマテリアルフローコスト会計の手法を共有しサプライチェーン管理の改善に取り組んできた。それによってサプライチェーン全体で従来のQCDにE（環境）を加えたQCD＋Eを実現し，環境，コスト，技術の3点で市場での競争優位の確保に結びつけてとらえている（國部・下垣, 2007）。

要約的に言えば，サプライチェーンのグリーン化は，環境効率を高めることや環境リスクを削減するばかりではなく，新たな製品および工程のイノベーションによってコストあるいは製品品質において競争力を高め，売上増加に貢献する可能性がある。つまり，サプライチェーン全体の環境への取り組みが，エネルギーコスト・資源コストの削減になり環境負荷の削減をもたらす。さらに，その効率化は競争優位をもたらす可能性がある。

(2) 環境マネジメントシステムのサプライチェーン内移転

環境マネジメントシステムは，組織における環境管理のシステムのことである。その代表はISO14001である。しかし，環境マネジメントシステムは必ずしもISO14001に限らない。EUにはEMAS（環境管理監査制度）という独自の規格が発達し，わが国では中小企業向けの規格としてエコアクション21の普及を推進してきた。

環境マネジメントシステムの構築は，組織が環境管理のシステムを有することであって，ISO14001の認証の取得のみを意味するものではない。環境マネジメントシステムは，責任者を置き，職務分担と権限が委譲される管理体制を備えるとき，構築されていると広義には考えられている。OECDの調査によれば，環境マネジメントシステムを有していると考える米国企業の割合は，日本やEUに比べて明らかに高い（Johnstone, ed., 2007）。しかし，ISO14001の認証を取得している米国企業の割合は逆に顕著に少ない（ISO Survey, 2012）。米国企業は，組織として環境問題への責任者や責任・権限

内容を明確にすることが環境マネジメントシステムを持つことであると考える傾向があるからである。

環境マネジメントシステムは，主要企業の間では着実に普及してきた。わが国はすでに約3万カ所の事業所でISO14001の認証を取得している。第10章で詳論するように環境マネジメントシステムは国内事業で始まり，子会社や関連会社に普及している。日立グループでは，国内の事業所，子会社，関連会社を組織した環境管理体制を構築し，各事業所での実行まで取り組みが行われるようにしている。これらの取り組みは，サプライヤーへも着実に波及しつつある。

またIBMでは，Tier 1のサプライヤーに対しては，ISO14001の認証取得およびグリーン調達基準の遵守を取引関係の要件としている。IBMのサプライチェーン管理の始まりは早く，同社は1972年に有害物質の処理について取引先の環境アセスメントを環境管理規定に盛り込んでいる。またIBMは，「サプライヤー行動原則」を定め，強制労働，児童就労，労働時間，差別，安全衛生，労働組合，環境保全など社会的責任とかかわる側面についても要求事項をまとめてサプライヤーに提示している。

富士通では，環境マネジメントシステムの構築をサプライヤーとの取引の要件としているが，その内容は水準によって3つのタイプに区分されている（富士通グループ「グリーン調達基準」）。それによると，レベルⅢはISO14001などの第三者認証の取得である（エコアクション21を含む）。レベルⅡは富士通グループ環境マネジメントシステムの認証取得である。次にレベルⅠは，環境保全活動の自己チェックと行動目標の設定で，自主的な環境活動の実践レベルのことである。これらの例が示すように，主要な多国籍企業では，環境への取り組みとして環境マネジメントシステムの構築が典型的に見られるが，サプライヤーに対してもISO14001という明確な内容を持つ環境マネジメントシステムの構築に向けた働きかけを強めているのである。

(3) グリーン調達のサプライチェーン内移転

環境マネジメントシステムの構築に続いて，企業が整備しつつある重要な環境取り組みはグリーン調達である。グリーン調達とは製品あるいは生産に

おける有害化学物質の使用について禁止・制限される対象を規定した調達基準や調達方針に基づく原材料・部品の調達を意味している。その重要な背景には有害化学物質についてのRoHS指令が2003年に制定されたことである。具体的には，RoHS指令では，鉛，水銀，六価クロム，カドミウム，ポリ臭化ビフェニル（PBB），ポリ臭化ジフェニルエーテル（PBDE）の6種類が原則使用禁止とされた。それに対応するために，企業は内部的には化学物質管理システムを構築する必要があり，対外的関係においてはグリーン調達ガイドラインやグリーン調達基準を定め，サプライヤーによる規制遵守を求めてきた。環境規制に対し早めの対応を準備し，化学物質管理体制を構築してきた企業は，RoHS指令が実施される以前に，ハンダの無鉛化を進め，ネジのクロムメッキを代替物質に切り替えるなどの対策を講じてきた。

日本企業に重大な教訓となったソニーの問題とは，2001年10月にソニーがゲーム機をEUに輸出しようとしたときに，オランダの税関でその輸入を差し止められる問題であった。ゲーム機の周辺部品のコードに有害物質が規制基準を超えて検出されたために輸入ができなかったのである。その部品はソニーが製造したものではなくサプライヤーが納入した部品であった。この事件によってソニーでは130億円の損害が発生したと言われている。この事件の衝撃は大きく，これを教訓として各社の対応が真剣に進められた。

こうしてグリーン調達は，多国籍企業では，製品あるいは製造プロセスにおける不可欠な基準として制度化が進みサプライヤーの対応を求めてきた。したがって，グリーン調達は，サプライヤーにとっては対応しなければならない（mustの）取引条件として位置づけられている。グリーン調達は個々の化学物質を特定し，その使用の可否を明確にする。その意味では，行動目標が限定され明確にされるという点で，サプライヤーは対策を進めやすくなる。

(4) 環境イノベーションのサプライチェーン内移転

環境マネジメントシステムやグリーン調達システムの構築は，大企業では自社事業からグループ会社へと普及し，さらにサプライチェーンに普及しつつある。それは，環境に関する多様な取り組みおよび知識が移転されるだけ

第9章　環境経営とサプライチェーン管理

でなく，機械・設備や製品に具体化された技術イノベーションや，事業システムおよび管理方法などの組織イノベーションがグループ会社さらにはサプライチェーンの企業へと普及していくことでもある。新たな知識や仕組みが組織ルーチンとして普及していくのである。

　環境効率を高めた生産方法・設備はエネルギーコストや投入資源コストの削減をもたらすことができる。また新しい環境技術やエコデザインのすぐれた製品は消費者へのアピールや市場競争において競争優位をもたらす可能性が強まっている。したがって，こうした環境イノベーションは新しい材料・部品，新しい技術対応となってサプライチェーンに普及していく。

4　サプライチェーンにおける環境能力の構築促進

(1) 学習と能力形成

　サプライチェーンとは，原料入手から市場での製品販売，そして廃棄・回収までの全フローのことであり，異なる段階にある多くの企業によって構成される価値連鎖である。サプライチェーンにおいて部品コスト，物流コスト，在庫コストを削減することができれば企業は競争上の優位性を強めることができる。

　そこで注目されるのは，アセンブラー企業本社やそのグループ企業から，サプライヤーに対していかに知識が移転され，サプライヤーおよびサプライチェーン全体の組織能力を高めることができるかである。組織的学習は，知識が時間とともに組織メンバーに波及し共有されるときに行われる。この知識は，手続きおよび規則のような業務的レベルのものから，インフォーマルな規範および社会的コミュニケーションパターンとなって組織に蓄積されるものまである（Carter and Rogers, 2008）。また，組織能力とは，組織ルーチンであり，新たな組織ルーチンの学習が組織能力を高めると考えられている。企業は，組織能力を高めることをサプライチェーン全体で追求するようになるのである。

　組織能力について，ネットワークを通した組織間学習と知識移転のメカニズムの研究は，企業間のネットワークにおける信頼や継続的な学習がネット

ワーク全体の組織能力を高め競争優位を強めることを指摘している（真鍋・延岡, 2003 ; Dyer and Nobeoka, 2000）。真鍋・延岡（2003）は，企業グループが構築するネットワークでは，ネットワーク・メンバーの間で次のことが起こることを指摘する。すなわち，第1に，アイデンティティの確立，第2に，知識・価値観の共有，第3に，ネットワーク・レベルの共同学習である。これら要因の作用によってネットワークの信頼性が高められ，その結果，個々のサプライヤーの組織能力が高められることが説明されてきた。

つまり，企業間の緊密な関係はコミュニケーションおよび情報共有を促す働きをする。情報共有は，新たな情報入手と学習を助け，コスト効率や品質改善にプラスの影響を与える（Dyer and Nobeoka, 2000）。そして企業間関係の特殊性に特化した専門化は，固有の組織能力を産み出し競争優位の源泉となるのである（Dyer, 1996）。

Dyer and Hatch（2006）はネットワーク関係を通した組織内部での知識移転による組織能力について実証的に分析し，サプライヤーが特定の顧客からより多くの品質支援を受けるとき，特定の顧客関係はサプライヤーの製品品質が他の顧客に対する品質と比較して高くなることを明らかにしている。すなわち，知識共有イニシアチブの大きな顧客と緊密な取引関係を持つサプライヤーは，品質およびコストのパフォーマンスにすぐれているというのである。その意味で，サプライチェーンにおける緊密なネットワークは，サプライヤーが学習し，その組織能力を高める重要な機会を提供している。

このような組織能力の移転は，組織間関係の産物である。例えば，米国に進出した日本自動車メーカーの現地工場から米国系サプライヤーに生産性向上や品質向上を実現する組織能力が波及していることが明らかにされている（Liker, 2004）。組織間関係がサプライチェーンに革新的な組織の実践を移転させ，普及させるのである。

なお，サプライチェーンとは原材料採取から販売・回収までのフローであると本書では説明してきたが，われわれが分析できるのは1次サプライヤーと2次サプライヤーの行動であって，多段階の多様なサプライヤーをすべてとらえているわけではないことに注意が必要である。

(2) 環境能力形成要因

　以上の考察をもとに，環境能力の海外子会社およびサプライヤーへの移転・構築の構造を，図9-1のように5つの要因からなる枠組みを用いて説明する。図9-1の構造では，海外子会社における環境能力の構築を促進する要因として，4つの要因を取り上げている。これらの要因は，第5章（環境），第6章（移転メカニズム），第7章（CSR），第8章（業績）の分析でも実質的に重要な位置にあり，分析の対象としてきた。

　第1の要因は，親会社の支援である。親会社は海外子会社に対して，環境方針や環境戦略を提示し，子会社の取り組みの基本的枠組みを設定する。それに伴って，管理システムや手続き，マニュアルなどの実行手順が提示され移転される。このとき，必要な技術およびスキル・ノウハウが合わせて移転され，子会社による学習が促進される。この他，人材育成や教育・研修，本社からの支援スタッフによる説明，サプライヤーへの説明会などが親会社の主導で行われる。マザー工場とは，これら技術・知識の伝達機能を担ってい

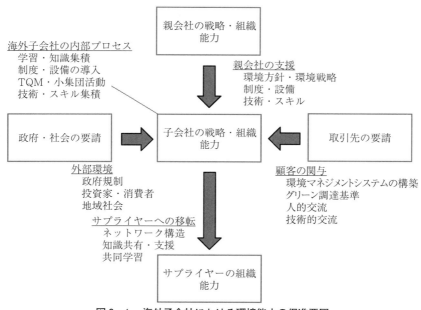

図9-1　海外子会社における環境能力の促進要因

る親会社の組織である。

　こうして親会社の組織ルーチンあるいは手続き・システムなどの取り組みが子会社に移転され，学習されることによって子会社の組織ルーチンとなり，子会社の組織能力を高める。しかし，子会社の組織能力の構築にとって，親会社の支援は必要ではあるが必ずしも十分ではない。Birkinshaw and Hood (1998) は，子会社が進化するための規定要因として，①子会社の活動割り当てに関する本社の決定，②子会社の意思決定，③子会社の意思決定に対する外部影響要因の影響，の３つが重要であることを指摘している。

　第２に，外部環境としての政府規制や投資家，社会的責任などの圧力が促進要因として存在する。特に受入国の環境規制は，ときには本国での規制よりも厳しいこともあり，現地子会社の対応能力を高める必要がある。また輸出市場の規制や社会的責任投資を求める資本市場の圧力は，親会社を通して作用することが多い。児童労働や労働環境などについては現地子会社でも対応しなければはならない。こうした社会的責任の圧力は次第に強くなっているため，その責任を果たすことが必要になっている。この他，市場の圧力は企業内部で知識を移転し学習して複製する能力を，競争相手よりも早く開発することに価値を置くようになる（Zander and Kogut, 1995）。

　第３に，顧客企業である取引先が海外子会社の環境能力を高める重要な促進要因である。世界的な顧客企業は，海外においても取引関係を締結するにあたって，環境マネジメントシステムの構築や化学物質管理の徹底を求めている。また，グリーン調達基準を提示し，それに従うことを求めている。こうした取引先のニーズに対して，サプライヤーは積極的に対応する必要がある。

　既述のように，わが国の自動車メーカーの企業グループ内部では，サプライチェーンのネットワークが構築され，サプライヤー同士の交流が頻繁に行われることが顕著な特徴である。各サプライヤーは，企業グループのネットワークにおいて，知識共有や支援を受け，相互学習を進めることができる（Dyer and Nobeoka, 2000；真鍋・延岡, 2003）。こうした学習は，生産性向上やコスト削減にすぐれた効果をあげている。

　真鍋（2002）は，自動車部品サプライヤーに対する調査に基づいて，サプ

ライヤーの有する関係への信頼について分析を行っている。その結果，関係的信頼，合理的信頼（意図・能力），アセンブラーからの学習，相互人員派遣，取引期間，経験（対応能力）などが重要な役割を果たしていることを明らかにしている。それは，信頼に基づく関係の中で学習が行われ，知識の共有が図られることを示している。

　第4に，海外子会社は外部から影響を受けながら，自らの組織内部で計画を立て取り組みを強め，環境能力を高める。例えば，主体的に学習を行い，新たな知識の集積，システムの導入，TQMや小集団活動，技術・スキルの集積などが見られる。発展途上国企業の成功事例が増えるにつれ，その独自の製品ブランドや組織能力が注目され，リバース・イノベーションなども確認できるようになった。

　海外子会社の組織能力の向上には，子会社自身で小集団活動を使った訓練や教育，学習が行われ，手続きやスキルの習得が行われる。また，しばしばグループ企業のネットワークでの知識共有や学習が行われる。こうして高められた子会社の組織能力は，その取引を通してサプライヤーに波及していく。特に，環境マネジメントシステムの構築やグリーン調達は各種規制や市場ニーズへ対応するために取引の重要な条件となるからである。

　続いて次節では，Scope 3 の規格発行によって求められるようになったサプライチェーンにおける温室効果ガスの算定と企業の対応について，事例と課題を考察する。Scope 3 は，社会的責任（CSR）が持続可能性に結びつけられた上に，サプライチェーン管理（SCM）にまで拡大しているという意味で，これからの環境経営の課題を示している。

5　サプライチェーンにおける温室効果ガス排出量の算定事例

(1) Scope 3 規格の発行

　企業による環境経営の取り組みは，問題の多様性ゆえに種々の取り組みが行われている。管理実践的な意味では，ISO14001 とグリーン調達に代表される。この2つの取り組みを軸に，企業はサプライチェーン全体にわたる環

境負荷を削減する努力を展開している。その取り組みの結果は，省エネルギー，省資源，CO_2削減，有害化学物質の削減として実現する。われわれは，第5章から第8章でこの2つの取り組みを中心に環境経営の海外事業への移転を定量的に分析してきた。

　ところが，2011年にサプライチェーン管理に新たな課題が加わった。それは，同年に発行されたScope 3の規格による温室効果ガス排出量削減である（Greenhouse Gas Protocol, 2011）。Scope 3は，サプライチェーン全体における温室効果ガスの排出量を算定することを定めた規格である。経済活動によってもたらされる環境負荷に対して，サプライチェーンの個々の活動が切り離されたままの取り組みでは何が重要で影響が大きいのか，そして個々の改善努力がいかなる貢献をしているのかを適切に評価することができない。そこでサプライチェーン全体での取り組みこそが地球環境の保全対策には必要であり，その取り組みを促すScope 3の規格が発行された。その結果，海外事業においてもサプライチェーン全体を視野に入れた取り組みを求められるようになった。そこで，事業活動のいかなる部分がどれほどの環境負荷をもたらすのか，そして有効な対策は何なのか，今後の政策を考えるためにもこの点を詳しく検討する。

　現在，Scope規格には3つの内容区分がある。Scope 1は，企業内部の事業活動から直接排出される温室効果ガス排出量である。次にScope 2は，事業に必要な購入エネルギー（電気および重油など）の温室効果ガスの排出量である。これに対しScope 3は，サプライチェーン全体について温室効果ガス排出量を算定することを求めている。表9-1は，Scopeの内容を説明している。

　2006年にわが国では，「地球温暖化対策の推進に関する法律」が改正され，企業は自らの温室効果ガス排出量を算定し報告することを義務づけられた。さらに09年の改正では，エネルギー使用量の合計が原油換算で年間1500kl以上の事業者は，各事業所およびサプライチェーン全体の温室効果ガス排出量を報告しなければならなくなった。そして12年には，環境省から排出量算定に関するガイドラインが発行され，CO_2排出量の換算係数は国が公表するようになった。各企業は，換算係数を自社に当てはめながら，自社のサプラ

第 9 章　環境経営とサプライチェーン管理

表 9-1　温室効果ガス排出量算定のための Scope の内容

区　分	内　容
SCOPE 1	自社での燃料の使用や工業プロセスによる直接排出
SCOPE 2	エネルギー起源の間接排出
SCOPE 3	
カテゴリー 1	購入した製品・サービス
カテゴリー 2	資本財
カテゴリー 3	スコープ 1・2 に含まれない燃料およびエネルギー関連活動
カテゴリー 4	輸送，配送（上流）
カテゴリー 5	事業から出る廃棄物
カテゴリー 6	出張
カテゴリー 7	雇用者の通勤
カテゴリー 8	リース資産（上流）
カテゴリー 9	輸送，配送（下流）
カテゴリー 10	販売した製品の加工
カテゴリー 11	販売した製品の使用
カテゴリー 12	販売した製品の廃棄
カテゴリー 13	リース資産（下流）
カテゴリー 14	フランチャイズ
カテゴリー 15	投資

（出所）環境省・経済産業省『サプライチェーンを通じた温室効果ガス排出量算定に関する基本ガイドライン Ver. 1.0』（2012 年 3 月）。

イチェーンの温室効果ガス排出量を算定し，届け出をしなければならなくなった。そこで，企業はどのようにこれに対応しているのかを以下で考察する。

(2) 排出量算定モデル

　地球温暖化対策法は，サプライチェーン全体の排出量算定を義務づけている。ではサプライチェーン全体の排出量はどのように算定されているのか。Scope 3 による温室効果ガス排出量の算定のためには，活動量の他に対象範囲や排出係数を確定することが必要である。そこで，温室効果ガス排出量の算定・報告・公表制度を定めるにあたって，企業が算定を円滑に行い，その測定された数値が実質的な意味を持つために，環境省・経済産業省（2012）がガイドラインを発表して必要な情報を提供している。ガイドラインでは，

算定方法・排出係数の一覧や，特定排出者コード，報告書作成ツールなどが説明されている。同じ電力の使用でも，電力会社によって火力発電，水力発電，原子力発電への依存割合が異なり，また設備の性能も異なっている。そのため，算定に必要な情報が提供されている。

これらをもとに各事業者は，自らの活動から排出される温室効果ガスの排出量を標準化された方法で算定し，その排出抑制対策を立て，あるいは効果をチェックして新しい対策に役立てようとしている。特定の活動に伴う温室効果ガス排出量の具体的な算定方法は次式に示される。

温室効果ガス排出量 ＝ 活動量 × 排出係数

活動量とは，生産量，売上高，販売高などである。これに一定の排出係数を乗じて特定活動の温室効果ガス排出量が測定される。ところが，排出されるのは CO_2 の他に，メタンガス（CH_4），ハイドロフルオロカーボン（HFC），一酸化二窒素（N_2O），パーフルオロカーボン（PFC），六フッ化硫黄（SF_6）が含まれる。排出の種類が CO_2，メタン，N_2O などと多くなると排出係数も多くなる。また活動の段階が増えるときにもすべての段階の活動別に，その活動量をとらえ，その排出係数を乗じていく必要がある。

その上ですべての活動の排出量について，CO_2 排出量として一元化する必要がある。こうして最終製品メーカーの排出量算定は下記の式のように示すことができる。モデルは完成品メーカーが原材料メーカーから直接購入する場合で，環境省ガイドラインでは，Scope 3 は最終製品メーカーの計算に原料採取段階は含めていない。原料採取メーカーからの排出量算定はカテゴリー２の資本財の算定で置き換えられている。

$$CO_2 = \Sigma \alpha X + \Sigma \gamma Z$$

モデルの中の X，Z は活動量を表し，α，γ はそれぞれの活動に伴う排出係数である。排出ガスの種類が複数であれば，測定を増やす必要がある。最終的に異なる排出ガスを CO_2 に換算して一元的な排出量数値とする。

(3) 排出量算定の事例

次に，温室効果ガス排出量算定の事例として，リコー，マツダ，日立，ジェイテクト（JTEKT）の例を表9-2に示した。表9-2は，4社のサプライチェーン全体の総排出量に占める各項目の割合を示している。この表から，次の特徴を指摘できる。

第1に，マツダの場合，実に総排出量の97.7％が自社製造工程以外の段階で発生する排出量である。これは外部段階がライフサイクル全体の排出量に対していかに重大な影響を持つか示している。Scope 1 および Scope 2 では，

表9-2　サプライチェーン温室効果ガス排出量の算定事例

排出量割合（％）

区　　分	リコー (2013)	マツダ (2013)	日立 (2013)	ジェイテクト (2013)
SCOPE 1	5.9	2.3	0.3	3.8
SCOPE 2	9.9		1.1	15.4
SCOPE 3	84.1	97.7	98.6	80.8
カテゴリー1	25.1	13.6	4.1	24.4
カテゴリー2	8.7	0.2	0.6	……
カテゴリー3	1.5	0.2	0.1	……
カテゴリー4	14.0	0.1	0.1	1.0
カテゴリー5	0.0	0.0	0.0	1.4
カテゴリー6	1.2	0.0	0.0	0.4
カテゴリー7	3.0	0.0	0.0	1.2
カテゴリー8	2.8	……	……	……
カテゴリー9	0.0	0.1	0.0	1.1
カテゴリー10	0.4	……	0.0	……
カテゴリー11	19.6	82.5	93.5	51.2
カテゴリー12	0.1	1.0	0.1	……
カテゴリー13	7.4	……	0.0	……
カテゴリー14	……	……	……	……
カテゴリー15	0.3	……	0.1	……
合　　計	100.0	100.0	100.0	100.0

（出所）リコーグループ『環境経営報告書2014』，マツダ『サステナビリティレポート2014』，日立『日立グループサステナビリィティレポート2014』，ジェイテクト『CSRレポート2014』より作成。

合計しても2.3%にしかならず，自動車メーカーは直接排出量に対する責任が想像以上に小さい。その意味では，自動車メーカーの責任は，単にScope 1やScope 2に向かうのではなく，サプライチェーン全体に向かい燃費効率向上のための技術革新が社会的に重要な課題となる。

第2に，複写機製造を主たる事業とするリコーにおいては，使用段階での温室効果ガスの排出量は19.6%と，部品・原材料・資材の購入による排出量25.1%に次ぐ大きな割合を占めている。製品製造および製品使用に伴う排出量の抑制，そして排出原単位の改善が重要な課題となる。

第3に，使用段階の環境負荷は，生産者である企業の行動が直接的原因ではない。商品を購入した使用者の行為が引き起こすものである。このことは，商品の効率的な使い方が企業による技術的取り組みだけでなく，社会的インフラ整備として検討される必要があることを示唆している。社会的には，新たな技術革新を支援し，社会的インフラを整備することや，再生可能エネルギーの使用などが検討されることを求めている。また，企業においては，完成品メーカーは使用段階のエネルギー効率を考慮した製品設計に取り組むことが重要である。

第4に，サプライヤーの生産活動に起因する排出量を，直接すべて対象に算定しているのではないことがわかる。ここにサプライチェーンの排出量算定の困難さが見える。サプライチェーンの全段階の排出量を算定するのは限界がある。

第5に，各社の各段階の排出量割合に大きな格差がある。日立の場合は特に使用段階の割合が大きい。標準化のために算定方法についてガイドラインが公表されたとしても，企業は算定方法や算定範囲について試行錯誤を繰り返す段階である。サプライチェーンの排出量の算定では，特に企業規模および業種による違いを考慮する必要がある。

標準化のための仮定を設けて算定するとしても，Scope 3のデータ公表制度に対応することは企業にとって人的にも財務的にもかなりの負担である。しかし，排出量の国際割り当てや排出権取引制度に比べて実質的な効果が期待でき，企業には今後次第に強く対応が求められるのは避けられなくなっている。

(4) Scope 3 の課題

　サプライチェーンの各段階のアクター（主体）が協調的関係を構築し長期的な取り組みを進めることが，温室効果ガスを削減する設備投資や研究開発投資の増大をもたらし，実質的に温室効果ガスの削減を可能にすると期待される。しかしそこには，解決されなければならない多くの課題がある。ここでは2点だけ言及する。

　第1に，正確な算定には，事業が複雑な工程を伴う場合，製造過程に多段階が存在し，個々の活動量や排出量を測定することが必要である。しかし実際には，個々に実際の排出量データを入手することは行われないだろう。

　同一業種内でも，個々の企業の条件は相当に異なり，排出される温室効果ガスは，設備の性能，作業量，作業効率に大きく影響される。材料や部品がどのような段階を経てどのように製造されてきたのかまでは顧客企業ではつかめないことがあるであろう。また，加工段階の多くの企業は，同時に多数の企業から仕入れ，多数の顧客企業に販売している。そのために特定の顧客企業への販売に伴うCO_2の算定や特定の仕入先からの購入に伴うCO_2の算定を全体から切り離して計算することが困難である。現状では，一定の仮定の下で計算することが行われている。

　第2に，事業のグローバル化に伴って，グローバル化したサプライチェーンの温室効果ガス排出量の算定をすることは，さらに困難を伴う。特に，資源採取段階の情報提供，途上国サプライヤーからの情報提供は容易ではない。サプライチェーンの排出量データの厳密さを求めれば求めるほど算定の困難さは増している。

　現実に，サプライチェーン全体にわたる温室効果ガス排出量を正確に算定することは，最終製品メーカーにとって，多大な人材，時間，およびコスト負担を要求することである。それゆえ，IBMは環境への取り組みに常に先進的な企業であったが，Scope 3 の排出量算定には懐疑的で，当面データを公表しないと明言している。その理由として，IBMは次の理由をあげている（IBM環境統合部資料）。①正確で適切な値を算出することが難しいこと，②90カ国以上，2万8000社以上の膨大な数のサプライヤーがいてかつオペレーションが複雑であること，③取引は流動的で固定していないことである。

このように，サプライチェーン全体の温室効果ガス排出量の厳密な算定は，現在のところ，できるだけ標準化した方法で算定をすることが試みられている段階である。

6 結び

環境経営の海外移転はどの方向に向かって何を達成しようとしているのか，本章では，第5～8章で分析対象とした代表的な環境取り組みである環境マネジメントシステムとグリーン調達を中心に取り上げ，サプライチェーンへの移転を検討してきた。これらの取り組みのサプライチェーンへの波及は，社会的波及としても企業内波及としても強まっている。

ISO14001およびグリーン調達は一部のグローバル企業ではすでに取引継続の要件となりつつある。IBMでは，ISO14001は取引条件（required）だとサプライヤーに対して説明している。同様にグリーン調達も次第に重要となり，Tier 1（1次サプライヤー）企業に対してIBMはグリーン調達基準を適用している。Tier 1に適用されるということは，Tier 1の企業を通して2次サプライヤーにも実質的に適用されることである。しかし，Scope 3による温室効果ガスの排出量算定は義務づけられたとはいえ，まだ多くの課題を残している。

第10章　完成品メーカーによる環境経営

　本章および次章では，ヒアリング調査を行った個別企業の事例に基づいて，これまでの理論レビューと実証分析の結果を合わせながら，環境経営の取り組みと移転について考察する。第9章ではサプライチェーンの全体的特質を考察してきた。本章では，下流の完成品メーカーの取り組みを取り上げ，次章では上流の部品サプライヤーの取り組みを検討する。完成品メーカーおよび部品メーカーの本社の取り組みを明らかにしながら，海外事業への移転，さらにはサプライヤーへの移転について考察する。

1　環境経営の組織管理体制

　環境経営に向かうとき，企業はそれを実行する組織を必要とする。いかに魅力的な理念や方針を掲げても，実行する組織を持たなければ課題の解決はできない。では，企業はどのような組織の下でどのように環境経営を実行しているのであろうか。一般的には，本社（親会社）による取り組みが行われ，その組織管理体制が構築されることが海外子会社への移転の重要な前提条件である。親会社が経験していないことを海外事業へ移転することも，事業基盤が確立されていない海外子会社が単独で取り組むことも現実的ではない。資源ベース論では，企業の組織能力は累積的であり，かつ経路依存的であることが指摘されてきた（Barney, 1991；Hart, 1995；Sharma and Vredenburg, 1998）。その意味で，第3～8章での実証分析でも明らかにされたように，海外子会社への組織能力や組織システムの移転には，海外子会社に比べ豊富な経営資源を保有する親会社による経験あるいは組織能力と組織システムの構築が基礎にある。そこでまず本社の組織管理体制の現状を考え，その上で海外移転を考察する。

　表10-1に東洋経済新報社の『CSR企業総覧2013』から，わが国企業の環

境担当部署を事例的に示した。この担当部署は，管理上の責任組織である。この表からいくつかの特徴が明らかになる。多くの企業では，最初に環境問題を取り扱うのは総務部ないし総務課である。表10-1では，23社中8社において総務系部署が担当している。総務部門は対外的な広報と同時に社会的

表10-1　環境責任組織と責任者

企業名	担当部署	担当役員
日清製粉G	技術本部環境管理室（専任）	兼任（技術本部長）
カルビー	生産本部環境対策室（専任）	兼任（生産本部長）
アサヒG	CSR部門（専任）	兼任（取締役）
味の素	環境・安全部（専任）	兼任（常務）
グンゼ	CSR推進室（専任）	兼任（常務）
山喜	人事総務部	兼任（総務部長）
ホギメディカル	なし	なし
オンワード	総務部，広報・環境部（兼任）	兼任
東ソー	環境保安・品質保証部	兼任（常務）
三井化学	安全・環境部（専任）	兼任（生産・技術本部長）
花王	環境・安全推進本部（専任）	兼任（常務）
エステー	人事・総務グループ（兼任）	兼任（常務）
アンジェスMG	なし	なし
ブリヂストン	環境推進本部（専任）	専任（執行役員）
新日本製鉄	環境部（専任）	専任（常務）
島精機	総務人事部（兼任）	なし
JUKI	総務部総務グループ（兼任）	兼任（上席執行役員）
日立	地球環境戦略室（専任）	兼任（副社長）
リコー	社会環境本部（専任）	兼任（環境推進担当）
桜井製作所	総務部総務課（兼任）	なし
マツダ	CSR・環境部（専任）	兼任（専務）
マツモトキヨシ	総務・総務課（専任）	なし
ヤマダ電機	総務部（兼任）	兼任（専務）

（出所）東洋経済新報社『CSR企業総覧2013』より作成。

第10章　完成品メーカーによる環境経営

責任を担う責任単位である。この場合，小規模企業であれば担当係はしばしば他の職務を兼務している。特に専任担当者を決めていない場合も見られる。

　サービス業は製造業と比較して直接の環境負荷量も環境負荷の多様性も少ないこともあって，総務部内で扱う傾向がより強くなる。これに比べ製造業の環境問題は範囲が広く多様であるため，実質的な活動は購買部門，生産部門，技術開発部門など複数部門で分担して取り組みが行われる。例えば，廃水処理を規制に従って行うことは生産部門あるいは技術部門の業務の一部として行われる。また，補償問題が起これば総務部の法務担当者が対応するようになる。原材料・部品の購入には購買部門が関係している。

　やがて，環境に関する組織の取り組みが強化されると，企業はその責任組織を環境管理室あるいは環境対策室などへ発展させる。環境への社会的関心が強まることによって環境に関連する業務が増え，企業は環境管理を総務部内の兼任の組織単位から専任の環境管理室あるいは環境対策室の設置へと進める。このように環境への取り組みが深まるにつれ，責任組織は変わっていく。それは部門内下位レベルから独立性を高めた対策室あるいは部門レベルへ，責任者の地位の向上を伴っている。しかし，環境負荷が少ない食品企業などでは生産本部あるいは技術本部の中に担当部署が置かれている。また安全を重視する化学会社では，安全・環境部門内部に置く傾向がある。

　続いて世界的な事業展開をしている企業では，環境管理を全社的に統合し全社的管理体制を強める。その管理責任は環境部あるいは環境本部，CSR本部などと呼ばれる本部上位レベルの組織単位が置かれるようになる。環境問題が社会的責任の一環として理解されるにつれ，世界的企業では本部の管理責任と役員レベルの責任者が置かれる。表10-1の企業では，味の素が環境・安全部，花王が環境・安全推進本部，ブリヂストンは環境推進本部，リコーが社会環境本部を設置している。リコーは1976年に環境推進室を設置し，90年には環境対策室を設置した。92年には「環境綱領」を制定して環境経営の基本方針を定めてきた。90年代には全社的な取り組みが組織上も具体化されてくる。リコーでは2002年に社会環境本部（1998年に社会環境室設置）が設置され，それ以降は本部制である。このように環境担当組織の名称はさまざまであるが役員レベルの責任者が任ぜられると，多くの企業ではCSR本

163

部あるいは社会環境本部などによって全体を統括するようになる。

　この段階では，ISO14001の環境マネジメントシステムやグリーン調達が海外事業で展開される。CO_2削減データや環境会計データも原則として，世界的に展開される連結対象の事業が統合されて把握されるようになる。そのため，その統括権限は担当係や対策室ではなく，組織上の階層もあがり責任も大きな本部に置く必要が生ずる。ただ，以下の日立の例が示すように，環境本部という名称ではなくトップ直属の環境戦略室というケースもある。担当部署の名称は企業によって異なる。重要な点は，名称ではなく本社役員レベルの責任者が置かれることである。

　こうして環境報告書の作成，環境データの収集と情報公開は，組織階層上も副社長あるいは執行役員の担当責任となる。環境データの収集と公表は，海外子会社を含めて連結対象の事業がすべて対象となるために，その管理責任は，海外に指示を出すことのできる組織上の地位にある本部のトップあるいは執行役員のレベルに置かれる必要がある。その意味でグローバルで全社的な環境マネジメントシステムを採用するにつれ，環境管理責任は階層上の地位を高める。したがって，環境責任者の地位が組織階層のどの位置にあるかで，環境への取り組み意識とその権限の大きさを評価することができる。

　このように，組織内で環境問題を管轄する責任単位は，一般的には総務部・総務課の担当から環境管理室・環境対策室，さらに環境管理本部あるいは社会環境本部などの本社組織へと，環境問題の重要性の認識が高まるにつれて組織階層を上方に移行する。つまり，企業の環境責任組織には，段階的な発展プロセスが認められる。そしてISO14001の認証を取得するときには，そのガイドラインに沿って，管理体制の組織上の最高責任者として多くの企業で社長あるいは執行役員を任命している。こうした環境マネジメント体制の整備は，環境経営の実践に欠くことのできない条件の1つである。とはいえ，管理上の責任組織と業務執行組織は別物である。多くの製造業企業で，グリーン調達は環境・安全部門が対応し，サプライヤー管理は購買部門・技術部門が対応している。また，形式的な管理体制を整備しても業務活動のレベルでそれがどのように実行されるかは不確定である。実行方法や実行程度には著しい多様性がある。

本章では，完成品メーカーの事例として，日立製作所（以下，日立），トヨタ自動車（以下，トヨタ）およびリコーを取り上げてその取り組みを検討する。これらの企業は，それぞれ電機，自動車，精密機械といったわが国の代表的産業分野で事業を行っている。これら企業が属する産業は加工組立型産業であり，もっとも複雑な環境経営の取り組みがなされていると考えられる。そこで，電機産業にあっては早くから環境経営に取り組みそのデータを公表してきた日立と，膨大な部品から成り立つ自動車産業のトヨタ，わが国の輸出産業として強い競争力を持つ精密機械産業の中でリコーを事例研究の対象に取り上げる。これら3社は，次章で取り上げる部品サプライヤーと取引関係にある企業でもあり，完成品メーカーと部品サプライヤーを対照させながら考察することができる。

2 日立による環境経営

(1) 環境管理体制

環境責任組織が設置された企業で全社的な環境管理組織がどのように作られ，環境経営の取り組みが実践されているのか検討しよう。まず日立グループの例を取り上げる。2013年4月時点で，日立グループでは，日立を中心として図10-1のような環境管理体制を構築している。

その体制には第1のレベルとして，地球環境戦略室がある。ここではグループ全体の方針や活動施策を立てる。実質的な管理権限はこの地球環境戦略室に置かれている。この地球環境戦略室は，環境執行役員（CEnO）が統括する。

第2のレベルとして，地球環境戦略室の下に「環境戦略責任者会議」が置かれている。ここでは日立グループ全体の環境方針の明確化，環境情報・活動の展開を審議する。

第3のレベルとして，環境戦略責任者会議の下には，社内カンパニーおよび主要グループ会社の2つの環境会議が設置されている。社内カンパニーはその社長と環境戦略責任者，グループ会社はその社長と環境戦略責任者が環境活動の統括管理を行っている。社内カンパニーおよびグループ会社は，そ

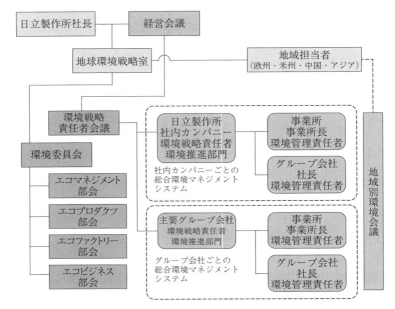

日立製作所および連結子会社963社，持分法適用関連会社215社
(出所）日立グループ『サステナビリティレポート2013』。
図10-1　日立グループの環境マネジメント体制（2013年4月現在）

の下に各事業所を抱え，各事業所は，事業所長および環境管理責任者が個々の事業所での活動施策に責任を負っている。

　第4に，こうした組織の縦割りの職階に沿った責任体制に加えて，全組織で共通に取り組む課題を解決するために，地球環境戦略室の下に環境委員会がある。環境委員会の中には，2013年4月時点では4つの部会が設けられている。この部会は，エコマネジメント部会，エコプロダクツ部会，エコファクトリー部会，エコビジネス部会がある。エコマネジメント部会は，環境管理・教育啓発活動などの方針を策定し，エコプロダクツ部会は環境適合製品の開発促進，製品仕様有害物質の削減推進，エコファクトリー部会は生産活動における環境負荷削減を審議し方針を策定する。エコビジネス部会は，環境ビジネスを展開し，関連する製品やサービスの市場機会を発見していくものである。

さらに部会には，分科会およびワーキンググループがその下に置かれている。例えばエコファクトリー部会は，温暖化防止分科会，資源循環分科会，化学物質分科会の3つの分科会を有し，業務遂行にかかわる課題の解決に責任を負っている。そして各事業所は，それぞれの部署が担当する業務の中で，分科会の課題についてそれぞれにかかわる取り組みを実行していく。

　第5に，グローバルな展開については，地球環境戦略室の下に，欧州，米州，中国，アジアの地域担当者を置いている。つまり，本社およびグループの環境方針や取り組みをグローバルに遂行するために，地域ブロック別に責任者を置き，海外子会社の活動を管理している。その下には，地域別環境会議が置かれ，各海外事業所が置かれている。こうして国内グループと同様に海外地域の事業所の環境取り組みの管理体制ができている。環境管理の体制がグローバルに構築されていることが理解できる。

　以上のように，日立では，組織構造上の垂直的な役割分担の他に，組織横断的に組織された部会，分科会が機能して情報の共有や課題の解決に取り組んでいる。そして社長を議長とする環境戦略責任者会議があり，環境執行役員が置かれている。また，親会社の本社から各事業所，連結対象のグループ会社，海外事業所にも環境マネジメント体制が普及している様子が図10-1から見て取れる。グループ会社は親会社と一体的な関係にある。少なくとも事業グループや主要グループ会社では，親会社のイニシアチブの下で，環境理念・方針を共有し相互に調整された取り組みが行われる。そして，主要グループ会社はそれぞれに環境管理体制を構築することが求められている。こうして，日立からグループ会社，そして海外事業での取り組みが，親会社と方針や目標を共有して実施されようとしている。

　環境経営の海外移転を考えたとき，日立の環境への組織的取り組みは，代表的には2つのシステムによって実行される。第1は，ISO14001による環境マネジメントシステムである。第2は，グリーン調達である。そこで，この2つに焦点を当て，より詳細に取り組みの内容と移転を吟味しよう。

(2) 環境マネジメントシステム

　第1の環境マネジメントシステムについては，親会社である日立と連結子

会社963社，持分法適用関連会社215社を対象としてグローバルな環境管理体制を構築している。そのうち，グループの約270の事業所が地球環境戦略室と共同して，日立グループの「環境推進機構環境マネジメントシステム」を構築している。同社グループでは，2013年4月時点で，グループ企業によるISO14001の認証取得企業数は，日本国内で175社，海外で106社である。特に生産拠点の多い中国，アジア（中国，日本を除く）ではそれぞれ44件と38件がすでに認証を取得している。また，同社のグローバルな管理体制は，日本，欧州，アジア，米州，中国，アジアに分けられて管理されている。つまり，地域別に主要な生産拠点で環境マネジメント体制を構築している。

(3) グリーン調達

第2に，化学物質管理について日立は，2005年度に「環境CSR対応モノづくり規定」を制定し，調達から始まって，設計，製造，販売までの各段階において化学物質管理をしている。特に，製品に含有される化学物質情報を管理する仕組みとして，「製品含有化学物質一元管理システム」を05年に構築し運用を始めている。RoHS指令やREACH規制への対応として自主管理化学物質の規定を13年4月に改定し，17の禁止物質（レベル1），20の管理物質（レベル2）を自主的に定めている（表10-2）。レベル1の禁止物質群は，調達品に含有することを禁止する化学物質で，カドミウムおよびその化合物，六価クロム化合物，鉛およびその化合物，水銀およびその化合物，ポリ臭化ビフェニル（PBB）類，ポリ臭化ジフェニールエーテル（PBDE）類，三置換有機スズ化合物，ポリ塩化ターフェニル類などがある。レベル2は，管理物質群で，使用実態を把握し管理を要求されている物質およびリサイクルや適正処理をすべき化学物質で20物質が指定されている。このように，RoHS指令の制定に対応して電機メーカーでは06年の法令実施までに化学物質管理システムおよびグリーン調達のための組織管理体制を構築している。

以上のように日立グループにおいては，親会社日立の環境管理体制がグローバルに構築され，海外事業も共通の取り組みが行われている。親会社の環境方針や環境取り組みをグループ各社が相互に学習して，その取り組みを実行している。

第10章　完成品メーカーによる環境経営

表10-2　日立グループ自主管理化学物質

区分	管理対象物質	化学物質（群）名
レベル1 禁止物質群	日立グループが，調達品に含有されていることを禁止する化学物質（国内外の法規制で，製品［梱包材を含む］への使用が原則的に禁止されている物質のなかで調達品に使用される可能性がある化学物質）	カドミウムおよびその化合物／六価クロム化合物／鉛およびその化合物／水銀およびその化合物／ポリ臭化ビフェニル類（PBB類）／ポリ臭化ジフェニルエーテル類（PBDE類）／三置換有機スズ化合物／ポリ塩化ビフェニル（PCB類）／ポリ塩化ターフェニル（PCT類）／ポリ塩化ナフタレン（塩素数が3以上）／短鎖型塩化パラフィン／アスベスト類／オゾン層破壊物質（Class I）／PFOS/PFOS類縁化合物／2-(2H-1,2,3-ベンゾトリアゾール-2-イル)-4,6-ジ-tert-ブチルフェノール／ヘキサクロロベンゼン／フマル酸ジメチル（DMF）
レベル2 管理物質群	国内外の法規制に則って使用実態を把握し，管理を要求されている物質およびサイクルや適正処理を考慮すべき管理物質。なお，用途によって納入品への含有を制限する場合がある物質群も含む	アンチモンおよびその化合物／ヒ素およびその化合物／ベリリウムおよびその化合物／ニッケルおよびその化合物／セレンおよびその化合物／非特定臭素系難燃剤／ポリ塩化ビニル（PVC）類およびその混合物，その共重合体／フタル酸エステル類／オゾン層破壊物質（Class II：HCFC）／放射性物質／二置換有機スズ化合物／コバルトおよびその化合物／特定アミンを形成するアゾ染料・顔料／ホルムアルデヒド／ベンゼン／フッ素系温室効果ガス／REACH制限物質／REACH認可対象物質／REACH SVHC／JAMP管理対象物質

（出所）日立グループ『サステナビリティレポート2013』。

3　トヨタによる環境経営

(1) 環境管理体制

　トヨタは1992年にトヨタ地球環境憲章を策定し（2000年改訂），この憲章を全世界の連結事業体で共有している。そこに示された環境の基本方針を実行するべく，トヨタ環境委員会を設置したほか，トヨタ環境取り組みプランを作成している（図10-2）。2014年末時点では，トヨタは11年度より始まった第5次トヨタ環境取り組みプラン（2011-15年度）を実施中である。

(出所) トヨタ自動車『地球環境に寄り添って―トヨタの環境取り組み―2014』。

図10-2　トヨタ環境取り組みの体系

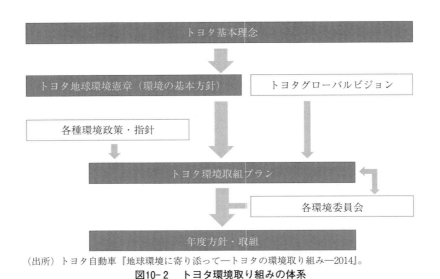

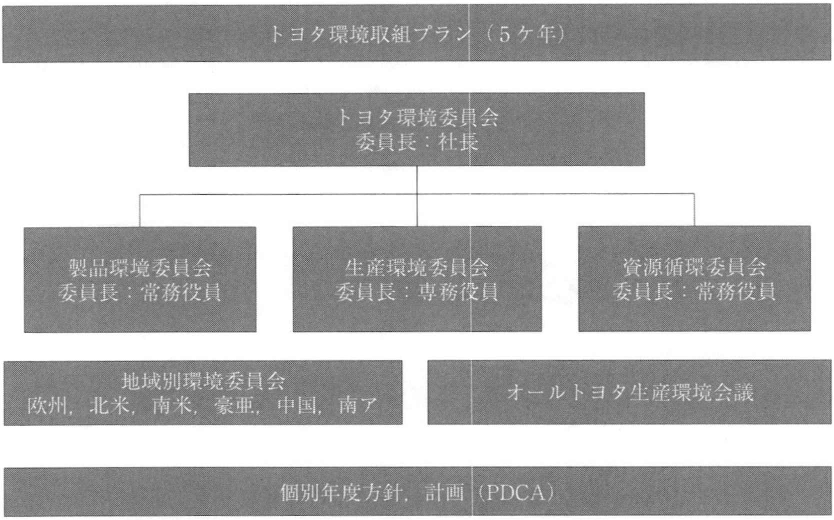

(出所) トヨタ自動車『地球環境に寄り添って―トヨタの環境取り組み―2014』。

図10-3　トヨタの環境委員会の組織体制

第10章　完成品メーカーによる環境経営

　では，トヨタの環境経営の管理的特徴を図10-3から詳しく見ることにしよう。第1に環境マネジメント体制について，トヨタはグローバルな事業を対象として，連結環境マネジメントシステム（連結 EMS）を2000年度より導入している。その環境マネジメント体制は，本社に置かれているトヨタ環境委員会の下に，製品環境委員会，生産環境委員会，資源循環委員会の3つの下位環境委員会を設けている。テーマ別の委員会に加えて，地域別には，トヨタは1992年にトヨタ環境委員会を本社に設置したのを皮切りに，欧州環境委員会（2002），北米環境委員会（2004），南米環境委員会（2006），豪亜環境委員会（2007），中国環境委員会（2007），南ア環境委員会（2008）の地域別委員会を順次設置している。つまり，同社のグローバルな環境経営の推進体制は，日本環境委員会の他に，北米，欧州，中国，豪亜，南ア，南米のブロックによって管理されている。2013年3月の連結環境マネジメント対象範囲は562社に達している。グローバルな管理体制が構築されていることが理解できる。

　第5次トヨタ環境取り組みプランには，財務会計上の連結事業体（168社）を含む，非連結事業体および生産販売事業体が参加し，グループの自動車生産台数の99％をカバーしている（『環境報告書2011』）。第5次トヨタ環境取り組みプランに従って，各年度の方針や計画が策定され実行，評価が行われている。そこでは，持続可能な発展に貢献するために，開発・設計，調達，生産・物流，販売，廃棄・リサイクルにわたる自動車のライフサイクルすべての段階で環境負荷を低減し，環境マネジメントをグローバルに推進することを掲げている。

(2) グリーン調達

　第2に，グリーン調達に関してトヨタは，1999年に環境に関する調達ガイドラインを発行し，2006年にトヨタグリーン調達ガイドラインと名称を改めた。このグリーン調達ガイドラインを取引先に提示し実行を求めている。その内容は，①環境マネジメントシステムの構築，②環境負荷物質の管理とリサイクル対応，③環境法令の遵守，④環境パフォーマンスの向上，⑤燃費，排ガス，騒音，リサイクル，環境負荷物質，ライフサイクル環境影響の項目

の環境影響評価，を要請している（『トヨタグリーン調達ガイドライン』2011）。その中で特に，部品・原材料，梱包・包装資材流，物流，設備・工事に関係するすべての取引先企業に対して，①ISO14001などの環境マネジメントシステムの構築と，②環境法令の遵守，③環境パフォーマンスの向上の３点を要請している。

環境パフォーマンスの対象となる物質は多様で測定方法も異なっている。トヨタが取引先に求めている環境パフォーマンスの目標項目は，①CO_2排出量の低減，②VOC（揮発性有機化合物）排出量の低減，③PRTR対象物質排出量の低減，④廃棄物発生量の低減，⑤水使用量の低減，の５つである。指定された環境パフォーマンスの中には温室効果ガスや化学物質などの主要排出物が含まれる。サプライヤーは，これらの項目について納入先であるトヨタに実績報告することが必要である。情報管理の面では，トヨタは部品・原材料サプライヤーには，材料，データの管理を要請し，材料・化学物質データはIMDS（International Material Data System）へ入力することを求めている。こうして収集されたデータは，REACHなどの規制に対応するときに用いられる。なお，IMDSは，製品の材料と含有物質のデータを標準化されたフォーマットで入力する世界的な自動車業界標準の材料データ収集システムである。

また，環境負荷物質の情報管理を見ると，トヨタの技術標準手続きに従って，開発・設計段階における環境負荷物質など，材料データの管理をし，製品の材料・化学物質データをIMDSへ入力することをサプライヤーに求めている。次に量産段階の環境負荷物質の管理については，トヨタ品質管理標準に従って管理することを求め，梱包・包装資材の環境負荷物質の管理では仕入先包装材化学物質管理マニュアルに従って管理することを取引先に求めている。加えて，欧州ELV指令に対応する「禁止物質の非含有宣言書」の提出が必要である。

環境負荷４物質（鉛，水銀，カドミウム，六価クロム）については，2006年に国内の全生産事業所で，欧州ELV指令の適用除外の場合を除いて使用を廃止している。これはグリーン調達を通してサプライチェーンにも適用されている。したがって，サプライヤーはグリーン調達に対応し，原材料・部

品に含まれる化学物質の管理を徹底しなければならなくなっている。

(3) CSR

他方，トヨタにおけるCSRと環境の管理体制上の関係は図10-4に示される。環境は，副会長を責任者とするCSR委員会の下に，CSR・環境企画会議，コーポレート・ガバナンス会議，リスクマネジメント会議の3つの会議が置かれ，環境企画はCSRの中に含まれている。環境対応はCSRの枠組みに組み込まれている。これは，持続可能性概念が拡大されてきたことと，CSRと持続可能性が同一次元で扱われようとしていることを反映している。

以上から，トヨタの環境経営の特徴を見ると，第1に，環境管理体制をグループ企業に広げるとともに，グローバルに海外事業にまで広げている。第2に，グループの環境経営は，グリーン調達およびライフサイクルでの取り組みを強めることによってサプライチェーンにまで波及している。第3に，環境への取り組みは，CSRとしての活動の中で，CSR，環境，コーポレート・ガバナンス，リスクマネジメントと分担しながら，かつ統合的に管理される体制を取っている。

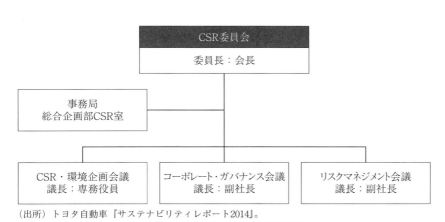

(出所) トヨタ自動車『サステナビリティレポート2014』。

図10-4　トヨタの環境管理体制

4 リコーによる環境経営

(1) 環境理念と目標

　複写機製造を主要事業とするリコーは2013年末時点で世界21カ国に主要生産拠点を有する企業である。地球環境問題が世界的課題と認識され始めたころより、リコーは環境経営に先進的な取り組みを行ってきた。例えば、リコーもトヨタと同様に1992年には環境綱領を制定し、環境保全の基本方針と行動指針を発表した。また、国連グローバル・コンパクトへの参加、企業と生物多様性イニシアチブへの参加など持続可能性に向けた貢献を行っている。日本経済新聞社による環境経営格付けにおいても同社は常に高く評価され、1998年から2000年まで3年連続して第1位に評価されている。このように、環境への取り組みにおいて同社は先進的な取り組みを行い、理念や達成目標においても革新的なリーダー企業である。

　同社は、環境保全と経済活動を同時に達成するという意味での環境経営を目指すことを早い段階で企業の方針としてきた。環境経営のあり方についても環境負荷の測定においても、同社は独自の取り組みを展開してきた。環境負荷の測定については、スウェーデンの環境研究所が開発した手法を基に環境負荷を測定してきた。「製品設計のための環境優先度戦略」と呼ばれる手法を使って、統合された影響を算出し、ELU（Environmental Load Unit）という指標で統合的に測定してきた。同社が高い格付け評価を受けているの

表10-3　リコーの2050年環境目標

重点分野	長期目標
省エネルギー・温暖化防止	CO_2排出量を2000年度比で2050年までに87.5％削減する。
省資源・リサイクル	新規投入資源を2007年度比で2050年までに87.5％削減する。製品の主要素材のうち、枯渇リスクの高い原油、銅、クロムなどに対し、2050年をめどに削減および代替準備を完了する。
汚染防止	化学物質による環境影響を2000年度比で2050年までに87.5％削減する。

（出所）リコーグループ『環境経営報告書2009』より作成。

はこうした先進的取り組みがあったことによる。

また，将来に向けた環境経営の取り組みの中で，持続可能性に向けた長期目標としてリコーグループは，表10-3が示すようにCO_2排出量，化学物質の環境影響を2050年までに2000年度比で87.5％削減することを掲げている（『環境経営報告書2009』）。この革新的な目標実現のために，リコーは全部門，全プロセスを包含したサプライチェーンプロセスの革新が不可欠であると考えている。全部門，全プロセスとは，全員参加型の取り組みを実践するということである。また，リコーは，サプライヤーと一体となって行動することの必要性を理解して取り組んでいる。

リコーは，持続可能な社会の実現のために独創的なコンセプトとして，1994年にコメットサークルのコンセプトを発表し，製品ライフサイクル全体で環境負荷を削減する取り組みを提案している。コメットサークルは，太陽の周囲を回る惑星のイメージで，図10-5に示される。

それは，原材料供給者から材料メーカー，部品メーカー，製品メーカー，販売者，ユーザーまでのプロセスがあり，天然資源が製品になりユーザーに届けられるフローである。そして，使用済みになった製品は，回収センターやリサイクルセンター，材料再生業者を通して循環される仕組みを表している。

この図は，第1に，内側のループである製品のリユース，部品のリユースを優先すること，第2に，使用済製品は，フィードバックされ循環されるこ

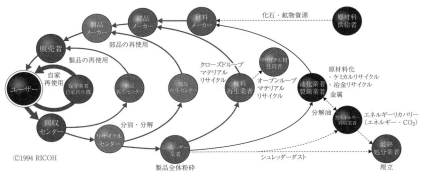

（出所）リコーグループ『サステナビリティレポート2014』。

図10-5　持続可能な社会実現のためのコンセプト（コメットサークル）

と，第3に，サプライチェーン全体を視野に入れていること，に特徴がある。つまり，この図には，循環型システムの発想と，環境経営の視点に立ってサプライチェーン管理に取り組む姿勢がはっきりと示されている。

(2) 環境管理体制

　リコーでは，環境経営とは，環境と経済のバランスを取りながら同時的に追求するということにとどまらず，環境保全活動と利益創出を同時に実現する（同軸化）という意味で使っている。同社にとってそれは，事業活動のプロセスに環境保全活動を組み入れて，事業活動と環境保全活動を同じ意思決定の下で進めることを意味している。しかも，その取り組みは，コメットサークルの図が示すように，サプライチェーンを包摂するものである。その姿勢を表すように，同社は，中長期的な環境負荷削減目標として，CO_2排出量および新規投入資源量を2050年までに87.5％削減することを公表している。このように，われわれは，リコーの取り組みの先進性を見ることができる。

　そこで次に，環境経営の代表的取り組みである環境マネジメントシステムとグリーン調達について，同社の取り組みを具体的に見てみよう。

　ISOの環境マネジメントシステムについては，経過的には，ISOは環境マネジメントに関する標準化のための技術委員会（TC207）を1992年に設置し，その下に分科会（SC），作業部会（WG）を置いて規格の作成をしてきた。そして，95年に環境マネジメントと環境監査の国際規格原案（DIS：Draft International Standard）が登録され，96年にTC207の第4回全体会議でISO14000シリーズが制定されている。

　リコーは，1995年に御殿場事業所がISO/DIS14001認証を取得している。2000年3月には世界の主要生産拠点すべてにおいてISO14001の認証を取得し，13年には統合認証を取得している。このように，環境マネジメントシステムを国内事業でも海外事業でも構築している。

　サプライチェーンと循環型システムを含むコメットサークルの発表，ISO14001の取得と環境管理体制の構築，ライフサイクル・アセスメントのための環境指標の開発など，同社の取り組みは環境経営の先進的企業のものである。

(3) グリーン調達

　次に，グリーン調達に関してリコーは，1993年に「製品に使用される可能性のある環境影響化学物質」の管理基準を独自に設け，全部門が一体となった化学物質管理体制を構築してきた。98年にはグリーン調達ガイドラインを発行し，仕入先に対して環境マネジメントシステムの構築を要請している。同社は環境マネジメントシステムがグリーン調達の基礎になると考えてきた。2002年度にはグリーン調達基準を発行し，汚染予防のための調達基準を明確にしている。04年には化学物質管理システムの構築をサプライヤーに要請している。また，07年度からサプライチェーン全体で化学物質情報の伝達が円滑に行われる仕組みを作ってきた。

　2007年6月に発効したEUのREACH規制は，企業にサプライチェーン全体にわたって化学物質の管理を行うことを求めるようになった。それに対してリコーは，仕入先や顧客との間にグリーンパートナーシップと呼ばれる関係を構築し，事業活動全体の環境負荷削減に取り組む体制を作っている。リコーのグリーンパートナーシップにはグリーン調達（材料・部品のグリーン購入），グリーン購買（什器・文具類のグリーン購入），グリーン販売（顧客にとってのグリーン購入）を含んでいる。

　グリーンパートナーシップ構築に関連して，リコーは長期目標に掲げた省エネルギー・温暖化防止（CO_2排出量），汚染予防（化学物質排出量），省資源の3つの領域でサプライチェーン全体で取り組むことを目指して，サプライヤーへの支援や指導を行っている。それは，1つは環境マネジメントシステム（EMS）であり，もう1つは化学物質管理システム（CMS：Chemical Management System）の構築である。このように環境マネジメントシステムと化学物質管理システムは同社の環境経営の両輪である。化学物質管理システムの構築は2005年度からサプライチェーン全体の課題として展開されている。その結果，10年3月末時点で，同社の1次サプライヤー902社，2次・3次サプライヤー207社で化学物質管理システムが構築されている（『環境経営報告書』2010）。

　サプライチェーンに対する購買の基本方針についてリコーは次の5つをテーマに掲げている。①サプライヤーとの長期的信頼関係の構築と相互協力

による共存共栄，②取引の公平性，③環境マネジメントシステムの構築および環境負荷の多い購買品による環境負荷低減，④法の遵守，⑤社会倫理の尊重である。これに合わせてサプライチェーンは，グリーン調達の域を超えてCSR展開としてとらえられるようになっている。その結果，リコーは2006年にはサプライヤー行動規範を制定し，09年には「CSRアセスメント」の実施に取り組んでいる。これはサプライチェーンの社会的責任を明確にするものである。環境問題への対応やグリーン調達を企業の社会的責任の中に位置づけて，その取り組みを強めているのである。

　サプライヤーに対してリコーはグリーン調達方針として次の4点を要求している（「グリーン調達基準2009年3月」）。第1に，環境マネジメントシステム（EMS）の構築，第2に，化学物質管理システム（CMS）の構築，第3に，機器製品使用禁止物質の不使用，第4に，製造工程における塩素系有機洗浄剤の不使用である。環境マネジメントシステムの構築と化学物質管理システムの構築をともに求めているのである。環境マネジメントシステムは化学物質管理システムの基礎と考えられているのである。

(4) 中国事業への移転

　こうした取り組みの海外事業への移転およびそのサプライヤーへの徹底について，リコーグループによるグリーン調達の海外子会社への移転の例として，中国子会社への導入プロセスを追ってみよう。中国の生産拠点では，2001年8月に環境マネジメントシステムの構築に取り組み，03年3月に構築が完了している。続いて，04年6月から化学物質管理システム（CMS）の構築に取り組み，06年6月に構築が完了している。RoHS指令の実施を控えて集中的に取り組んできたことが理解できる。EMS構築のステップは次の段階で展開された（「会社資料」）。

① 中国拠点のトップへのグリーン調達活動の狙いと成果の説明
② 現地仕入先の環境保全活動の実態確認
③ 中国拠点でのグリーン調達運営の組織化実施
④ 中国語版グリーン調達ガイドライン作成
⑤ 現地仕入先へグリーン調達説明会実施

⑥　仕入先ごとに環境マネジメントシステム構築時期の登録
⑦　現地モデル仕入先の支援活動と中国拠点メンバーの教育
⑧　中国拠点の仕入先環境マネジメントシステム審査運用制度の運用

　こうした取り組みによって，2003年3月には中国生産拠点で環境マネジメントシステムの構築が行われている。他方，化学物質管理システム（CMS）の構築については，次の手順で活動が展開された。
①　グリーン調達基準初版発行（2002年）
②　CMS認証制度発足（2004年）
③　CMS構築第1ステップ展開（2004年）
④　CMS構築第2ステップ展開（2005年）

　中国拠点の運用マニュアルとして，量産部品については「使用禁止物質・不使用証明書」の提出をサプライヤーに要求している。その提出は，成分表・測定データおよび測定サンプルを合わせて提出し，評価ランクに対応した頻度（年1回，月1回あるいは生産ロットごと）で提出を求め，受入検査も同じ頻度で実施する。こうしたシステムの構築には，リコー本社スタッフが中心となり，拠点トップへの説明会，仕入先の実態確認，仕入先に対する説明会を行っている。また，運用などの指導については，海外子会社による自立的な運営ができるように人材の育成および能力移転を進めてきた。それは，現地CMS審査員の研修育成でありCMS構築指導などである。海外事業システムを構築しその運営を行えるように，能力向上に力を入れてきた。

　以上から，リコーの環境経営では，第1に，同社が環境への取り組みに先進的であり，早い段階から環境マネジメントシステムの構築に積極的に取り組んできたことを理解できる。第2に，現在の同社の環境目標は，多くのサプライヤーを含むサプライチェーン全体での革新的取り組みを必要としている。そのために，サプライヤーとの一体的な取り組みを明示的に指向している。第3に，グローバルな環境管理体制を構築するために，海外事業における取り組みにおいて，本社から集中的に指導を行い，環境管理体制の構築をしてきた。そうして海外事業への取り組みの移転や，その組織能力の強化が図られ，サプライヤーによる対応の向上も求めている。

5　結び

　以上の3社の事例が示すように，グローバルに事業を展開する企業では，特に加工組立型産業においては，サプライチェーンにおける環境対応を強く推進している。これら企業に共通している取り組みは，実証分析で取り上げた環境マネジメントシステムの構築と化学物質管理システム・グリーン調達の構築，そして持続可能性に対する具体的な取り組みとして，地球温暖化の原因とされるCO_2排出量の削減である。これらの取り組みは日本本社での取り組みがモデルとなって次第に自社の海外事業へ移転され実践されている。それは，国内・海外のサプライヤーに対しても対応を広めつつ，取り組みの組織間移転が進んでいる。企業は環境経営取り組みを社会的責任として理解する一方で，環境リスクの低減や低コスト化を目指しながらその取り組みを強めている。

第11章　部品サプライヤーによる環境経営移転

　事業活動のグローバル化に伴って，環境経営は国際的に展開されつつある。環境経営もグローバルなサプライチェーン全体へ展開することによって，企業は社会的責任を果たし環境リスクを低減することができる，あるいは競争優位の強化と結びつけることができる。それは，海外アウトソーシングを実施し，プライベートブランド（PB）商品を販売する小売業にとっても，加工組立型産業の完成品メーカーにとっても，競争優位を決定する重要な要因の1つとなってきている。そのため，サプライヤーは，サプライチェーンの統合的管理にますます組み込まれるようになった。

　本章では，サプライヤーは顧客企業との間にどのような関係を築くのか，そしてサプライヤーは事業国際化の中で，いかなる環境取り組みを行っているのか，サプライヤーの企業事例を使って分析する。取り上げるのは，本書の冒頭で言及した自動車部品メーカーの西川ゴム工業株式会社，電機・精密機械部品メーカーのヤマウチ株式会社，大手自動車部品メーカーの株式会社ジェイテクトである。これらのサプライヤーは，前章の完成品メーカーと取引関係にあり，また先進的な取り組みをしている事例として参考になる。

1　西川ゴムによる環境経営と海外移転

(1) 会社概要

　西川ゴム工業株式会社（以下，西川ゴム）は，1934年12月に広島市で輸出用スポンジゴム製品の製造を目的として創業している。49年に西川ゴム工業株式会社と改組した。マツダが米国に進出した翌年の86年に，合弁会社ニシカワ・スタンダード・カンパニーを米国に設立する。さらに89年に，ニシカワ・オブ・アメリカを設立する。タイへの進出は95年で，マツダがフォードと共同でオートアライアンス・タイランド（AAT）を設立した同じ年であ

表11-1　西川ゴムの海外工場の展開と規模

工　場	進出年	従業員数
米国	1986年	1,067人
タイ	1995年	1,024人
上海	2001年	1,036人
広州	2004年	333人
メキシコ	2011年	53人
インドネシア	2013年	101人

（注）2013年12月現在。
（出所）会社資料より作成。

る。中国へは上海へ2001年に，広州へ04年に進出した。その後も11年にメキシコ，13年にインドネシアに進出している（表11-1）。

　同社は，米国，タイ，中国（上海，広州），メキシコ，インドネシアの6カ所に工場を持ち，海外製造拠点としている。それぞれの子会社の従業員規模は，2013年12月時点で，米国1067人，タイ1024人，上海1036人，広州333人で，ほかにメキシコ53人，インドネシア101人である。

　同社の売上高は，2014年3月期の連結ベースで，827.5億円，従業員数5258人である。単体では売上高471.2億円，従業員数1320人である。資本金は33億6400万円である。国内工場は吉田工場，白木工場，安佐工場，三原工場がありいずれも広島県内に置かれている。同社の事業は，自動車関連製品，住宅関連製品，土木関連製品，化粧品・健康関連製品，医療関連製品にまたがっている。ドア用シール部品，ガラス周りシール部品が同社の主要生産品目である。ドア周りのゴム部品であるドアーウェザーストリップは国内市場のトップシェアを有している。事業別セグメントでは，14年3月期の売上高（連結）において自動車用部品が94.2％，一般産業資材が5.8％を占め，自動車関連事業が主である。同社は，自動車用シール部品という市場セグメントで成長を実現してきた。

　製品販売先はホンダ，マツダ，トヨタのほか，日産，三菱，スズキなど国内全自動車メーカーと取引がある。海外顧客にはGM，フォード，ジャガー，フェラーリ，アストン・マーチンなどがある。GMとは1996年に取引を開始している。一般的な自動車部品サプライヤーと違って，同社は主要な自動車

第11章　部品サプライヤーによる環境経営移転

表11-2　西川ゴムの顧客別販売割合　　　　　（％）

会社	2009.3期	2010.3期	2011.3期	2012.3期	2013.3期	2014.3期
ホンダ	10.2	7.4	25.1	17.7	21.2	24.7
トヨタ	11.9	14.2	20.0	16.5	16.6	16.4
マツダ	14.1	16.1	19.2	15.2	15.2	14.2
日産	……	……	13.4	13.1	12.2	12.3

（出所）西川ゴム『有価証券報告書』より作成。

メーカーの多くと取引関係にある。その幅広い取引先が事業の特徴である。2014年3月期の同社の主要販売先は，ホンダ，トヨタ，マツダ，日産でそれぞれ24.7％，16.4％，14.2％，12.3％を占めている（表11-2）。

(2) 環境への取り組み

1) 環境対策と顧客関係

　今日の自動車産業ではサプライチェーン管理が強く推進されている。自動車産業のサプライチェーンは，膨大な数の部品と，部品サプライヤー，販売ディーラー，広範な販売地域によって構成される複雑なシステムである。そのシステム管理によって生産効率化と環境負荷削減を自動車メーカーは同時に追求している。

　完成品メーカーによるサプライチェーン管理が強まるとき，サプライヤーはそれへの対応が必要になる。既述のようにEUでは，2000年代にRoHS指令，ELV（使用済車輛）指令などの環境規制が導入された。規制は取引先である完成品メーカーからの要請となってサプライヤーに伝えられる。サプライヤーはこれらの規制やグリーン調達に対応しなければならなくなる。

　その結果，サプライヤーは化学物質についてその管理・報告を取引先から求められ，データを作成して報告しなければならない。顧客企業の厳しいグリーン調達に適切に対応するには化学物質の管理体制が求められる。そして，化学物質管理は，その前提として，より広い意味の環境管理体制の構築を伴うことによって行われている。

表11-3　西川ゴムのISO14001認証取得

事業所	取得年月
国内	
安佐工場	2000年12月
白木工場	2001年8月
三原工場	2002年5月
本社	2002年6月
吉田工場	2002年10月
海外	
NTR（タイ）	2003年2月
NISCO（米国）	2003年7月
SNS（中国上海）	2006年4月
GNS（中国広州）	2009年4月

（出所）会社資料より作成。

2）環境マネジメントシステムの確立

　広義の環境マネジメント体制はISO14001に限らない。環境省が中小企業向けに普及を図るエコアクション21やEUで普及しているEMAS（環境管理監査制度）なども含まれる。管理体制として責任者が置かれ，その職務内容および権限が確立されているとき，環境マネジメントシステムがあると一般的には広く解釈されている。しかし，第3者機関制度によって認証されたシステムを構築することが取引には重要となる。

　環境マネジメントシステムについて，西川ゴムは2000年12月に安佐工場で最初のISO14001の認証を取得している。その後も，表11-3が示すように01年8月に白木工場，02年5月に三原工場，02年10月に吉田工場で取得し，すべての国内工場で取得している。海外工場では，タイ工場・米国工場が03年に，中国上海工場が06年に，広州工場が09年に認証を取得している。新たに設立されたメキシコおよびインドネシアでも認証取得が準備されている。

　次に化学物質管理システムについて，自動車産業でも電機産業と同様の取り組みが進んでおり，西川ゴムでは，欧州ELV指令，RoHS指令，REACH規制などの環境規制強化と顧客からの要請を考慮して，環境負荷物質の体系的な管理体制を独自に構築している。それは，第1に，すべての原材料・購入部品の含有する環境負荷物質を確認・審査して登録を行い，規制化学物質

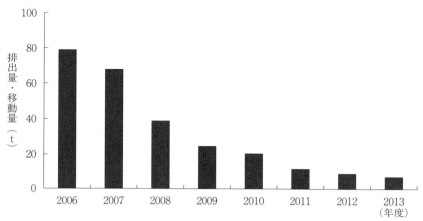

(出所) 西川ゴム『環境報告書2014年』。
図11-1　PRTR対象物質の排出量・移動量

をリスト化することである。第2に，SOC 6物質（六価クロム，カドミウム，鉛，水銀，PBB，PBDE）が原材料・部品，製品に使用されていないことを自らの手で分析している。SOC（Substance of Concern）は懸念物質の意味である。そして，分析結果は自社のデータベースに登録している。第3に，完成車メーカーからの要求に応えるだけでなく，西川ゴム自身が2次サプライヤーに対してグリーン調達を実施している。それは，ISO14001あるいはエコアクション21などの外部認証の取得，納入される原材料・部品の化学物質管理とデータ提供，CO_2排出削減などの環境に対する取り組みの強化をサプライヤーに求めている。第4には，グリーン調達を徹底するために，2次サプライヤーなどの取引先への審査および支援を実施している。

1次サプライヤーである西川ゴムは，独自の化学物質管理システムを構築し，化学物質を減らしてきた（図11-1）。PRTR法（化学物質排出把握管理促進法）の対象物質の移動・排出量は2006-13年度の間に約10分の1に減少している。こうした削減を実施することは，材料の変更やリサイクルの強化を伴う。そしてその取り組みは，アセンブラーから1次サプライヤー，2次サプライヤーへと波及し，サプライチェーン全体へと波及してく。

3）主要な環境課題

西川ゴムによる環境への取り組みについて『環境報告書2012』に基づくと，2011年度の同社の環境目標は，①CO_2排出量の削減と排出原単位の削減，②環境負荷物質（SOC）の管理，③製品含有化学物質管理システムの構築（REACH 規制対応），④廃棄物のリサイクル，⑤グループ企業の環境経営促進，の5つがある。その上で同社は，環境重要課題としてCO_2排出削減，化学物質管理，廃棄物管理の3つを掲げている。

そのうちCO_2排出量削減は，省エネルギーを進め，資源消費を削減することが重要である。CO_2削減には自動車の燃費を向上することが重要な手段の1つである。そこで燃費向上を目的として完成車メーカーは自動車の軽量化に取り組んでいる。自動車の軽量化は，完成車メーカーのみならず部品メーカーによる部品の軽量化を意味する。これに対し西川ゴムでは，部品の軽量化に対して，①形状の小型化，②発泡化による低比重化，③鋼材やゴムの樹脂化に重点を置いて製品開発に取り組んできた。1例をあげると，2007年度にオープニングシール材に使用される芯材を鋼材から樹脂へ置き換えて25％の軽量化を達成している。

続いて化学物質管理について，同社は次の手順で化学物質の管理体制を敷いている（表11-4）。第1は，グリーン調達で，部品・材料を購入するとき，含有化学物質を審査し，検査にパスしたもののみを登録し購入している。つまり，購入段階で，含有環境負荷物質リストに基づいてその含有の有無を蛍光X線分析装置を導入し自社で分析する体制を整えている。この検査から，物質の分析データを独自に取得している。この検査は原則的に年に1回行われる。続いて，こうした原材料審査を経て，登録制度に登録した上で購入が行われる。

第2は，自社の設計段階でのチェックである。標準化した材料・部品リストから基準をクリアしたものを設計段階で選択している。

第3は，得意先に対してIMDSの入力のほか環境負荷物質法令適合報告を提出している。

第4に製造段階では，同じくSOC物質のデータを得意先が指定した帳票で報告をする。

表11-4　西川ゴムの環境負荷物質管理体制

業　務	部　門	実施内容
調達段階	購買部門	原材料/購入部品の管理 サプライヤーの管理
法規適合確認	環境担当部門	得意先基準・環境関連法規への適合確認 社内基準の制定 原材料SOC含有審査 得意先への連絡・報告
開発段階	開発部門	開発品に含有している化学物質情報の把握 使用禁止環境負荷物質を含有しない製品開発
設計段階	設計部門	使用禁止環境負荷物質を含有しない購入部品・材料での設計
生産段階	製造部門	SOC非含有を確認済み品のみ使用
出荷段階	環境担当部門	要求に基づく出荷製品のSOC非含有確認

（出所）西川ゴム『環境報告書2009』より作成。

　表11-4に示すように，西川ゴムによる環境負荷物質の管理体制は調達，開発，設計，生産，出荷の各段階で担当内容を定め実施されている。自社内のマテリアルフローの全段階で，業務として化学物質の管理およびサプライチェーンの管理が実施されていることがわかる。

　環境負荷を削減し環境リスクを減らすことは，サプライチェーン全体の環境課題であるとともに，燃費向上によって新たな競争優位の源泉となりうる。したがって，サプライチェーンは，全体価値連鎖の効率化やコスト競争力の強化を目指してますます統合的に管理される方向に向かっている。それに対し西川ゴムのこれまでの取り組みは，顧客である自動車メーカーの要請，さらにはその背後にある持続可能性に対する社会の要請に積極的に応えてきたことを示している。

(3) タイ子会社による環境経営取り組み
1) タイ子会社の概要

　次に，海外事業における環境取り組みとして，同社のタイ子会社のケースを考察する。タイへは米国に続いて進出している。同社のタイ子会社

(NTR：Nishikawa Tachapalert Rubber）は1995年8月に設立されている。同じ年にマツダのAAT（Automotive Alliance Thailand）が設立されている。マツダは80年代に米国ミシガン州へ進出しフォードとの合弁子会社で自動車生産を始めたが，予定した業績を確保できず撤退した。AATはフォードとの合弁であるがマツダにとって本格的な海外事業を目指した投資である。西川ゴムのタイへの進出は日本国内で取引関係があったマツダの決定が1つの重要な要因であった。

　タイ西川ゴムの設立時の出資比率は西川ゴム94.84％，丸紅3.57％，現地資本のタチャプララート1.59％であった。現在は西川ゴム77.7％，米国で合弁を組んでいるクーパー20.0％，タチャプララート1.59％，丸紅0.7％である。2010年8月時点の日本人は，バンコクに置かれている営業部門を除いて4人で，14年3月時点では5人である。

2）取り組み内容

　タイ子会社の環境取り組みについて言えば，第1に，タイ子会社でも多くの顧客と取引関係がある。環境問題への対応は，これら顧客からもあるいは本社を通しても要請される。同社は国内外の完成車メーカーと広く取引している。そのすべての顧客要請に対応しなければならない。タイでは，設立時にはホンダを顧客として事業を始めている。2012年現在でもホンダは売上高の15.4％を占めている。西川ゴムが米国に進出したのも，ホンダとの取引関係が大きな要因であった。ホンダは系列のグループ企業が少ないために西川ゴムからの購入を求めていた。

　環境問題にかかわる顧客企業対応については，環境マネジメントシステムとグリーン調達が柱で，ISO14001はすべての主要顧客から要請されている。アセンブラー企業ではサプライヤーを集めた環境基本方針の説明会が年1回は開催され，サプライヤーに対して情報伝達されるとともに，実施を求めている。こうした主要なグローバル顧客からの要請を，タイ西川ゴムでは事業計画に入れて対応している。

　第2に，タイ西川ゴムの事業計画は，親会社である西川ゴム本社によって作成される中期経営方針がグループ企業に伝えられる。タイ西川ゴムはその経営方針を受けて独自に事業計画を策定する。中期経営方針は品質管理プロ

グラムと環境経営プログラムを含んでいる。中期環境経営目標は，CO_2削減，SOC非含有，VOC（揮発性有機化合物）コントロール，IMDSコントロール，廃棄ゴム屑などについて定めている。

その中で，タイ子会社による環境管理の取り組みの重点は，日本本社から要請される項目であるCO_2，VOC，廃棄物リサイクルで，これらについては環境データを作成し本社へ提出している。中期環境経営目標自体は，年度ごとに具体的目標は変わるものであるが，重点項目は継続的である。

第3に，タイ子会社ではISO14001の認証を2003年2月に取得している。グリーン調達についてはすでに日本本社でシステムを構築し実践している。それを受けてタイ子会社でも化学物質管理のシステムが導入されている。

タイ子会社での顧客企業との交流は，顧客企業の購買部門の担当者が少なくとも取引関係の深い5社については月に1度はタイ西川ゴムを訪問している。タイ西川ゴムでは技術部門がこれに対応している。顧客企業の購買部門にとって，品質と納期が重要項目である。そのうちの品質については，安全基準，環境基準が含まれる。

タイ子会社（NTR）では，環境マネジメントプログラム（EMP）として月例の環境方針が立てられ，毎月環境の日（Environmental day）を定めて報告会を開催している。この会議に出席するのは関連業務担当者で約30人である。会議のテーマは，エネルギー節約プランがあり，ゴミの分別訓練，リサイクル促進，ISO14001の内部監査，化学物質の検査（年2回）があり，それぞれの担当者が担当課題の報告を行う。PRTR制度対象の化学物質にはトルエンや揮発性有機化合物があるが，特に問題となることはないという。

種々の環境プログラムを効果的に実行するために，タイ子会社では社員に対する環境意識向上を目指した環境教育を実施している。新入社員に対する教育や外部講習会への参加，特に顧客企業が開催する講習会へ社員を参加させている。特にISO14001の取り組みに関しては，環境知識が高まった，生産が効率的になり改善活動の生産性があがったと評価している。例えば，ゴミを分別し削減することを続けた結果，不良品率が下がる，結果としてエネルギー消費が下がるという効果が得られている。

第4に，基礎的な組織能力向上に向けて，従業員の意識・行動のレベル

アップを図っている。その例として，5Sおよび新5Sの展開である。5Sは，よく知られているように，整理，整頓，清掃，清潔，しつけで，多くの日本企業では国内・海外の工場管理の基本として取り組んでいる。その上で現在同社は，新5Sに取り組み始めている。新5Sとは，Simple, Smooth, Short, Speed, Slim の略である。新5Sは仕事の進め方に直接関する行動を求めるもので，無駄のない，速やかな自主的な取り組みと問題点に気づく能力を高めることを目標にしている。新5Sは，本社では総コスト低減活動の一環として2010年度より推進されている。ゴム押出ラインの新5S活動は，ライン構成と装置配置の最適化によって，「省エネ」「省スペース」「搬送無駄の排除」「段取り替え屑の最小化」の実現を目指している（同社『環境報告書2014』）。こうした本社の経験をもとに，新5Sがタイ子会社へ導入されている。

　では，海外子会社は，なぜこうした仕事の方法やスキル以前の行動から教育していくのか。これについては，組織においてするべきことを確実にすること，求められる役割を正確に実行することが組織に利益をもたらすと考えるからである（鈴木,2013）。基本がしっかりできるようになることによって，業務上の仕事もきちんとできるようになり，問題解決行動，提案能力につながる。多くの企業で5Sから始める活動を取り入れて続けることによって，個人の能力アップと問題解決行動の強化を目指しているのである。

　第5に，タイ西川ゴムによるサプライチェーン管理をみてみよう。同社のサプライヤーは13年末で38社で，そのうちタイ国内（日系企業を含む）企業33社，海外企業5社である。顧客企業と同様に，同社もサプライヤーに対して購買部門あるいは品質部門が月に1回または2回定期的に訪問している。その主な狙いは，サプライヤーの品質・生産状況の確認であり，技術的な情報交換，納入スケジュールの確認である。必要に応じてサプライヤーに対して技術的な協力を行い，安全教育などで支援するのである。もっとも，海外の仕入先に対してはこうした交流関係を築くことは難しいため，進出先国内での取引関係に限定される。こうした交流によって西川ゴムとサプライヤーが同じ方向を向きベクトルを合わせることができるとき，①品質が良くなる，②コスト・価格が安くなる，③調達の安全性が高まるなどの効果が得られる

のである。

　要約的に言えば，タイ西川ゴムによるサプライチェーン管理の重要な目的の第1は，調達の安定性であり，リスクを減らし生産活動を円滑にすることである。人的交流や技術交流は調達の安定性と安全性の維持にかかわっている。第2の目的は，サプライチェーン内の各企業が調整された行動を取ることによって，効率化およびコスト低減を可能にすることである。そして第3に，サプライチェーンの環境負荷を抑え取引先や社会の要請に応えることである。

　以上から，海外子会社では，第1に，環境目標や環境方針は日本本社の方針や指示に従うものである。日本国内で取り組みが行われ，その後に海外で取り組みが行われる。ISO14001やグリーン調達は，日本本社で実施され，その経験が海外子会社へ移転している。海外展開は本社のイニシアチブによって始められている。第2に，海外子会社での取り組みは，日常の業務活動に組み入れられ，子会社で独自に月別の環境方針・計画を立て，環境報告会を開催するなどによって定着される。第3に，同社は，自身のサプライチェーンに対しても同社が顧客に対すると同様の関係を構築しようとしている。こうして環境への取り組みは，海外事業へ移転され，さらには海外の仕入先にも求められている。

2　ヤマウチによる環境経営と海外移転

(1) 会社概要

　ヤマウチ株式会社（以下，ヤマウチ）は，1918年に創業された工業用ゴム，プラスチック製品の専門メーカーである。2013年12月末の資本金は，3億1000万円，従業員数は，単体で309人の中堅企業である。

　創業期の事業の中心は，自動車用ベルトの製造であった。その後，コア技術を新しい用途に広げ多様な製品群を生産している。国内工場は，大阪府枚方市の枚方工場，京都府福知山市の長田野工場，栃木県鹿沼市の鹿沼工場の3カ所がある。海外では，シンガポール（1979年），ベルギー（1988年），マレーシア（1988年），中国深圳（1998年），中国上海（2003年）に製造子会社

表11-5　ヤマウチの海外工場展開と規模

工　場	設立年	従業員数
シンガポール	1979年	83人
ベルギー	1988年	833人
マレーシア	1988年	520人
中国深圳	1998年	762人
中国上海	2003年	57人

（注）日本人を除く，2013年末。
（出所）会社資料より作成。

を設立している（表11-5）。

　ここで1つの大きな疑問は，現在でも資本金3.1億円の規模の会社がこうして立て続けに海外工場を設立できたのはなぜかということである。当時の日本本社の資本金は2.4億円，マレーシア子会社の資本金は1.8億円である。このような投資が財務的に可能になった理由として，同社が大阪中小企業育成投資会社の投資先に選定され，公的資金による投資を受けることができたことが背景にある。この公的資金を受け入れたことによって，民間企業からの融資も比較的容易に受けることが可能になり，投資資金を捻出することが可能になったのである。

　現在，同社は，映像・音響機器，複写機・プリンター，ディスクドライブ，製紙機器，紡績機器，紙幣鑑定機などの広い事業分野でローラー，ゴムベルト，インシュレーター（insulator），樹脂成型品などの部品をグローバルに供給している。トップレベルの部品メーカーとして，かつグローバル化に対応することによって同社は「ニッチ&グローバル」戦略を追求してきた。ニッチ&グローバル戦略とは，ニッチな市場セグメントでグローバルなトップ企業になることを意味している。この戦略を追求するようになったきっかけは，1980年代にビデオテープレコーダーのピンチローラーで世界市場の90％の市場シェアを獲得した経験に基づいている。それ以降，同社の事業戦略となっている。同社の現在の取引先には，パナソニック，ソニー，パイオニア，東芝，京セラ，日立，サムスン，大宇，任天堂，キヤノン，リコー，富士ゼロックス，LGなどが名を連ねている。同社はトップ水準の品質要求

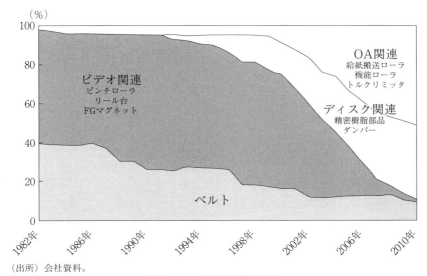

図11-2　売上高構成の変化

を持つ多くのリードユーザーを顧客としている。

　図11-2から同社の売上高構成をみると，1982年から2010年の間に事業内容がすっかり変容していることがわかる。1982年の主要事業はピンチローラーなどのビデオ関連事業である。ところが，2010年にはビデオ関連は極端に少なく1割に満たない。OA関連やディスク関連の事業にシフトしている。こうした事業変化にもかかわらず市場地位を保ち，発展を続けていることは驚くべきことである。ここには，中堅クラスのヤマウチが，市場構造の急激な変化にもかかわらず市場を失わずに取引先に信頼された重要なサプライヤーとして存続していることが確認できる。

(2) TPMの導入

　ではこうした変革はどのようにして可能になったのであろうか。その組織能力はどのように獲得されたのであろうか。大きな事業変革の中で，同社の対応の基礎にあるのは，技術的にはローラーやゴムベルトのコア技術に基づく事業変革であり，その業務遂行能力である。カギとなる重要な要因は，1991年にトップダウンで導入したTPM（Total Productive Maintenance）で

ある。社団法人日本プラントメンテナンス協会（現：公益社団法人日本プラントメンテナンス協会）によって71年に提唱されたTPMは，生産システムの保全や効率化に重点を置く活動である。TPMは，生産システムの総合的効率化を追求して，生産システムのライフサイクル全体を対象に災害，不良，故障をゼロにすることを目標に掲げている。

同社では，市場変化が顕在化する前に，TPMの取り組みを始めて市場変化へ対応する能力を高めてきた。市場変化への対応にはどの企業も試行錯誤的対応を強いられる部分がある。その意味では，十分な対応能力を発揮するには時間がかかる。しかし，同社の場合，実に良いタイミングで業務効率を高め，顧客のニーズ変化への対応が可能となったことが，その後の大きな市場変化にもかかわらず適応力を確保し，円滑な事業変革を可能にした。

1991年にTPMを導入したヤマウチでは，不良のゼロ化，顕在ロスの低減，目標コストの達成を目指して工場体質の強化に取り組み始めた。その計画の活動期間はパートⅠを91から95年，パートⅡを96年から98年，パートⅢを99年から2002年，パートⅣを03年から06年，パートⅤを07年から10年，と継続して取り組んできた。この取り組みの結果，1例として開発リードタイムは1999年に30日かかっていたものが，2006年には24時間（1日）と30分の1に短縮されている。06年の開発時間の構成は，設計・解析0.3日，型製作・試作0.4日，評価0.3日である。新製品の開発を短縮化することが大きな競争優位をもたらすため，顧客企業は試作開発期間の短い同社に大きな信頼を寄せている。市場環境が大きく変化したにもかかわらず，その基礎的な業務能力を高め，同社は依然としてリードユーザーの信頼を確保しているのである。開発リードタイムは，極端な一例と見えるかもしれないが，それには十分な裏づけがあることがわかる。

では，その組織能力が具体的にどのように高められているのか，その基礎となる活動を詳しく見てみよう。表11-6は，同社の経営改善効果の1990年から2000年までの主要データを示してある。設備総合効率は1991年と比較すると2000年には24％の改善が見られる。さらに突発故障件数は1990年の月300件から2000年には13件に，ユーザークレーム件数は1990年の100件から2000年にはわずかに2件に減少している。こうした改善効果は，TPM活動

第11章　部品サプライヤーによる環境経営移転

表11-6　ヤマウチの経営改善状況

	1990	1991	1992	1993	1994	1995	1996	1997	1998	1999	2000
設備総合効率（％）	-	72	77	88	92	95	96	96	96	96	96
労働生産性（指数）	100	125	142	131	145	154	146	159	164	163	166
製造利益率（指数）	100	123	138	126	144	152	161	171	173	169	166
突発故障件数（件数／月）	300	265	235	230	150	36	17	12	8	11	13
ユーザークレーム件数	100	60	49	41	27	12	5	6	5	4	2

(注)　設備総合効率＝時間稼働率×性能稼働率×良品率，労働生産性＝限界利益/生産直接従業員数×100，製造利益率＝製造利益額／売上高×100。
(出所)　ヤマウチ『2002年度TPM実施概況書』より作成。

によるものである。業務効率化，生産性，問題解決能力などTPMの取り組みを通して同社の組織能力は顕著に高められてきたことがわかる。中堅・中小企業の組織能力の向上には実に驚くべきものがあるが，同社の場合にもそうした事実が明確に認められる。

　同社では，2011年からはTPMをさらに発展させてYPM（Yamauchi Productive Maintenance）プログラムに取り組んでいる。YPMプログラムという名前をつけたことが，同社が主体性を高めて新しい次元で取り組みを実施していることがわかる。YPMではTPMで使われる活動指標である設備総合効率の95％水準達成を目標に掲げている。それは設備総合効率＝時間稼働率×性能稼働率×良品率，で計算されるものである。1991年に設備総合効率は72％であるが，96年には目標を上回る96％に達している。この一例を見ても，同社の取り組みが顕著な効果をあげてきたことがわかる。

　現在，この取り組みは海外子会社に移転され，実施されている。日本本社の取り組みが組織ルーチンとして海外子会社に移転・移植され海外子会社の取り組みとして実践され，その組織能力となっている。グローバルに展開する主要顧客の需要には海外工場での生産で対応することが求められる。それゆえ，海外事業においても国内事業と同等の業務活動を行い供給能力を持つ必要があるのである。海外子会社で展開されているTPM活動は，YPMに各子会社の地名を入れてY-MPM（マレーシア），Y-CPM（深圳）などと呼ばれている。

　このような組織能力の移転について，同社ではYMPプログラムは主要工

195

場である長田野工場をグローバル発信工場として位置づけ，マザー工場としている。新たな取り組みを本社工場の機能を持つ長田野工場で始めるのである。このプログラムの基本をなす日常管理活動として同社には9つの委員会活動がある。それらは，個別改善，品質自主保全，計画保全，自主保全，製品開発，安全衛生，環境保全，人材育成，業務改善の各委員会である。このうち，直接的な環境対策にかかわる活動としては環境保全の委員会が存在する。管理活動の中心は設備効率・保全と製品開発にかかわっている。とはいえ，全工程のライフサイクル的な取り組みをしており，3R（リデュース，リユース，リサイクル）を追求する活動が含まれている。

　組織的には，同社のTPM活動の管理はTPM環境推進室が担当している。グループ企業の環境マネジメントは，このTPM環境推進室が中心となって行われている。環境規制にかかわる顧客企業との関係，販売拠点の顧客対応，国内・海外生産拠点の統括，開発部と購買部との連携などをTPM環境推進室が行っている。3Rに関連する取り組み事例としては，例えばゴムベルトの歩留まり改善がある。700mmのチューブの歩留まりは1992年には420mmであった。2005年には650mmの歩留まりになっている。この結果，歩留まり率は60％から92.9％へ向上している。また，廃棄物の分別を徹底して行うことによってリサイクル率は2001年に82％であったが，10年には99.6％に達し，いわゆるゼロエミッションを達成している。TPM活動の取り組みは組織ルーチンとしてマレーシア子会社に移転，学習され，実行されつつある。この移転には，長田野工場の環境推進室の責任者であった技術者がマレーシア子会社の設備保全部門の責任者として派遣され，移転の推進役となっている。本社からの一時的な支援ではなく，責任者の配置をして組織能力の向上に取り組んでいる。これは新たな組織能力が子会社へ人材の配置によって移転されていることを示している。そこで次に，海外での事業展開と環境への取り組みについて見ていくことにしよう。

(3) 海外事業展開

　同社は1979年にシンガポール，81年にベルギー（販売会社），88年にマレーシア（製造会社），ベルギー（製造会社）に子会社を設立し，98年に中

国広東省の深圳工場，2003年には上海工場を開設している。13年末の海外子会社の従業員数は，日本人を除いて，マレーシア520人，シンガポール83人，ベルギー33人，深圳762人，上海57人，その他販売拠点の香港7人，ソウル3人，米国1人である。

ヤマウチマレーシアの2013年12月末時点での資本金は，600万 RM（約1.8億円）である。従業員数は日本人を含み529人である。経済発展を続けるマレーシアでは単純労働に従事する若年労働者が不足している。同社ではインドネシア人154人，ベトナム人45人，ミャンマー人13人，ネパール人5人を雇用している。その結果マレーシア人（マレー系，インド系，中国系を含む）は従業員の半数弱の303人である。加えて日本人が9人派遣されている。従業員数は事業の変化に伴って流動的である。

ヤマウチマレーシアの生産品目は，大きくは，HP製品，AP製品，VP製品，MX製品に分けられる。HP製品とは，小型精密ゴムの成型品，インシュレーター，携帯電話振動モーターカバー，CCDシールゴムなどである。高品質の精密ゴム製品に特化している。売上高の約6割をHP製品が占めている。続いて，AP製品とは，紡績機械で使うエプロンバンド（Apron Band）のことである。紡績機で繊維束を搬送するときに用いられる。次に，VP製品とはVideo Productのことで，ピンチローラー・ゴム，カムコーダー用リール台を主としている。MX製品とは，Mix製品のことでゴム・化合物の生産，ゴム・化合物の精錬を行っている。近年は，電気・電子市場での急速な技術変化と，主要顧客である日本家電企業の競争力低下が進み，ヤマウチの事業も大きく変わりつつある。

(4) ヤマウチの環境経営への取り組み

ヤマウチグループは，ISO9001もISO14001も両方の認証を取得している。最初のISO9001は1998年にマレーシア工場で取得している。ISO14001は2000年に長田野工場で最初に取得している。各工場のISO14001の認証取得時期については，表11-7の通りである。

表11-7に見るように，同社は2000年から06年の間に海外の全工場でISO14001の認証を取得している。まず，国内の長田野工場で取得し，海外

表11-7 ヤマウチグループ企業の
ISO14001の認証取得

工　場	取得年月
長田野工場	2000年3月
鹿沼工場	2005年3月
シンガポール工場	2000年5月
マレーシア工場	2001年8月
ベルギー工場	2001年9月
中国深圳工場	2002年10月
中国上海工場	2006年3月

（出所）会社資料より作成。

ではシンガポール，マレーシア，ベルギー，中国深圳，上海で取得している。顧客および市場の要請にいち早く応えて，親会社による取り組みの徹底と海外子会社でのシステムの構築を行っている。また，欧米市場での環境規制の動向に関する情報を，ヤマウチ自身によっても顧客を通しても入手し，それへの対応をしている様子が見える。

　例えば，同社の主要顧客であるリコーは前章で考察したように1998年にグリーン調達ガイドラインを制定し，サプライヤーに対して環境マネジメントシステムの構築を要請している。2002年にはグリーン調達ガイドラインをグリーン調達基準に変更している。また，化学物質の含有・使用について02年度から「使用禁止物質不使用証明書」の提出をサプライヤーに求めている。

　現在では，リコーグループと取引をしているすべてのサプライヤーが環境マネジメントシステム（EMS）を構築しており，リコーと新しい取引を開始するには環境マネジメントシステムを構築していることが必須条件となっている。さらにリコーは，04年には，仕入先に対し化学物質管理システム（CMS）の構築を要請している。リコーのサプライヤーに対する現在のグリーン調達に関する要求事項は，次の4つである。第1に，環境マネジメントシステム（EMS）の構築，第2に，化学物質管理システム（CMS）の構築，第3に，機器製品使用禁止物質の不使用，第4に，製造工程における塩素系有機溶剤の不使用である。それゆえ，ヤマウチはリコーやその他の世界的企業との取引を通して，相当に細かな環境マネジメントシステム，化学物

質管理システムを構築してきたことがわかる。

　このように，顧客企業の環境要請が強まり，それに対するヤマウチの積極的な対応が見られる。環境に関する管理体制は，ヤマウチのような部品サプライヤーにおいても，その海外事業で構築されている。顧客企業からサプライヤーおよびその海外子会社へのシステム・基準の普及は比較的短期間で実現している。

　顧客である多国籍企業の多くは，グローバルなサプライチェーンを構築しその効率化を追求している。そのサプライチェーンをグローバル化していると同時に，そのグリーン化を求めている。そのことは，1次サプライヤーであるヤマウチにとっても当然当てはまり，同社はグローバル化を進め顧客ニーズへの対応を急いでいる。また，同社自身が自らのサプライチェーンのグリーン化を推進している。そこには，取引先である顧客からサプライヤーへの普及，サプライヤーの親会社から海外子会社へ，さらにはそのサプライヤーへの普及が見て取れる。このとき，環境マネジメントシステムや環境取り組みの移転について，ヤマウチの親会社は，海外子会社に対してモデル工場の役割を果たしている。

　経営戦略的には同社はニッチ＆グローバル戦略の下で，供給する製品のグローバルな標準化を目指している。グローバルな標準化とは，言い換えれば，グローバルな標準規格を獲得する顧客企業に対応した製品開発をし，供給するということである。同社の顧客は世界のリーダー企業であり，それらのリードユーザーのニーズに対応することは，先進的な製品開発の機会を手に入れ市場をリードする大きな力となる。リードユーザーとの取引関係を維持することが，同社が市場を確保し競争優位性を確保する上での重要な規定要因なのである。

　グローバルな標準化に対してマザー工場である日本国内工場が果たしている役割は，第1に，製品のグローバル・スタンダードへの速やかな対応である。同社の国内工場では，リードユーザーの試作品製造を行っている。その試作品製造はTPM活動の結果，短期間で可能になった。試作品・量産対応能力によってグローバルな標準化をいち早く実行できるようになっている。第2に，生産プロセスや方法のグローバル・スタンダード化である。国内3

工場および海外5工場のいずれの工場の製品をとっても同じように世界のニーズに応える必要がある。業界標準を獲得するためには，製品は世界トップ企業の仕様基準で生産され供給されなければならない。これに対しヤマウチでは，マザー工場である長田野工場がイニシアチブをとって，いち早く標準仕様を内部的に確立することができるようになっている。

(5) マレーシア子会社の環境経営取り組み

1）顧客企業との関係

次に，海外子会社であるヤマウチマレーシアの環境経営の取り組みについて検討する。前述したように，マレーシアに進出したのは1988年である。同社の主な顧客企業は世界的な多国籍企業である。同社による環境経営の取り組みは，これらの取引先と深い関係がある。つまり，持続可能性の理念においても，環境マネジメントシステムの構築においてももっとも早い段階で取り組んでいた先進的な多国籍企業と，ヤマウチは取引関係を結んでいる。

同時に，種々の環境規制や市場動向についても，取引先による情報提供や環境要請が，ヤマウチ単独では踏み込めなかったであろう水準に同社の環境経営の取り組みを引き上げている。取引先は情報のゲートキーパーとしての機能も果たしている。使用禁止化学物質を明示するRoHS指令に対処する必要のあった顧客企業は，サプライヤーに対してグリーン調達方針を示すなど，早急に対応するように指導してきた。ヤマウチはリードユーザーのこうした要求に積極的に対応していく必要があった。

顧客企業との関係をグリーン調達に関連して詳しく見てみよう。ヤマウチマレーシアは，2004年にリコーから，「Registration of CMS Certificate」（化学物質管理システム認証登録）の認証評価を受けている。リコーは，サプライヤーに対して環境マネジメントシステム（EMS）と化学物質管理システム（CMS）の2つを構築することを指導しているが，ヤマウチもその対象であった。リコーはグリーン調達を進めるにあたって，グリーン調達方針を提示してサプライチェーン管理を行い，サプライヤーの結果の管理からプロセスの管理に踏み込む必要を認識していた。そこで管理を徹底するために，サプライヤーが環境マネジメントシステムを構築することを求め，次のス

テップとして化学物質管理システムの構築を指導してきた。あわせて，グリーン調達基準を明示し，「禁止物質不使用証明書」の提示を求めている。

　こうした顧客企業によるグリーン調達の強化は，サプライヤーであるヤマウチにも必然的に波及する。ヤマウチは，同様のグリーン調達に関する要請を複数の企業から受け，対応を求められてきた。これに対する同社の積極的な取り組みは，顧客企業から認められ評価されるところとなった。

　日本国内での取引から始まって，親会社が対応するシステムを構築する。そこに新しい能力・行動が組織ルーチンとして確立される。さらに，親会社の組織ルーチンは海外子会社へ移転され学習されている。こうした学習された組織ルーチンは海外子会社の新たな組織能力となる。海外へ移転・定着させるために，本社から経験のある人材を必要に応じて送り込んでいる。

　ヤマウチマレーシアは，リコーの評価に加えて，パイオニア，ソニー，キヤノンからも同様の認証を受けている。ヤマウチ（本社）ではこのほか，パナソニック，京セラミタ，東芝，富士ゼロックス，LG電子，コニカミノルタからもグリーンパートナー認証を取得している。このようにヤマウチの環境への取り組みは，主要顧客からグリーンパートナーとして認定されている。

　この事実から，第1に，同社が，グリーン調達を実施している電機メーカー，精密機器メーカーにとって重要なサプライヤーであったこと，第2に，同社の環境問題への対応が早く，環境への取り組みにおいてリーダーシップが発揮されてきた。第3に，顧客企業との間に良好なパートナー関係を築き，環境マネジメントシステムが顧客，サプライヤー，海外子会社へと次第に普及していくことを理解することができる。それは，顧客企業の立場から見れば，海外を含めてサプライチェーン管理が強化されていることを示している。

2）委員会活動による組織内取り組み

　生産システムの総合的効率化を目指してヤマウチマレーシアは，本社のTPM活動をモデルに効率化活動を積極的に推進している。従業員が参加する7つの委員会があり，そのうち2つの委員会が環境に関連している。それはISO委員会と3R委員会である。ISO委員会は，ISO9001およびISO14001のミニ内部監査を行い，工場の環境パトロールなどを実施している。3R委員会は，子会社の実情に合わせた3R（Refuse；使用の中止，

Reduce；使用量の削減，Revise；適材への切り替え）を行うことである。これに加えて，ヤマウチマレーシアには５Ｓ委員会があり，３Ｒ委員会の前提として間接的な環境取り組みとなっている。５Ｓは日本企業でよく実践されているものであるが，同社ではこれを委員会活動に制度化している。このように，同社では，３Ｒ活動および５Ｓ活動が委員会によって組織的に実践されている。したがって，委員会の構成は子会社の実情に合わせてあり親会社と全く同じというわけではない。そこには，種々の創意工夫が行われている。

日本本社にはないISO委員会は，ISO14001を推進する委員会で，環境管理体制の中心を担っている。ヤマウチマレーシアでは，2001年8月にISO14001の認証を取得する以前の1998年にISO9001の認証を取得している。したがって，環境マネジメント体制を作る以前から同社ではISO委員会活動は行われている。

3）環境規制への対応

電気・電子製品ではRoHS指令やREACH規制の影響が大きく，グリーン調達が進んでいる。最終製品の規制遵守のためには，サプライチェーン全体にわたってグリーン調達を行う必要がある。この結果，サプライヤーは顧客の要請に応えると同時に，自らのサプライヤーに対してグリーン調達を徹底する責任を負っている。

ここでヤマウチマレーシア自身によるグリーン調達の仕組みを見てみよう。ヤマウチマレーシアの場合，注目されるのは環境マネジメントシステムが日常業務の中に組み入れられ機能していることである。そして，その取り組みおよびデータが可視化され，しっかりと文書化されていることである。

第1に，顧客対応として，RoHS指令対象物質については，項目ごとに各顧客企業からの要求内容を表にまとめ，自らの取り組み基準を明確にするとともに（表11-8），自身のサプライヤー企業に対してその調達基準を示し情報の共有化を図れるようにしている。活動目標の見える化と情報共有化が図られている。これによってヤマウチマレーシアのサプライヤーは，具体的に最終顧客企業の要求水準を知ることができ，その基準を達成するように動機づけが行われる。これは親会社のTPM環境推進室が作成し，海外に指示し

表11-8　顧客各社のRoHS指令6物質の基本仕様（一部）

種類		課題	A社		B社		C社	
			仕様	時間	仕様	時間	仕様	時間
鉛・化合物	パッキング	パッキング材料	合計100ppm	すぐに	合計100ppm	すぐに	合計100ppm	すぐに
	プラスチック	添加剤	1,000ppm	すぐに	1,000ppm	すぐに	100ppm	すぐに
	プラスチック	塗料・インク	1,000ppm	すぐに	1,000ppm	すぐに	100ppm	すぐに
	オイル	潤滑油として鉛を含む材料						
	メタル	鉛を含む合金	1,000ppm	すぐに	1,000ppm	すぐに	500ppm	すぐに
	メタル	鉛を含むスチール	基準以下	検討中	基準以下	検討中	基準以下	検討中
	メタル	鉛を含むアルミ合金	基準以下	検討中	基準以下	検討中	基準以下	検討中
	メタル	鉛を含む銅合金	基準以下	検討中	基準以下	検討中	基準以下	検討中
	メッキ	鉛を含むニッケルメッキ	1,000ppm	すぐに	1,000ppm	すぐに	800ppm	すぐに
カドミウム・化合物	パッキング	パッキング材料	合計100ppm	すぐに	合計100ppm	すぐに	合計100ppm	すぐに
	プラスチック	添加剤	100ppm	すぐに	75ppm	すぐに	5 ppm	すぐに
	プラスチック	塗料・インク	100ppm	すぐに	75ppm	すぐに	5 ppm	すぐに
	メッキ	カドミウムを含むメッキ	禁止	すぐに	禁止	すぐに	75ppm	すぐに
	メタル	カドミウムを含むメタル	100ppm	すぐに	75ppm	すぐに	75ppm	すぐに
水銀・化合物	パッキング	パッキング材料	合計100ppm	すぐに	合計100ppm	すぐに	合計100ppm	すぐに
	プラスチック	調剤	1,000ppm	すぐに	1,000ppm	すぐに	100ppm	すぐに
六価クロム・化合物	パッキング	パッキング材料	合計100ppm	すぐに	合計100ppm	すぐに	合計100ppm	すぐに
	プラスチック	Cr6＋を含む塗料・インク	1,000ppm	すぐに	1,000ppm	すぐに	100ppm	すぐに
	メッキ	クロム処理の材料・部品	1,000ppm	すぐに	1,000ppm	すぐに	100ppm	すぐに
	メッキ	クロム処理のアルミ，銅，鉛合金	1,000ppm	すぐに	1,000ppm	すぐに	100ppm	すぐに
	メッキ	Cr3＋を含む材料・部品	禁止	すぐに	禁止	すぐに	100ppm	すぐに
PBB	プラスチック	不燃材	1,000ppm	すぐに	1,000ppm	すぐに	100ppm	すぐに
PBDE	プラスチック	不燃材	1,000ppm	すぐに	1,000ppm	すぐに	100ppm	すぐに

（出所）会社資料。

ている。

　第2に，環境マネジメントの見える化対策として，環境規制に対するヤマウチマレーシアの対応は，まず事業に関連するいかなる法律があるのか，それに対してヤマウチマレーシアはどのような対応行動をとらなければならないのか，規制と顧客の要求内容を一覧表に作成して従業員によって見えるようにしている。マレーシアでは汚染防止にかかわる基本法ともいえる「環境の質に関する法」（Environmental Quality Act）で，1974年に制定され，改

正が加えられてきた。

　ヤマウチマレーシアでは，対応を必要とする環境項目を，「環境の質に関する法」をベースに，①大気汚染，②水質汚濁，③騒音，④土壌汚染と廃棄物管理，⑤顧客要求，⑥毒物・有害化学物質，の6種類に分けている。そしてこれらについて，(a) 適用される法律，(b) 適用される規制・要件，(c) 影響を受ける活動，(d) モニタリングの頻度，を一覧にして見える化を進めている。

　大気汚染について言えば，適用される法律は「環境の質に関する法」(1974年) の第22条，適用される規制・要件は大気浄化規則 (78年) の規制第26条，第27条がある。この規制の影響を受ける活動は大気汚染物質の排出である。これらのモニタリング頻度は，半年ごとあるいは年3回と示されている。同様に水質汚濁については，適用される法律は「環境の質に関する法」(74年) の25条である。適用される規則は，産業廃水規制 (2009年)，下水などの規制 (09年) である。これに対して毎月モニタリングが行われ，モニタリングは必ず記録を取ってその内容は監督官庁に提出されるようになっている。騒音，土壌汚染と廃棄物，顧客要求，有害化学物質についても同様に詳細が明記され，必要な行動を従業員が理解するように工夫されている。

　第3に，環境規制および顧客要請に対応して，具体的に必要な行動計画を作成し，対応すべき項目ごとに行動 (Action)，担当者 (Who)，実施時期 (When)，評価 (Review) の内容を整理して，見える化を進め，情報の共有がなされている。

　こうしてグリーン調達にかかわる環境項目に対する顧客企業の要請基準の一覧リストを作り，法規制と影響を受ける活動を一覧にし，行動計画を具体化し見える化と情報の共有化をしているのである。顧客要請，法規制，必要な対応行動を一覧表にしてわかりやすくしている。同社は環境対策の基本的内容をこの3つのレベルで見える化を進め，日常的活動へとリンクさせている。

4）サプライヤーの環境監査

　次に，ヤマウチにとってのサプライヤー（2次サプライヤー）に対しては，サプライヤーが納入する部品・材料についてグリーン調達方針を徹底するた

めに，サプライヤー環境監査レポート（Subcontractor Audit Report）を作成している。この種の監査は，まずヤマウチ本社とリコーなどの顧客企業との関係において行われ，そこではヤマウチは監査される立場にある。次に，サプライヤーに対しては，ヤマウチが監査する側である。監査レポートは，外注先の2次サプライヤーに環境対策の取り組みについて年に一度ヤマウチが監査を実施し，その内容をまとめたものである。報告書の内容は，目的，監査対象，確認事実，結論，にまとめられデータが添付されている。

付随してヤマウチマレーシアは，サプライヤーに対して環境関連物質不使用証明書の提出を求めている。同社は，30物質のリストを作成してグリーン調達の付属資料としてサプライヤーに提示している。そのリストでは，PCB，水銀有機化合物，アスベスト，オゾン層破壊物質，PVCなどが禁止物質と明記され，鉛，カドミウム，クロム，水銀，PBB，PBDEなどの基準値が明記されている。

こうした監査システムは，主要顧客であるアセンブラーからヤマウチ，続いてヤマウチからその海外子会社，さらには2次サプライヤーへと，グリーン調達や環境対策行動が徹底される仕組みの一部となっている。

こうして，ヤマウチでは，第1に，環境経営の取り組みが顧客企業との取引関係を通して大きく推進されている。それは，グリーンパートナーシップの形で主要顧客との間に形成されている。第2に，国内工場が海外事業への移転のモデルとなっている。長田野工場をマザー工場として，意識的に展開している。第3に，顧客に対しては，海外子会社でも日本本社と同等の製品・サービスの提供ができるように努め，グローバル&ニッチ戦略を展開する本社基準で行動している。第4に，サプライヤーに対しても，特にグリーン調達に関しては明確な基準を示し，サプライヤーの対応を求めている。

以上のように，ヤマウチマレーシアのケースは，メーカーである多国籍企業，1次サプライヤー（ヤマウチ），2次サプライヤーの間に環境経営の方針や調達基準，環境マネジメント体制が波及していく仕組みをよく表している。そこには，顧客の多国籍企業からヤマウチへ，ヤマウチの中で本社から海外子会社へ，海外子会社からさらに2次サプライヤーへと環境取り組みが拡大している。先進国から発展途上国へ，多国籍企業からサプライヤーへと

環境経営が移転され波及する経路が認められる。こうした組織能力の移転と向上は，資源ベース論が指摘するように経路依存的で累積性があり，それゆえにサプライチェーン全体にわたる環境能力の構築には時間がかかることを意味している。

3 ジェイテクトによる環境経営と海外移転

(1) 会社概要

　株式会社ジェイテクト（JTEKT。以下，ジェイテクト）は，光洋精工株式会社と豊田工機株式会社が，2006年1月に合併して設立された。13年3月期の資本金は455.9億円，従業員数は単体で1万651人，連結で4万1714人である。同社の主要製品は，自動車関連のパワーステアリング，駆動部品，軸受，工作機械である。

　同時期のセグメント別売上高は，ステアリング・軸受・駆動系部品の機械器具部品が売上高の86.3％を占め，工作機械が13.7％である。軸受の用途は，一般に自動車部品，産業機械（鉄鋼，鉄道，航空・宇宙，建設機械，医療機器）などがある。同社のステアリングおよび軸受は大半が自動車業界向けである。地域別の売り上げ構成は，日本50.8％，北米17.2％，欧州13.0％，アジア・オセアニアその他19.0％である。グローバルに事業が展開されている。

　また，ジェイテクトの連結売上高の20.92％がトヨタ自動車向けである。合併前の豊田工機がトヨタ自動車から独立した企業であることもあって，2013年3月期でトヨタ自動車の資本所有が22.6％あり，同社はトヨタ自動車グループに属している。しかし，同社の取引先は，後述するように多くの国内外自動車メーカーであり，グループ外への販売が一貫して行われてきた。

(2) 環境への取り組み

　現在の自動車産業では，サプライチェーン管理が事業の安全・効率化および環境保全の2つの理由から強く推進されている。このことは，部品サプライヤーと組立メーカーの事業が可能な限り一体的に管理される要求が強くなることを意味する。そのサプライチェーンは，膨大な数の部品と，サプライ

ヤー，ディーラー，広範な販売地域に加えて，CO_2および化学物質の削減というきわめて複雑な要因によって構成されたシステムであり，その中で合理的なシステム構築を企業は追求している。合理性を追求するサプライチェーン活動は，同期化やスピード化を目指していると理論的には考えられている（Liker, 2004）。しかし，ヒアリング調査によってサプライヤーの活動を見ると，サプライチェーンの諸活動は一体化されシステマティックに実行されているというよりは，諸活動の相互調整の高度化や取り組みの見える化を推進している段階のようである。

　ジェイテクトグループの環境への主な組織的取り組みとして，第1に，ISO14001に対応した環境マネジメントの推進体制を構築することである。同社の環境マネジメント体制は，本社の「地球環境保全委員会」の下に，国内18社，海外現地法人32社の合計50社で，グローバル・ジェイテクトグループ環境連絡会と環境専門部会が設置され，環境問題にグローバルに取り組む体制を構築している。環境連絡会は年2回開催されている。

　環境専門部会は2013年には，環境対応製品対策部会，温暖化対策省エネ部会，物流部会，資源循環部会，汚染対策部会，環境リスク社会貢献部会があり，組織横断的に構成されている。さらに，各国の工場に作られた環境保全委員会にその活動が落とし込まれ実行される仕組みを作っている。

　この管理体制は，海外において，例えばアセアン地域の各子会社では地域統括会社の統制の下で，安全環境管理委員会（Environment Safety Management Organization）が組織横断的に毎月開催され，課題の解決策の協議や意見交換をしている。そこでは統一したフォーマットで各子会社の環境行動計画が作成され，方針および実績のチェックが行われている。

　環境マネジメント体制の具体的な取り組みであるISO14001の認証取得状況について見ると，2012年3月期時点でジェイテクトでは国内・海外のグループ環境連絡会企業50社のうち，国内15社，海外29社が認証を取得している（『CSR報告書2012』）。

　第2に，ジェイテクトでは，本社が「2015年環境行動計画」を策定し，2011年から15年の5カ年の活動計画に沿って行動している。その行動計画では7つの環境管理重点テーマを掲げている。①環境配慮型製品の開発および

設計,②消費エネルギーの有効活用によるCO_2削減,③廃棄物の削減,④化学物質管理の徹底および環境負荷物質の削減,⑤主資材,副資材の削減,⑥物流に関するCO_2削減,⑦地域環境の維持および改善,地域社会とのコミュニケーションの構築である(ジェイテクト『CSRレポート2013』)。同社の主要事業所では,国内,海外ともこれらの活動計画目標が立てられ,活動が実行展開され,その評価が行われている。タイのアセアン地域統括会社においても本社行動計画に沿って同様の行動計画を策定している(表11-9)。

第3に,ジェイテクトでは,国内事業所,国内グループ会社,海外事業所の事業所別の環境データをまとめて発表している。国内事業については,マテリアルバランス・データの作成で,インプットデータ(エネルギー使用量,水使用量,化学物質取扱量),アウトプットデータ(温室効果ガス,NOx,SOx,化学物質,大気排出量,排水量,COD,窒素,リン,化学物質水域排出量,売却リサイクル,逆有償リサイクル,廃棄物,化学物質移動量)が算定されている。また,水質データ(pH,COD,BOD,SS,油分,窒素,リン),大気質データ(ばいじん,NOx,SOx),PRTR対象物質,騒音・振動データが事業所別にまとめられCSRレポートで公表されている。さらに,2013年にはScope 3に対応するデータを発表している。

(3) 海外子会社による環境経営取り組み

続いて,マレーシア子会社およびタイの地域統括会社の事例を通して,海外事業所におけるジェイテクトの環境経営について考察しよう。

1) マレーシア子会社(JAMY)の展開

マレーシア子会社(JAMY:JTEKT Automotive(Malaysia)Sdn.Bhd.)は,1990年に設立されている。当初の出資比率は,トヨタ自動車50%,光洋精工40%,UMWT10%であった。UMWTはマレーシアトヨタのことである。その後,出資比率の変更があり,現在はジェイテクト90%,UMWT10%である。マレーシア子会社では,マニュアルステアリングギア,油圧パワーステアリングギア,電動マニュアルステアリングギアを主に生産している。ペルドゥア(PERODUA),ダイハツ(Astra・Daihatsu Motor),トヨタ(タイ,インドネシア)が主要顧客である。ダイハツはマレーシアの第2国

第11章　部品サプライヤーによる環境経営移転

表11-9　アセアン地域子会社による環境行動計画の要約

重点テーマ	取り組み項目	年度目標・方針	年度活動実績
環境経営	① 環境経営の強化と推進	安全環境管理委員会の確立（毎月開催）内部監査の実施	新委員の任命 内部監査年2回実施
	② サプライヤー選択	認証取得済サプライヤー選択を優先	サプライヤー評価時に認定を確認，不認定は取り組み支援
	③ 研修教育活動の推進	研修実施	6，10月に研修実施
環境配慮型製品の開発・設計	① 顧客の新技術開発に協力	顧客の要望に応ずる	トヨタよりEU基準に基づいた要請
	② SOCs確認		10種類化学物質禁止
CO_2排出量削減	① エネルギー使用CO_2削減	水道 電気	ポリケース洗浄機廃却し手作業洗浄 休憩時の生産ライン冷房停止
	② 生産改善によるCO_2削減	段取替え時間短縮，作業内容改善	屋根・壁一部透明化
	③ 物流改善によるCO_2削減	ミルクランによる調達物流	走行距離短縮
	④ LED電灯の利用推進	蛍光灯の切り替え	工場消費電力削減
廃棄物削減	① 改善による生産廃棄物の削減	ホブカッターと再研磨の内製化	梱包材リサイクル
	② 不良品・危険物の廃棄物削減		
化学物質管理の徹底と排出低減	① 排水物の管理		月1回外部業者測定，社内で改善対策
	② 間接部門による化学物質利用の削減	食堂・トイレ（負荷の少ない洗剤）	
主資材・副資材の削減	① 利用改善	高額ツールの在庫削減	ホブカッターと再研磨の内製化
地域環境の維持および改善，コミュニケーションの構築	① ISO14001認定活動推進	内部・外部監査実行	問題発見・対処
	② 植樹活動		市民植樹活動参加
	③ 環境安全月間		
	④ 近隣住民との交流		年2回近隣住民との懇談会，周辺掃除

（注）2015年環境行動計画。年度目標と実績は2012年。
（出所）会社資料より作成。

民車を生産する PERODUA の合弁相手である。

　マレーシア子会社では，1998年に ISO14001の認証を取得した。それは顧客であるダイハツおよびトヨタからの要請に対応した行動であった。国内での関係が海外でも構築されている。環境対策についてマレーシア子会社では，日本本社の安全環境管理委員会をモデルに，安全環境管理委員会を組織している。同委員会は組織横断的なメンバーから構成され，毎月開催されている。委員会は環境行動計画を策定し実施している。

　化学物質に関しては，顧客であるマレーシアトヨタ（UMWT）から，グリーン調達マニュアルが示され，それに沿って，RoHS 指令の6種類と SOC（Substances of Concern）規制の4種類の物質管理を実施している。マレーシア子会社では，2012年で71％のサプライヤーが ISO14001の認証を取得している。同社は，取引関係においては，ISO14001認証取得のサプライヤーを優先的に選択している。購買担当者は，月に1度は2次サプライヤーを訪問している。仕入先改善はコスト削減に結びつくので，支援的な訪問が行われる。その場合の訪問は製造・技術スタッフが中心になっている。

　仕入先（2次サプライヤー）は2013年3月時点には64社あり，その国別所在地は，マレーシア15社，日本27社，タイ20社，中国1社，フィリピン1社である（表11-10）。マレーシア国内の仕入先の内訳は，日系企業4社，ローカル企業9社，合弁企業2社である。したがって，仕入先の約半数が日系企業となっている。これに比較すると，タイの JTC（JTEKT Thailand Co.）の仕入先は，タイ国内が65社，海外からの輸入が10社である。タイ国内の内62社は日系である。つまり大部分がタイに進出した日系企業である。これは，タイに日系サプライヤーの集積が進んでいることを反映している。

　次に，マレーシア子会社のこれら仕入先（2次サプライヤー）との間の人材派遣・受入について見ると，その事実は認められなかった。しかし，技術・管理面の支援については，マレーシア国内の仕入先については交流が確認され，日系，ローカル，合弁の形態にかかわらず支援が行われている。他方，海外仕入先については，距離的コストを考えれば当然といえるが，技術・管理的な支援はすべての企業について認められなかった。

　さらに，2次サプライヤーとの技術面，管理面の交流に関しては，仕入先

表11-10 マレーシア子会社（JAMY）とサプライヤーの関係

(社)

仕入先所在地	ISO14001認証取得		人材派遣・受入		技術・管理支援	
	有	無	有	無	有	無
マレーシア国内						
日系	2	2	0	4	4	0
ローカル	1	8	0	9	11	0
合弁	0	2	0	2	0	0
日本	27	0	0	27	0	27
タイ	19	1	0	20	0	20
中国	1	0	0	1	0	1
フィリピン	1	0	0	1	0	1
合　計	51	13	0	64	15	49

（注）2012年12月現在。
（出所）会社資料より作成。

認定，組織体制監査，生産準備段階での指導，工程整備段階での立会，量産前立会，量産開始後の品質定期監査，異常時の指導，VA（価値分析）検討などが頻繁に行われている。

　2次サプライヤーの変更は，日本本社に相談し，主要顧客であるトヨタ自動車とも相談した上で実施される。組立メーカーにとってサプライヤー変更に伴う部品や材料の変更は大きな潜在リスクであるからである。部品・材料の変更は，他の部品との相互作用の中でその耐久性，機能に予期せぬ影響を及ぼす可能性があり，大規模なリコールに発展しかねないからである。したがって，部品・材料の変更は本社の承認がないと決定することはできない仕組みとなっている。マレーシア子会社と顧客であるトヨタおよびダイハツとの関係は，労災・事故などの安全面の研修のほか，技術や環境についての個別会議も行われる。トヨタからは，品質チェック，監査チェックのため担当者の来社がある。

2）タイ地域統括子会社による環境経営取り組み

　タイへの進出は，1966年に光洋精工が軸受販売会社を設立したのに続き，89年に軸受製造会社（Koyo Manufacturing）を設立している。そして，95年にKoyo Steeringが設立されている。2006年に光洋精工と豊田合成の合併

によってJTEKT（Thailand）Co.Ltd（JTC）が設立された。JTCに対してはジェイテクトが95.8％の出資比率となっている。従業員数は1728人で，軸受32％，ステアリング33％が主要生産品目である。02年にバンコクから現在地のバンパコンへ移転した。

　ジェイテクトは，海外事業について地域統括会社システムを採用している。自動車部品メーカーにとって，タイは重要な生産拠点であり，同社のアセアン地域統括機能はタイに置かれている。アセアン統括会社には，アセアン現地法人社長からなる経営会議が設置されている。この経営会議は，横の連携をつくる組織でタイ子会社が統括している。ただし，タイを除く営業はシンガポール子会社がカバーしている。アセアン各国の営業情報はタイに送られ，統括されて統合的情報として日本本社へ送られる。

　タイの地域統括会社は，タイ，ベトナム，マレーシア，シンガポール，インドネシア，フィリピンの6カ国の生産営業活動の統括をしている。地域統括機能を持つ地域として，欧州，米国，中国，インド，アセアン，日本の6カ国・地域である。タイはその内の1つを占めている。2015年のアセアン域内関税撤廃や地域内各国の経済発展を考えると，統括会社の重要性は大きい。

　地域統括組織は，法的実体を有する組織ではなくバーチャルな組織として認識されている。その点，まだ統括機能が確定し独自の組織およびスタッフを置く段階には達していないことを示唆している。統括組織は，トップである社長の下に監査・CSR，経営，営業，技術，調達，生産の6部門がある。各部門の長は，地域にある主要子会社の中から責任者が兼務している。6部門中5部門は，タイ子会社であるJTCの担当者が責任者を兼務している。地域統括会社は，表11-11にあるような統括機能を備えている。

　統括組織は，地域事業戦略の策定とその推進の役割を担っている。その活動内容としては，定期的な統括機能会議の実施，定期的な監査の実施，地域内各社の業績・個別課題の把握とそれへの対応，アセアン会議における各機能状況の把握と日本への発信を行うことにしている。各機能が，国別海外子会社において貫徹されるためには，それぞれの子会社レベルでのスタッフの育成が必要である。その育成計画を立て実施することも統括組織の仕事である。

第11章　部品サプライヤーによる環境経営移転

表11-11　アセアン地域統括会社による統括機能

機　　能	役　　　　割
CSR・監査	JTEKTグループCSR方針のアセアン展開 アセアン内のJ-SOX・内部監査の実施 アセアン専任担当者の追加派遣
原価企画・管理	アセアン地域の原価企画・管理の充実 見積もり精度の向上 アセアン統一システムの導入
営業	アセアン全体の営業情報の見える化と統一した営業戦略の展開 各国客先に密着した営業活動の強化
技術	顧客の技術案件を迅速対応 アセアンでのプラス品質を付加した製品の提供 アセアンでの技術ニーズの発信
調達	アセアン地域の最適調達（仕入先台帳の整備） 価格ベンチマーク，サプライチェーンの見える化
生産企画・管理	アセアン地域の生産企画・管理 最適生産の最適物流の検討

（出所）会社資料より作成。

　グループ会社で見られた環境専門部会は，地域統括会社の下に安全環境委員会が組織横断的に毎月開催され，各子会社の課題の解決策の協議や情報交換をしている。また，そこでは統一したフォーマットで各子会社の環境行動計画が作成され，方針および実績のチェックが行われる。

　アセアン地域に統括機能を持たせる動きは，日本企業全体で考えてもまだ多くはない。各社はシンガポールにマーケティング機能に特化した統括機能を置いていることが多く，生産機能の統括はその必要性を認識し始めた段階である。アセアン地域の経済発展を考えると，その重みはさらに増大することが予想される。タイ子会社の統括会社としての設置はまだ日が浅い。地域統括のシステムが十分確立されているとは考えにくいが，経営の方向を示すものでその仕組みを整えつつある。

　このように，ジェイテクトの場合も，本章の他の事例と同様に，取引先との一体的な関係の中で，環境取り組みがグローバルに進み，海外事業をその影響下に置いている。日本の親会社の方針・行動計画の下で，それに対応し

た行動計画が海外子会社でも策定されている。日本本社と海外子会社の取り組みは，相同形をなして本社から海外子会社へ取り組みが移転されている。それは，サプライヤーに対しても取り組みを求め，あるいは奨励して2次サプライヤーへ，海外へと波及する様子をくっきりと示している。

ジェイテクトの場合は，タイ子会社が地域統括会社としての機能を持つようになり権限の強化と取り組みの主体性を発揮する段階に進んでいることが特徴の1つである。地域統括会社として次第に環境経営にも権限を拡大しながら，独自の取り組み方法が加わるものと考えられる。

4　結び

本章では，部品サプライヤーにおける環境経営の取り組みの海外移転と，サプライチェーン管理の特質を考察した。実証分析で取り上げた環境マネジメントシステムおよびグリーン調達システムの2つの代表的な取り組みのサプライチェーンへの波及に加えて，事業所内での組織能力の向上に向けた日常的な活動および顧客・サプライヤー関係について考察した。

事例分析によって，完成品メーカーである多国籍企業から，その国内部品サプライヤーへ，さらには部品サプライヤーからその海外子会社の間に，密接な関係が構築され環境経営が実践されてきていることが具体的に明らかとなった。環境への取り組みは日本本社の取り組みが基礎であり，その経験をともに海外事業への移転が行われている。そして，移転のための指導と受入側の学習・訓練によって，組織としての能力を高めるシステムが制度的に作られてきている。また，2次サプライヤーに対しても，明確な対応を求めている。こうして環境経営の仕組みおよび組織能力がサプライチェーンの組織に着実に移転・普及している実態が明らかになった。

第12章　結論と展望

1　本書の要点

　先進国の主要企業は，環境経営に積極的に取り組み始めている。それは国内事業のみならず海外事業において，また自社の製造工程のみならずサプライチェーン全体において強まっている。本書は，ベトナムおよびタイにおける日本企業の海外子会社を対象に質問票調査を行い，これまでの研究では取り上げられてこなかった環境経営取り組みとその海外移転の関係について分析した。資源ベース論・組織能力論を中心に先行研究の考察をした上で，独自の分析モデルによって実証的な分析を行った。加えて，個別企業の取り組みを事例によって明らかにした。

　本書の分析結果は，まず両国において日本企業の海外事業で環境経営が着実に浸透していることを示している。また，その取り組みが海外のサプライヤーにまで波及する傾向があることを示している。本書の分析結果を第3章で示した仮説に沿って説明すれば，次のようになる。

　仮説1「環境経営の取り組みが進んでいる多国籍企業は，海外子会社の環境経営の移転に積極的である」については，海外子会社の環境戦略および組織的取り組みについて，親会社からの移転が確認できた。つまり，親会社の環境方針・戦略が反映している親会社の組織的取り組み（環境マネジメントシステムの構築，グリーン調達の実施）が，海外子会社の環境戦略（環境達成目標の設定，海外子会社トップの環境リーダーシップの発揮）を規定し，海外子会社の組織的取り組みを促進している。

　また，海外子会社の環境マネジメントシステムの構築には，海外子会社トップの環境リーダーシップの発揮よりも，親会社の設定する環境方針・戦略の下で追求される環境達成目標の設定がより重要である。それは，親会社

の環境経営に係る方針・戦略に沿って構築される組織能力が海外子会社の組織的取り組みの基盤となることを示唆している。

　仮説2「多国籍企業による環境経営の海外移転は，現地の政府，顧客企業，地域社会に係る外部要因に影響される」に関しては，「多国籍企業（親会社）の環境方針・戦略の海外移転は，現地の政府，顧客企業，地域社会に係る外部要因に影響される」ことが明らかになった。つまり，外部要因としての現地政府の環境規制，顧客企業の環境要請，地域社会の環境要請は，親会社から海外子会社への環境戦略の移転に直接的な影響を与える。そして，海外子会社がその環境戦略に基づいて組織的取り組みを促進させることで，外部要因は間接的に海外子会社の組織的取り組みを強める働きをしている。

　また，海外子会社の環境経営の成果である環境パフォーマンスについて，水質汚濁防止には地域社会の環境要請，大気汚染防止には現地政府の環境規制が有意な影響を与えている。広域被害を及ぼしやすい大気汚染防止には政府の役割が重要となり，局地的な被害を及ぼすことの多い水質汚濁防止には，地域社会からの要請が環境取り組みの促進要因となる。

　仮説3「海外子会社の環境パフォーマンスは，海外子会社の環境経営の取り組みにより高められる」に関しては，「海外子会社の環境パフォーマンスは，海外子会社の環境戦略に促進された組織的取り組みの実践により高められる」ことが明らかになった。つまり，海外子会社の環境戦略による直接的影響というよりは，組織による実践に基づくとき環境パフォーマンスが高められる。したがって，親会社の環境戦略に規定された戦略・目標の下での海外子会社の組織的取り組みが，環境パフォーマンスの向上には重要となる。

　また，法的な規制値がある環境汚染物質（水質，大気質）に対しては，海外子会社トップの規制値遵守の意識や行動が間接的な影響を与えている。一方，一義的な法的規制値のない環境汚染物質（廃棄物，CO_2）には，自主的な目標設定およびそれに基づく組織的取り組みが強い影響を与えている。

　仮説4「環境経営の取り組みが進んでいる海外子会社は，サプライヤーへの環境経営の移転に積極的である」に関しては，「環境経営の組織的取り組みの実践が進んでいる海外子会社は，サプライヤーへの環境経営の移転に積極的である」ことが確認できた。つまり，海外子会社の環境戦略そのもので

第12章　結論と展望

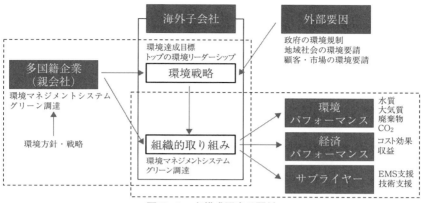

図12-1　各構成要素の関係

はなく，組織的取り組みが実践されることが，サプライヤー支援に結びついている。サプライヤー支援の直接の源泉は，環境マネジメントシステムやグリーン調達などの具体的な取り組みであり，それを実践する海外子会社の経験と組織能力が重要である。

仮説2，3，4より，海外子会社の環境戦略は，外部要因および親会社の環境方針・戦略により促進される一方，環境パフォーマンス，サプライヤー支援は，海外子会社の環境戦略そのものではなく，環境戦略に基づく組織的取り組みの実践によって高められる（図12-1）。海外子会社の環境戦略は親会社の環境方針・戦略が反映したものであり，海外子会社の環境戦略および組織的取り組みに対する親会社の影響力と，環境パフォーマンスとサプライヤー支援に対する海外子会社の組織的取り組みの実践の重要性が指摘できる。

仮説5「CSR評価が高い多国籍企業は，環境経営の海外移転に積極的である」に関しては，「CSR評価が高い多国籍企業は，グリーン調達の海外移転に積極的である」ことが明らかとなった。企業の社会的責任に対する外部の評価は，他の条件を一定とすると，法令遵守や環境経営取り組みが進んでいるならば高められるであろう。こうしたCSR評価が高い企業は，社会的責任として求められる環境問題についても意識が高く，環境投資に積極的になると推測される。分析の結果，CSR評価の高い企業は，グリーン調達の海外移転を促進することが示された。また，CSR評価のみならず，地域社

表12-1　多国籍企業（親会社）の取り組みと環境経営の海外移転の関係

親会社の取り組み		海外子会社への移転	
環境	環境マネジメントシステム（PMANA）グリーン調達（PGREN）	→ 環境マネジメントシステム（MANA）	○
		→ グリーン調達（GREN）	○
社会	CSR	→ 環境マネジメントシステム（MANA）	×
		→ グリーン調達（GREN）	○
経済	ROS	→ 環境マネジメントシステム（MANA）	○
		→ グリーン調達（GREN）	×

（注）○：5％水準で有意，×：5％水準で有意でない。

会の環境要請もグリーン調達に影響を与えており，企業の社会的責任に対する外部の評価や圧力が，グリーン調達移転の促進要因となっている。

　仮説6「業績が良い多国籍企業は，環境経営の海外移転に積極的である」に関しては，「業績が良い多国籍企業は，環境マネジメントシステムの海外移転に積極的である」ことが確認できた。企業による環境への取り組みには，明確な規制に対応する取り組みと，より自主的な取り組みの2種類があり，それぞれが強められるのは異なる要因に拠る。すなわち，グリーン調達は業績にかかわりなく，規制に関連する取引条件として重要な要件となっている。一方，企業の自主性にまかせられる環境マネジメントシステムには規制政策として明示的な基準がない。そのため，環境マネジメントシステムは業績（ROS）との連動性があり，業績によって左右される可能性が高いと考えられる。

　以上の仮説1，5，6より，多国籍企業（親会社）の環境面，社会面，経済面での特性・取り組みが，環境経営の海外移転にどのような影響を与えているかを検証し，その結果を表12-1に整理して示した。親会社の環境への組織的取り組みは，海外子会社の環境マネジメントシステム，グリーン調達の

移転に寄与し,親会社のCSR評価は海外子会社のグリーン調達,親会社の業績は海外子会社の環境マネジメントシステムの移転に有意に影響を与えることが明らかとなった。

2 意義と課題

環境経営の海外移転については,環境技術の移転や,ISO14001およびグリーン調達の海外での実践という意味で個別の問題が取り上げられることはあったが,環境経営そのものの海外移転を論じた研究は海外研究者によるものを含めてわずかである。

本書の理論的特徴は,環境経営の海外移転という新しいテーマを資源ベース論・組織能力論に依拠しながら解明していることである。資源ベース論・組織能力論は,環境や経済のパフォーマンスが向上する要因および海外子会社への移転と組織能力の形成のプロセスを説明する重要な視点を提供している。事業をグローバルに展開する多国籍企業は,同時に環境経営を海外事業に移転しつつあるが,それによって価値創造を行い市場における競争優位を強めようとしている。機能の海外移転と価値創造に注目すれば,環境経営の移転は価値連鎖の理論によっても説明することができる。その意味で,組織能力論と価値連鎖の理論の視点を持つことが環境経営の分析には有用である。

本書は,環境経営論の分野で新しい研究成果を示したとはいえ,いくつかの点で限界がある。

第1に,われわれの分析は,ベトナムおよびタイという2カ国の日系子会社を対象に行った質問票調査データに基づいている。われわれの調査対象は製造業子会社でありサンプル数が限られている。したがって,より多くのサンプルを使ってさらに詳細な分析をすることが望まれる。また,環境規制の強さは,国によって異なる。それゆえ,異なる社会的条件の下では全く同じような移転結果が得られるとは限らないであろう。限られた調査対象から得られた分析結果は,対象を拡大し検証する必要がある。

第2に,分析モデルについては,より特定の関係,特定の側面に限定した分析を意図するならば,分析モデルも用いられる変数および指標もより詳細

なものになるであろう。その意味で，新しいモデルが開発されるべきである。

　例えば，多国籍企業の経営戦略と受入国企業の学習能力あるいはリーダーシップの関係の分析には新しい説明変数が必要である。あるいは，多国籍企業の経営システムとして，グローバルな調達活動とサプライチェーン管理がどのように行われるのか，さらに，受入側である海外子会社や途上国企業がいかに自立的な組織能力を獲得していくのか，そのプロセスや促進要因を明らかにすることも新しいモデルが必要である。これらは今後の重要な研究課題となるであろう。

　第3に，われわれの研究では，国際的なサプライチェーン全体への波及がまだほとんど明らかではない。本書の研究は，1次サプライヤーを通して2次サプライヤーまでの波及について考察している。それゆえ，複雑なシステムとしてのサプライチェーンの全体構造を解明し，部品サプライヤー，原材料サプライヤー，原料生産者に広げたサプライチェーン管理がどのように行われるのか明らかにすることが必要である。

　また，サプライヤーには完成品メーカーと直接取引をする1次サプライヤーとそれ以外のサプライヤーがある。そして，サプライヤーの最大取引先への取引依存度も多様である。また，現地資本サプライヤーと外国資本サプライヤーの違いがある。その中には，合弁事業と完全所有のサプライヤーがあり，サプライヤーの出資比率によって経営の主体性が異なるであろう。したがって，サプライヤーの行動は，こうした条件によって影響を受ける可能性がある。その意味で，先進国企業がグリーン調達を行うときに，国際的なサプライチェーンの構造を明らかにしながら移転のプロセスを分析することは，今後の課題である。

　最後に，われわれの分析をもとに環境経営の国際移転を促進するための政策的インプリケーションについて要約的にまとめることにしよう。企業は，持続可能な社会のために中心的な役割を果たす必要がある。そこで，企業による環境経営取り組みを政策的に促進するにあたっては，次のことが求められる。

　第1に，企業の環境技術や環境マネジメントシステムが円滑に移転され普及するためのインセンティブを整備しなければならない。移転・普及が抑制

されるのは，インセンティブが不足することの裏返しである。環境経営を国際的に広めることが有利となる政策的な措置は，税制や市場的手段まで多様である。したがって，インセンティブにかかわる国際的に適用される共通基盤（プラットフォーム）を用意することが求められる。それには政策効果を理論的かつ実証的に明らかにした上で，適切な政策を実現することが求められる。

第2に，発展途上国企業や中小企業による環境取り組みを可能にさせ，サプライチェーン全体の取り組みを促すには，取り組みプログラムの開発や環境影響の測定について実用的な手法を考案し提供する必要がある。環境達成目標や環境負荷削減・コスト削減の結果の見える化が行われるならば，中小企業にも取り組みが容易になるであろう。わが国でISO14001の代わりとして普及しているエコアクション21のような，中小企業向けの簡略化した方法が開発され普及することが望まれる。環境への影響を測定把握するソフトウェアの開発，その無償提供，関連するデータなどの整備が考えられる。

第3に，地球温暖化に関しては，因果関係の複雑さが加わって量的規制の導入は各国利害の対立によって十分機能していない。規制の導入には限界があり，そのため，企業による自由裁量的な行動を求める政策が持続可能な社会の実現にとってますます重要な役割を果たすであろう。市場機能を活用した政策が強まれば，企業はより積極的に環境へ取り組むことを有利と感じ，グローバルなサプライチェーンにも環境取り組みを広める可能性が高くなるであろう。ISO14001が自主的な取り組みによって推進されているように，自主的な取り組みを強める環境づくりが大切である。自主的な取り組みは，イノベーションにとって重要な促進要因である。目標の設定は明確にしながらも，手段の選択には柔軟性とイニシアチブを与えることが創造的な活動には重要である。

第4に，企業および社会の環境意識を高め，多様なアクター（主体）による大きな連携が作られれば，それはより有効なものとなろう。このためには環境NGO/NPOの役割が重要で，これまですでに企業の取り組みを後押ししてきた。例えば，GRI（グローバルレポーティングイニシアチブ），世界自然保護金（WWF），ナチュラルステップなどの環境NGO/NPOによる情

報開示ガイドラインや行動の規範・目標を設定する活動がある。それゆえ，サプライヤーを含む企業間のみならず，政府，非営利組織，地域社会，市民が連携して大きな仕組みとして組織することが有効である。この種の連携はソーシャルビジネスの形でも広まりつつあるが，環境問題についても大きな可能性を有している。海外へアウトソーシングしている企業が，現地のNGO・NPOから取引先が社会的，環境的に問題がある場合に指摘を受け，NGO・NPOとの協力によって事態を改善することがしばしば見られるようになった。環境問題には，企業でも政府でも有効に取り組んでこなかった領域が広範囲に存在している。企業にも政府にも個人にも，そうした連携のイニシアチブと連携への支援が重要となる。

　なお，この種の連携の推進には，企業活動の透明性を高めることが1つの重要な前提条件となるであろう。透明性を高めるとは，組織内に対しても組織外に対しても環境取り組みや環境情報が開示されることである。情報開示が進めば，多くの組織が情報を共有することになり，環境の質を改善するために協働する可能性が高まる。組織内では透明性を高めることによって，組織としての環境理念・目標が明確になり，従業員の動機づけともなる。そして目標の共有は，課題の解決に向けて多様な組織が協働する機会を増やすであろう。その意味で，情報開示を進め，取り組みの透明性を高めることが求められる。

参考文献

浅沼萬里 (1984).「日本における部品取引の構造」『経済論叢』, 133(3), 241-262.
浅沼萬里 (1989).「日本におけるメーカーとサプライヤーとの関係」土屋守章・三輪芳朗編『日本の中小企業』東京大学出版会, 61-78.
安保哲夫編著 (1988).『日本企業のアメリカ現地生産』東洋経済新報社.
安保哲夫編著 (1994).『日本的経営・生産システムとアメリカ』ミネルヴァ書房.
安保哲夫・板垣 博・植山邦雄・河村哲二・公文 溥 (1991).『アメリカに生きる日本的生産システム』東洋経済新報社.
天野明弘 (2006).「環境と貿易」環境経済・政策学会編『環境経済・政策学の基礎知識』有斐閣, 114-115.
井口 衡・有村俊秀・片山 東 (2011).「サプライチェーンを通じた環境取組みの進展:上場企業サーベイによる GSCM の分析」『サステナブル・マネジメント』, 11(1), 159-173.
井口 衡・有村俊秀・片山 東 (2014).「日本企業におけるサプライチェーンを通じた環境取組みの連鎖について」『跡見学園女子大学マネジメント学部紀要』, 18, 123-137.
市村真一編著 (1988).『アジアに根付く日本的経営』東洋経済新報社.
植木英雄 (1982).『国際経営移転論』文眞堂.
小川英次 (1979).「日本企業の海外進出と技術移転」小川英次・木下宗七・岸田民樹編『日本企業の国際化』名古屋大学出版会, 17-45.
落合誠一 (1998).「企業法の目的:株主利益最大化原則の検討」岩村正彦編『岩波講座 現代の法7』岩波書店, 3-32.
加護野忠男・野中郁次郎・榊原清則・奥村昭博 (1983).『日米企業の経営比較:戦略的環境適応の理論』日本経済新聞社.
加納 裕・三浦麻子 (1997).『AMOS, EQS, CALIS によるグラフィカル多変量解析:目で見る共分散構造分析』現代数学社.
川辺信雄 (2011).『タイトヨタの経営史』有斐閣.
河村寛治・三浦哲男編著 (2004).『EU 環境法と企業責任』信山社.
環境省・経済産業省 (2012).『サプライチェーンを通じた温室効果ガス排出量算定に関する基本ガイドライン Ver. 1.0』環境省.
環境省 (2014).『IPCC 第 5 次評価報告書の概要:第 3 作業部会(気候変動緩和)』環境省.
㈶機械振興協会経済研究所 (2008).『グローバル・サプライチェーンの進展とモノづくり企業の環境経営戦略』機械振興協会経済研究所.
清成忠男・中村秀一郎・平尾光司 (1971).『ベンチャー・ビジネス』日本経済新聞社.
金原達夫 (2013).「環境イノベーションの歴史的展開」金原達夫・羅 星仁・政岡孝弘『地域中核企業の環境経営』中央経済社, 59-76.
金原達夫・金子慎治 (2005).『環境経営の分析』白桃書房.
金原達夫・金子慎治・藤井秀道・川原博満 (2011).『環境経営の日米比較』中央経済社.
國部克彦・下垣 彰 (2007).「MFCA のサプライチェーン展開」『環境管理』, 43(11), 37-43.

榊原清則（2012）.「リバース（反転）イノベーションというイノベーション」『国際ビジネス研究』，4(2)，19-27.
ジェトロ（2014）.『世界貿易投資報告2014年版』ジェトロ.
商工中金調査部（1983）.『下請中小企業の新展開』商工中金調査部.
除　寧教（2012）.「マザー工場制の変化と海外工場：トヨタ自動車のグローバル生産センターとインドトヨタを事例に」『国際ビジネス研究』，4(2)，79-91.
鈴木竜太（2013）.『関わりあう職場のマネジメント』有斐閣.
高　巖（2013）.『ビジネスエシックス「企業倫理」』日本経済新聞社.
谷本寛治（2006）.『CSR経営』NTT出版.
中小企業庁編（1990）.『90年代の中小企業ビジョン：創造の母体としての中小企業』通商産業調査会.
東洋経済編集部（2010）.『海外進出企業総覧』東洋経済新報社.
東洋経済編集部（2011）.『CSR企業総覧』東洋経済新報社.
豊田秀樹（1992）.『SASによる共分散構造分析』東京大学出版会.
豊田秀樹（1998）.『共分散構造分析：入門編』朝倉書店.
中川功一（2012）.「マザー工場，兵站線の伸び，自立した青年たち」MMRC Discussion Paper, No. 400.
中村秀一郎（1964）.『中堅企業論』東洋経済新報社（増補第三版，1976）.
林　吉郎（1985）.『異文化インターフェイス管理』有斐閣.
藤本隆宏（1997）.『生産システムの進化論』有斐閣.
洞口治夫（1992）.『日本企業の海外直接投資』東京大学出版会.
馬奈木俊介（2008）.「CSRと企業評価に関する分析」『環境科学会誌』，21(3)，235-238.
真鍋誠司（2002）.「企業間協調における信頼とパワーの効果：日本自動車産業の事例」『組織科学』，36(1)，80-94.
真鍋誠司・延岡健太郎（2003）.「ネットワーク信頼：構築メカニズムとパラドックス」神戸大学経済経営研究所，Discussion Paper, J50.
水口　剛編著（2011）.『環境と金融・投資の潮流』中央経済社.
宮崎正浩（2012）.「責任あるサプライチェーンマネジメント：紛争鉱物を事例として」『跡見学園女子大学マネジメント学部紀要』，13，55-69.
宮崎正浩（2013）.「持続可能なサプライチェーンマネジメント（SSCM）は企業業績を高めることができるか？」『跡見学園女子大学マネジメント学部紀要』，15，67-85.
山口隆英（2006）.『多国籍企業の組織能力：日本のマザー工場システム』白桃書房.
山本嘉一郎・小野寺孝義（2002）.『Amosによる共分散構造分析と解析事例』ナカニシヤ出版.
善本哲夫（2011）.「マザー工場と海外拠点間の技術移転・支援：エレクトロニクスメーカーのケース」MMRC Discussion Paper, No. 335.
安室憲一（1986）.『国際経営行動論』（改訂増補版），森山書店.
安室憲一（1992）.『グローバル経営論：日本企業の新しいパラダイム』千倉書房.
吉原英樹（1979）.『多国籍経営論』白桃書房.
吉原英樹・林吉郎・安室憲一（1988）.『日本企業のグローバル経営』東洋経済新報社.
Abegglen, J. C. (1958). *The Japanese Factory: Aspects of Its Social Organization*, MIT Press.（占部都美監訳『日本の経営』ダイヤモンド社, 1958）.

Amann, B., Jaussaud, J. and Martinez, I. (2011). Corporate social responsibility in Japan: Family and non-family business differences and determinants, *Asian Business and Management*, 11(3), 329-345.

Ambec, S. and Barla, P. (2002). A theoretical foundation of the Porter hypothesis, *Economic Letters*, 75, 355-360.

Ambos, B. and Schlegelmilch, B. B. (2008). Innovation in multinational firms: Does cultural fit enhance performance?, *Management International Review*, 48, 189-206.

Aoki, M. and Dore, R. (eds.) (1994). *The Japanese Firm: Sources of Competitive Strength*, Oxford University Press (NTTデータ通信システム科学研究所訳『国際・学際研究システムとしての日本企業』NTT出版, 1995).

Aragón-Correa, J. A. (1998). Strategic proactivity and firm approach to the natural environment, *Academy of Management Journal*, 41(5), 556-567.

Aragón-Correa, J. A. and Sharma, S. (2003). A contingent resource-based view of proactive corporate environmental strategy, *Academy of Management Review*, 28(1), 71-88.

Arimura, T. H., Darnell, N. and Katayama, H. (2011). Is ISO14001 a gateway to more advanced voluntary action?: The Case of green supply chain management, *Journal of Environmental Economics and Management*, 61(2), 170-182.

Arora, S. and Cason, T. N. (1996). Why do firms volunteer to exceed environmental regulations?: Understanding participation in EPA's 33/50 program, *Land Economics*, 72(4), 413-32.

Asanuma, B. (1989). Manufacturer-supplier relationships in Japan and the concepts of relation-specific skill, *Journal of the Japanese and International Economics*, 3(1), 1-30.

Barney, J. B. (1991). Firm resources and sustained competitive advantage, *Journal of Management*, 17(1), 99-120.

Barney, J. B. (2007). *Gaining and Sustaining Competitive Advantage*, third edition, Prentice-Hall.

Bartlett, C. A. and Ghoshal, S. (1989). *Managing Across Borders: The Transnational Solution*, Harvard Business School Press. (吉原英樹監訳『地球新時代の企業戦略：トランスナショナル・マネジメントの構築』日本経済新聞社, 1990).

Bechtel, C. and Jayaram, J. (1997). Supply chain management: A strategic perspective, *International Journal of Logistics Management*, 8(1), 15-34.

Beise, M. and Rennings, K. (2005). Lead markets and regulation: A framework for analyzing the international diffusion of environmental innovations, *Ecological Economics*, 52, 5-17.

Birkinshaw, J. (2000). *Entrepreneurship in the Global Firm*, Sage Publishing.

Birkinshaw, J. and Hood, N. (1998). Multinational subsidiary evolution: Capability and charter change in foreign-owned subsidiary companies, *Academy of Management Review*, 23(4), 773-795.

Birkinshaw, J., Hood, N. and Jonsson, S. (1998). Building firm-specific advantages in multinational corporations: The role of subsidiary initiative, *Strategic Management Journal*, 19, 221-241.

Boesen, J. and Lafontaine, A. (1998). *The Planning and Monitoring of Capacity Development in Environment (CDE) Initiative*, CIDA.

Breithbarth, T., Harris, P. and Aitken, R. (2009). Corporate social responsibility in the European Union: A new trade barrier?, *Journal of Public Affairs*, 9, 239-255.

Brown, L. R. (ed.) (1995). *State of the World*, W. W. Norton & Company. (浜中裕徳監訳『地球白書 1995-96』ダイヤモンド社, 1996).

Brunnermeier, S. B. and Cohen, M. A. (2003). Determinants of environmental innovation in US manufacturing industries, *Journal of Environmental Economics and Management*, 45(2), 278-293.

Buckley, P. J. and Casson, M. (1976). *The Future of the Multinational Enterprise*, MacMillan.

Buysse, K. and Verbeke, A. (2003). Proactive environmental strategies: A stakeholder management perspective, *Strategic Management Journal*, 24(5), 453-470.

Carrión-Flores, C. E. and Innes, R. (2010). Environmental innovation and environmental performance, *Journal of Environmental Economics and Management*, 59, 27-42.

Carroll, A. B. (1991). The pyramid of corporate social responsibility: Toward the moral management of organizational stakeholders, *Business Horizons*, 34(4), 39-48.

Carter, C. R. (2005). Purchasing social responsibility and firm performance: The key mediating roles of organizational learning and supplier performance, *International Journal of Physical Distribution and Logistics Management*, 35(3), 177-194.

Carter, C. R. and Rogers, D. S. (2008). A framework of sustainable supply chain management: Moving toward new theory, *International Journal of Physical Distribution and Logistics Management*, 38(5), 360-387.

Chandler, A. D. (1962). *Strategy and Structure*, MIT Press. (三菱経済研究所訳『経営戦略と組織』実業之日本社, 1967).

Christensen, C. M. (1997). *The Innovator's Dilemma: When New Technologies Cause Great Firms to Fail*, Harvard Business School Press.

Christmann, P. and Taylor, G. (2001). Globalization and the environment: Determinants of firm self-regulation in China, *Journal of International Business Studies*, 32(3), 439-458.

Clark, K. B. and Fujimoto, T. (1991). *Product Development Performance*, Harvard Business School Press (田村明比古訳『製品開発力』ダイヤモンド社, 1993).

Coase, R. H. (1937). The nature of the firm, *Economica*, November 4, 386-405 in Williamson, O. E. and Winter, S. G. (eds.) (1991). The Nature of the Firm: Origins, Evolution, and Development, Oxford University Press, 18-33.

Cohen, W. M. and Levinthal, D. A. (1990). Absorptive capacity: A new perspective on learning and innovation, *Administrative Science Quarterly*, 35, 128-152.

Corbett, C. J. and Kirsch, D. A. (2001). International diffusion of ISO14000 certification, *Production and Operations Management*, 10(3), 327-342.

Corderio, J. J. and Sarkis, J. (1997). Environmental proactivism and firm performance: Evidence from security analyst earnings forecasts, *Business Strategy and the Environment*, 6, 104-114.

Council of Logistcs Management (1988). *Oak Brook*, IL, Council of Logistcs Management.

Cusumano, M. and Takeishi, A. C. (1991). Supplier relations and management: A survey of Japanese, Japanese-transplant, and US auto plants, *Strategic Management Journal*, 12, 563-588.

De Schutter, O. (2008). Corporate social responsibility: European style, *European Law Journal*, 14(2), 203-236.

Dunning, J. H. (1977). Trade, location of economic activity and the MNE: A search for an eclectic approach, in Ohlin, B., Hesselborn, P. and Wijkman, P. M. (eds.) *The International Allocation of Economic Activity*, Macmillan, 395-418.

Dunning, J. H. (1988). The eclectic paradigm of international production: A restatement and some possible extensions, *Journal of International Business Studies*, 19(1), 1-31.

Dyer, J. H. (1996). Specialized supplier networks as a source of competitive advantage: Evidence from the auto industry, *Strategic Management Journal*, 17(4), 271-291.

Dyer, J. H. and Hatch, N. W. (2006). Relation-specific capabilities and barriers to knowledge transfer: Creating advantage through network relationships, *Strategic Management Journal*, 27, 701-719.

Dyer, J. H. and Nobeoka, K. (2000). Creating and managing a high performance knowledge-sharing network: The Toyota case, *Strategic Management Journal*, 21(3), 345-367.

Dyer, J. H. and Singh, H. (1998). The relational view: Cooperative strategy and sources of interorganizational competitive advantage, *Academy of Management Review*, 23(4), 660-679.

Eaton, J. and Kortum, S. (1999). International technology diffusion: Theory and measurement, *International Economic Review*, 40(3), 537-570.

Ehrenfeld, J. R. (1998). Cultural structure and the challenge of sustainability, in Sexton, K., Marcus, A. A, Easter, K. W. and Burkhardt, T. D. (eds.) *Better Environmental Decisions*, Island Press, 223-224.

Elkington, J. (1998). *Cannibals with Forks: The Triple Bottom Line of 21st Century Business*, New Society Publishers.

Esty, D. C. and Porter, M. (1998). Industrial ecology and competitiveness, *Journal of Industrial Ecology*, 2(1), 35-43.

European Commission (2001). *Green Paper: Promoting a European Framework for Corporate Social Responsibility*, COM 366.

Fang, Y., Jiang, G. F., Makino, S. and Beamish, P. W. (2010). Multinational firm knowledge, use of expatriates, and foreign subsidiary performance, *Journal of Management Studies*, 47(1), 27-54.

Fayerweather, J. (1969). *International Business Management: A Conceptual Framework*, McGraw-Hill.

Florida, R. (1996). Lean and green: The move to environmentally conscious manufacturing, *California Management Review*, 39(1), 80-105.

Florida, R. (1997). The globalization of R&D: Recent changes in the management of innovation in transnational corporations, *Research Policy*, 28(2/3), 251-274.

Florida, R. and Kenney, M. (1991). Transplanted organizations: The transfer of Japanese industrial organization to the U.S., *American Sociological Review*, 56, 381-398.

Friedman, M. (1970). Social responsibility of business is to increase its profit, *New York Times Magazine*, September 13, 211-214.

Frondel, M., Horbach, J. and Rennings, K. (2008). What triggers environmental management and innovation?: Empirical evidence for Germany, *Ecological Economics*, 66(1), 153-160.

Fujii, H. and Kimbara, T. (2012). Environmental management mechanisms in U.S. and Japanese manufacturing firms, *International Journal of Business Administration*, 3(6), 13-24.

Giroud, A. and Mirza, H. (2006). Multinational enterprise policies towards international intra-firm technology transfer: The case of Japanese manufacturing firms in Asia, *East Asia*, 23(4), 3-21.

Govindarajan, V. and Trimble, C. (2012). *Reverse Innovation: Create Far from Home, Win Everywhere*, Harvard Business Review Press.（渡部典子訳『リバース・イノベーション』ダイヤモンド社，2012）.

Grant, R. M. (1991). The resource-based theory of competitive advantage: Implications for strategy formulation, *California Management Review*, 33(3), 114-135.

Grant, R. M. (1996). Toward a knowledge-based theory of the firm, *Strategic Management Journal*, 17, Winter Special Issue, 109-122.

Grant, R. M. (2008). *Contemporary Strategy Analysis*, 6th edition, Blackwell Publishing.

Greenhouse Gas Protocol (2011). *Corporate Value Chain (Scope 3) Accounting and Reporting Standard*, World Resource Institute.

Guenther, E., Hoppe, H. and Poser, C. (2007). Environmental corporate social responsibility of firms in the mining and oil and gas industries: Current status quo of reporting following GRI guidelines, *GMI*, 53, 7-25.

Gupta, A. K. and Govindarajan, V. (1994). Organizing for knowledge flows within MNCs, *International Business Review*, 3, 443-457.

Gupta, A. K. and Govindarajan, V. (2000). Knowledge flows within multinational corporations, *Strategic Management Journal*, 21, 473-496.

Gutowski, T., Murphy, C., Allen, D., Bauer, D., Bras, B., Piwonka, T., Sheng, P., Sutherland, J., Thurston, D. and Wolff, E. (2005). Environmentally benign manufacturing: Observations from Japan, Europe and the United States, *Journal of Cleaner Production*, 13, 1-17.

Halldórsson, Á., Kotzab, H. and Skjøtt-Larsen, T. (2009). Supply chain management on the crossroad to sustainability: A blessing or a curse?, *Logistics Research*, 1(2), 83-94.

Hansen, M. W. (ed.) (2002). *Managing the Environment Across Borders: A Study of TNC Affiliates' Environmental Practices in China, Malaysia and India*, Samfundslitteratur.

Hart, S. L. (1995). A natural-resource-based view of the firm, *Academy of Management Review*, 20(4), 986-1014.

Hart, S. L. and Ahuja, G. (1996). Does it pay to be green?: An empirical examination of the relationship between emission reduction and firm performance, *Business Strategy and the Environment*, 5(1), 30-37.

Hayes, R. H. (1981). Why Japanese factories work, *Harvard Business Review*, 59(4), 57-66.

Hellström, T. (2007). Dimensions of environmentally sustainable innovation: The structure of eco-innovation concepts, *Sustainable Development*, 15, 148-159.

Henriques, I. and Sadorsky, P. (1996). The determinants of an environmentally responsive firm: An empirical approach, *Journal of Environmental Economics and Management*, 30(3), 381-395.

Hobday, M. and Rush, H. (2007). Upgrading the technological capabilities of foreign transnational subsidiaries in developing countries: The case of electronics in Thailand, *Research Policy*, 36, 1335-1356.

Horbach, J. (2008). Determinants of environmental innovation: New evidence from German panel data sources, *Research Policy*, 37, 163-173.

Huber, J. (2008). Technological environmental innovations (TEIs) in a chain-analytical and life-cycle-analytical perspective, *Journal of Cleaner Production*, 16, 1980-1984.

Hymer, S. H. (1976). *The International Operations of National Firms: A Study of Direct Foreign Investment*, MIT Press. (Unpublished Doctoral Dissertation, 1960).

International Organization for Standardization (2012). *The ISO Survey of Certifications 2012*, ISO.

IPCC (2014). *Climate Change 2014: Synthesis Report*, IPCC.

Jaffe, A. B. and Palmer, K. (1997). Environmental regulation and innovation: A panel data study, *Review of Economics and Statistics*, 79(4), 610-619.

Jaffe, A. B. and Stavins, R. S. (1995). Dynamic incentives of environmental regulations: The effects of alternative policy instrument on technology diffusion, *Journal of International Economics and Management*, 29, 43-63.

Jaffe, A. B. and Trajtenberg, M. (1999). International knowledge flows: Evidence from patent citations, *Economic Innovation and New Technology*, 8, 105-136.

Janicke, M. and Weidner, H. (eds.) (1997). *National Environmental Policies: A Comparative Study of Capacity Building*, Springer.

Jensen, R. and Szulanski, G. (2004). Stickiness and the adaptation of organizational practices in cross-border knowledge transfer, *Journal of International Business Studies*, 35, 508-523.

Jeppesen, S. and Hansen, M. W. (2004). Environmental upgrading of third world enterprises through linkages to transnational corporations: Theoretical perspectives and preliminary evidence, *Business Strategy and Environment*, 13, 261-274.

Johnson, D. K. N. and Lybecker, K. M. (2009). Challenges to technology transfer: A literature review of the constraints on environmental technology dissemination, Colorado College Working Paper, 2009-07.

Johnson, R. T. and Ouchi, W. G. (1974), Made in America (Under Japanese Management), *Harvard Business Review*, 52(3), 61-69.

Johnstone, N. (ed.) (2007). *Environmental Policy and Corporate Behavior*, Edward Elgar.

Kenney, M. and Florida, R. (1993). *Beyond Mass Production: The Japanese System and Its Transfer to the U.S.*, Oxford University Press.

Kent, J. L. Jr. and Flint, D. J. (1997). Perspectives on the evolution of logistics thought, *Journal of Business Logistics*, 18(2), 15-29.

Kindleberger, C. P. (1969). *American Business Abroad: Six Lectures on Direct Investment*, Yale University Press.

Klassen, R. D. and McLaughlin, C. P. (1996). The impact of environmental management on firm performance, *Management Science*, 42(8), 1199-1214.

Kolk, A. and Mauser, A. (2002). The evolution of environmental management: From stage models to performance evaluation, *Business Strategy and Environment*, 11, 14-31.

Konar, S. and Cohen, M. A. (2001). Does the market value environmental performance?, *The Review of Economics and Statistics*, 83(2), 281-289.

Koontz, H. (1969). A model for analyzing the universality and transferability of management, *The Academy of Management Journal*, 12(4), 415-429.

Kostova, T. (1999). Transnational transfer of strategic organizational practices: A conceptual perspective, *Academy of Management Review*, 24(2), 308-324.

Lambert, D. M., Stock, J. R. and Ellram, L. M. (1998). *Fundamentals of Logistics Management*, McGraw-Hill.

Lane, P. J., Koka, B. and Pathak, S. (2006). The reification of absorptive capacity: A critical review and rejuvenation of the construct, *Academy of Management Review*, 31(4), 833-863.

Lanjouw, J. O. and Mody, A. (1996). Innovation and the international diffusion of environmentally responsive technology, *Research Policy*, 25, 549-571.

Lantos, G. P. (2001). The boundaries of strategic corporate social responsibility, *Journal of Consumer Marketing*, 18(7), 595-630.

Lantos, G. P. (2002). The ethicality of altruistic corporate social responsibility, *Journal of Consumer Marketing*, 19(3), 205-230.

Leonard, J. H. (1998). *Pollution and the Struggle for the World Product: Multinational Corporations, Environment, and International Comparative Advantage*, Cambridge University Press.

Levinson, A. (1996). Environmental regulation and manufacturers' location choices: Evidence from the census of manufactures, *Journal of Public Economics*, 62, 5-29.

Liker, J. K. (2004). *The Toyota Way: 14 Management Principles from the World's Greatest Manufacturer*, McGraw-Hills.

Low, P. and Yeats, A. (1992). Do dirty industries migrate, in Low, P. (eds.) *International Trade and the Environment*, World Bank, 89-103.

Lummus, R. R. and Vokurka, R. J. (1999). Defining supply chain management: A historical perspective and practical guidelines, *International Management and Data Systems*, 99(1), 11-17.

Lyles, M. A. and Salk, J. F. (1996). Knowledge acquisition from foreign parents in international joint ventures: An empirical examination in the Hungarian context, *Journal of Business Studies*, 27(5), special issue, 877-903.

Mamic, I. (2005). Managing global supply chain: The sports footwear, apparel and retail sectors, *Journal of Business Ethics*, 59(1), 81-100.

Marin, A. and Bell, M. (2006). Technology spillovers from Foreign Direct Investment (FDI): The active role of MNC subsidiaries in Argentina in the 1990s, *Journal of Development Studies*, 42(4), 678-697.

Mathews, G., Riberio, G. L. and Vega, C. A. (eds.) (2012). *Globalization from Below: The World's Other Economy*, Routledge.

McWilliams, A. and Siegel, D. (2001). Corporate social responsibility: A theory of the firm perspective, *Academy of Management Journal*, 26(1), 117-127.

Meadows, D. H., Meadows, D. L., Randers, J. and Behrens, W. W. Ⅲ (1972). *The Limits to Growth*, Universe Books. (大来佐武郎監訳『成長の限界』ダイヤモンド社, 1972).

Meadows, D. H., Randers, J., and Medows, D. L. (2004). *Limits to Growth: The 30-years Update*, Sterling Lord Listeristic. (枝廣淳子訳『成長の限界：人類の選択』ダイヤモンド社, 2005).

Mefford, R. N. (2011). The Economic value of a sustainable supply chain, *Business and Society Review*, 116(1), 109-143.

Mentzer, J., Dewitt, W., Keeber, J. S., Min, S., Nix, N. W., Smith, C. D. and Zacharia, Z. G. (2001). Defining supply chain management, *Journal of Business Logistics*, 22(2), 1-23.

Mowery, D. C., Oxley, J. E. and Silverman, B. S. (1996). Strategic alliances and interfirm knowledge transfer, *Strategic Management Journal*, 17, Winter Special Issue, 77-91.

Nehrt, C. (1998). Maintainability of first mover advantages when environmental regulations differ between countries, *Academy of Management Review*, 23(1), 77-97.

Nelson, R. R. and Winter, S. G. (1982). *An Evolutionary Theory of Economic Change*, Harvard University Press.

Nishiguchi, T. (1994). *Strategic Industrial Sourcing: The Japanese Advantage*, Oxford University Press.（西口敏宏『戦略的アウトソーシングの進化』東京大学出版会，2000）.

Nishitani, K. (2010). Demand for ISO14001 adoption in the global supply chain: An empirical analysis focusing on environmentally conscious markets, *Resource and Energy Economics*, 32(3), 395-407.

Nonaka, I. and Takeuchi, H. (1995). *The Knowledge Creating Company*, Oxford University Press（梅本勝博訳『知識創造企業』東洋経済新報社，1996）.

Nooteboom, B. (1999). Innovation and inter-firm linkages: New implications for policy, *Research Policy*, 28, 793-805.

Ockwell, D., Watson, J., Mallett, A., Haum, R., Mackerron, R. G. and Verbeken, V. (2010). Enhancing developing country access to eco-innovation: The case of technology transfer and climate change in a post-2012 policy framework, *OECD Environmental Working Papers*, No.12, OECD.

OECD (1976). *OECD Guidelines for Multinational Enterprises*, OECD.

OECD (1998). *Éco-Efficiency*, OECD.（樋口清秀監訳『エコ効率：環境という資源の利用効率』インフラックスコム，1999）.

OECD (1999). *Environmental Indicators for Agriculture*, Vol.1, OECD.

OECD (2000). *OECD MNEs Guideline*, OECD.

OECD (2004). *OECD Principles of Corporate Governance*, OECD.

OECD (2009). *Eco-Innovation in Industry: Enabling Green Growth*, OECD.

OECD (2011). *OECD Due Dilligence Guidance for Responsible Supply Chains of Minerals from Conflict-Affected and High-Risk Areas*, OECD.

OECD/DAC (1999). Donor support for institutional capacity development in environment: Lesson learned, *Evaluation and Effectiveness*, No.3, OECD.

Palmer, K., Oates, W. E. and Porteny, P. R. (1995). Tightening environmental standards: The benefits-cost or the no-cost paradigm?, *Journal of Economic Perspectives*, 9(4), 119-132.

Pérez-Nordtvedt, L., Kedia, B. L., Datta, D. K. and Rasheed, A. A. (2008). Effectiveness and efficiency of cross-border knowledge transfer: An empirical examination, *Journal of Management*, 45(4), 714-744.

Phene, A. and Almeida, P. (2008). Innovation in multinational subsidiaries: The role of knowledge assimilation and subsidiary capabilities, *Journal of International Business Studies*, 39(5), 901-919.

Popp, D. (2006). International innovation and diffusion of air pollution control technologies: The effects of NOx and SO$_2$ regulation in the US, Japan, and Germany, *Journal of Environmental Economics and Management*, 51(1), 46-71.

Popp, D. (2011). International technology transfer, climate change, and the clean development mechanism, *Review of Environmental Economics and Policy*, 5(1), 131-152.

Porter, M. E. (1991). America's green strategy, *Scientific American*, 264(4), 96.

Porter, M. E. and v.d.Linde, C. (1995). Toward a new conception of the environment-competitiveness relationship, *Journal of Economic Perspectives*, 9(4), 97-118.

Porter, M. E. and Kramer, M. R. (2006). Strategy and society: The link between competitive advantage and corporate social responsibility, *Harvard Business Review*, 84(12), 78-92.

Porter, M. E. and Kramer, M. R. (2011). Creating shared value, *Harvard Business Review*, 89(1/2), 62-77.

Prahalad, C. K. and Hamel, G. (1990). The core competence of the corporation, *Harvard Business Review*, 68(3), 79-91.

Prakash, A. and Potoski, M. (2007). Investing up: FDI and the cross-country diffusion of ISO14001 management system, *International Studies Quarterly*, 51, 723-744.

Radjou, N., Prabhu, J. and Ahuja, S. (2012). *Juggard Innovation Think Frugal, Be Flexible, Generate Breakthrough Growth*, John Wiley & Sons.（月沢李歌子訳『イノベーションは新興国に学べ！』日本経済新聞社，2013）.

Rehfeld, K., Rennings, K. and Ziegler, A. (2007). Integrated product policy and environmental product innovations: An empirical analysis, *Ecological Economics*, 61, 91-100.

Reinhardt, F. (2000). Sustainability and the firm, *Interfaces*, 30(3), 26-41.

Rennings, K. (2000). Redefining innovation: Eco-innovation research and the contribution from ecological economics, *Ecological Economics*, 32, 319-332.

Rennings, K., Ziegler, K., Ankele, K. and Hoffman, E. (2006). The influence of different characteristics of the EU environmental management auditing scheme on technical environmental innovations and economic performance, *Ecological Economics*, 57(1), 45-59.

Rogers, E. M. (1995). *Diffusion of Innovations*, Fifth edition, Free Press.

Rothwell, R. (1992). Successful industrial innovation: Critical factors for the 1990s, *R&D Management*, 22(3), 221-240.

Rugman, A. M. (1980). A new theory of the multinational enterprise: Internationalization versus internalization, *Columbia Journal of World Business*, Spring, 23-29.

Rugman, A. M. and Verbeke, A. (1998). Corporate strategies and environmental regulations: An organizing framework, *Strategic Management Journal*, 19(4), 363-375.

Rugman, A. M. and Verbeke, A. (2003). Extending the theory of the multinational enterprises: Internalization and strategic management perspectives, *Journal of International Business Studies*, 34(2), 125-137.

Russo, M. V. and Fouts, P. A. (1997). A resource-based perspective on corporate environmental performance and profitability, *Academy of Management Journal*, 40(3), 534-559.

Sako, M. (1992). *Prices, Quality and Trust*, Cambridge University Press.

Sarkis, J. and Corderio, J. J. (2001). An empirical evaluation of environmental efficiencies and firm performance: Pollution prevention versus end-of-pipe practice, *European Journal of Operational Research*, 135, 102-113.

Schaefer, A. and Harry, B. (1998). Stage models of corporate greening: A critical evaluation, *Business Strategy and the Environment*, 7, 109-123.

Schaltegger, S. and Synnestvedt, T. (2002). The link between 'green' and economic success: Environmental management as the crucial trigger between environmental and economic performance, *Journal of Environmental Management*, 65(4), 339-346.

Schmidheiny, S. (1992). *Changing Course: A Global Business Perspective on Development and the Environment*, MIT Press. (BCSD 日本ワーキング・グループ訳『チェンジング・コース』ダイヤモンド社, 1992).

Schreurs, M. A. (2002). *Environmental Politics in Japan, Germany, and the United States*, The Press of University of Cambridge. (長尾伸一・長岡延孝監訳『地球環境問題の比較政治学』岩波書店, 2007).

Schwartz, M. and Carroll, A. B. (2003). Corporate social responsibility: A three –domain approach, *Business Ethics Quarterly*, 13(4), 503-530.

Seuring, S. and Müller, M. (2008). From a literature review to a conceptual framework for sustainable supply chain management, *Journal of Cleaner Production*, 16, 1699-1710.

Sharma, S. and Vredenburg, H. (1998). Proactive corporate environmental strategy and the development of competitively valuable organizational capabilities, *Strategic Management Journal*, 19(8), 729-753.

Shrivastava, P. (1995). Environmental technologies and competitive advantage, *Strategic Management Journal*, 16, 183-200.

Simonin, B. L. (2004). An empirical investigation of the process of knowledge transfer of international strategic alliance, *Journal of International Business Studies*, 35, 407-427.

Srivastava, S. K. (2007). Green supply-chain management: A state-of-the-art literature review, *International Journal of Management Reviews*, 9(1), 53-80.

Stopford, J. M. and Wells, L. T. Jr. (1972). *Managing Multinationl Enterprise*, Basic Book. (山崎清訳『多国籍企業の組織と所有政策』ダイヤモンド社, 1976).

Szulanski, G. (1996). Exploring internal stickiness: Impediments to the transfer of best practice within the firm, *Strategic Management Journal*, 17, Winter Special Issue, 27-43.

Teece, D. J., Pisano, G. and Shuen, A. (1997). Dynamic capabilities and strategic management, *Strategic Management Journal*, 18(7), 509-533.

Triebswetter, U. and Wackerbauer, J. (2008). Integrated environmental product innovation in the region of Munich and its impact on company competitiveness, *Journal of Cleaner Production*, 16(4), 1484-1493.

Tsai, W. (2001). Knowledge transfer in interorganizational networks: Effects of network position and absorptive capacity on business unit innovation and performance, *Academy of Management Journal*, 44(5), 996-1004.

UNDP/GEF (2003). Capacity development indicators, *UNDP/ GEF Resource Kit*, No. 4.

UNEP/WHO (1996). *Air Quality Management and Assessment Capabilities in 20 Major Cities*, MARC.

United Nations Global Compact and BSI (2010). *Supply Chain Sustainability: A Practical Guide for Continuous Improvement*. (http://www.unglobalcompact.org/Issues/supply_chain/guidance_material.htm).

Valentinov, V. (2013). Corporate social responsibility and sustainability: Insight from Boulding and Luhman, *International Journal of Sustainable Development and World Ecology*, 20(4), 317-324.

Vernon, R. (1966). International investment and international trade in the product cycle, *Quarterly*

Journal of Economics, 80(2), 190-207.

Vernon, R. (1971). *Sovereignty at Bay: The Multinational Spread of U.S. Enterprise*, Basic Books.

Waddock, S. and Graves, S. (1997). The corporate social performance-financial performance link, *Strategic Management Journal*, 18, 303-319.

Wagner, M. (2001). A review of empirical studies concerning the relationship between environmental and economic performance: What does the evidence tell us?, *Center for Sustainability Management*, 1-52.

Wagner, M. (2010). Corporate social performance and innovation with high social benefits: A quantitative analysis, *Journal of Business Ethics*, 94, 581-594.

Wagner, M., Phu, N. V., Azomahou, T. and Wehrmeyer, W. (2002). The relationship between the environmental and economic performance of firms: An empirical analysis of the European paper industry, *Corporate Social Responsibility and Environmental Management*, 9(3), 133-146.

Wagner, M., Schaltegger, S. and Wehrmeyer, W. (2001). The relationship between the environmental and economic performance of firms, *GMI*, 34, 95-108.

Walley, N. and Whitehead, B. (1994). It's not easy being green, *Harvard Business Review*, 72(3), 46-47.

Wan-Jan, W. S. (2006). Defining corporate social responsibility, *Journal of Public Affairs*, 6, 176-184.

Weidner, H. and Janicke, M. (eds.) (2002). *Capacity Building in National Environmental Policy: A Comparative Study of 17 Countries*, Springer.

Wernerfelt, B. (1984). A resource-based view of the firm, *Strategic Management Journal*, 5(2), 171-180.

White, M. and Trevor, M. (1983). *Under Japanese Management*, Heineman.

Williamson, O. E. (1975). *Market and Hierarchies: Analysis and Antitrust Implications*, Free Press. (浅沼萬里・岩崎晃訳『市場と企業組織』日本評論社，1980).

Winter, S. G. (2003). Understanding dynamic capabilities, *Strategic Management Review*, 24, 991-995.

World Business Council for Sustainable Development (1999). *Meeting Changing Expectations: Corporate Social Responsibility*, WBCSD.

World Business Council for Sustainable Development (2000). *Measuring Eco-efficiency: A Guide to Reporting Company Performance*, WBCSD.

World Commission on Environment and Development (WCED) (1987). *Our Common Future: The Brundland Report on Environment and Development*, Oxford University Press.

World Wildlife Fund (2008). *Living Planet Report 2008*, WWF International. (WWF『生きている地球レポート 2008年版』WWF ジャパン，2008).

Xing, Y. and Kolstad, C. (2002). Do lax environmental regulations attract foreign investment?, *Environmental and Resource Economics*, 21, 1-22.

Yamashita, S. (ed.) (1993). *Transfer of Japanese Technology and Management to the ASEAN Countries*, University of Tokyo Press.

Zander, U. and Kogut, B. (1995). Knowledge and the speed of the transfer and imitation of organizational capabilities: An empirical test, *Organizational Science*, 6(2), 76-92.

Zhelyazkov, G. (2012). Challenges and impact of CSR on business performance in Bulgaria, *Trakia Journal of Sciences*, 10(4), 36-41.

Zhu, Q., Sarkis, J. and Lai, K. (2007). Green supply chain management: Pressures, practices and performance within the Chinese automobile industry, *Journal of Cleaner Production*, 15, 1041-1052.

事項索引

英数

BCSD 4
BOD（生物化学的酸素要求量）................ 57
CLM 142
CSR（社会的責任）
.... 4, 43, 107, 134, 173
──の定義 107
──の理論 110
──評価 113
CSV 112
DSR モデル 95
ELU 174
ELV 指令 5
EMAS 146
EU 5, 107
European Commission
.... 107, 111
FSC 認証制度 109
GRI 112
──ガイドライン 112
IMDS 172
IPCC 3
ISO 176
ISO14001 .... 2, 61, 146, 184, 197, 207
ISO26000 .... 5, 109
OECD 7, 24, 95, 109, 146
OLI パラダイム 15
PRTR 法 185
ROA 126
RoHS 指令 5, 148
ROS 126, 134
REACH 規制 5
Scope 3 .... 6, 109, 153
SOC 185
Tier1 .... 2, 147, 160
TPM 37, 193
TQEM 25
TQM 25
TRI 124
WBCSD 34, 62, 107
WWF 3

3R 61, 201
5S 190, 202

あ行

アウトソーシング 139
アカウンタビリティ（説明責任）........ 4, 107
アセンブラー・サプライヤー関係 125, 140
移転の規定要因 27
移転の主体 91
移転経路 92
移転メカニズム 91
エコアクション21 146
エコデザイン 34, 59
エコロジカル・フットプリント 3
エンド・オブ・パイプ型 24
汚染逃避仮説 22, 71
汚染予防型戦略 36
親会社 35
温室効果ガス 154
──排出量 156

か行

海外子会社 33, 94
──支援 61
海外直接投資 15
ガイドライン 108, 154
外部不経済 6
外部要因 31, 55, 74, 94
化学物質管理システム（CMS）........ 177, 184, 200
仮説 40
価値連鎖 23, 32
株主価値論 7
環境イノベーション 24, 148
環境影響評価 144

環境監査 204
環境管理 12
環境技術 24
環境規制 5
環境経営 11
──移転 12, 21, 73, 91
──格付け 4
環境責任組織 162
環境戦略 33, 59, 74
環境と開発に関する国連会議 3
環境能力 12, 151
環境の質に関する法 203
環境パフォーマンス 34, 62, 69, 75, 96
環境費用の内部化 7
環境マネジメントシステム 12, 78, 95, 119, 167
環境リスク 144
関係性理論 18, 141
完成品メーカー 52, 65, 161
企業統治（コーポレート・ガバナンス）........ 7
企業統治改革法 7
吸収能力 21, 26
競争優位 16, 27
共分散構造分析 91, 94
グリーン調達 78, 95, 147, 168, 171, 177
──ガイドライン 171
グリーンパートナーシップ 177
グリーンペーパー 111
グローバル・コンパクト 5, 108

経営移転 12, 13
経済合理性 15
経営システム 18
経済と環境の関係 124

経済パフォーマンス… 34, 96
経団連………………… 4
経路依存性……………… 16
健康被害…………… 42, 73
現地化規制……………… 55

公害型要因…………… 34
国際プロダクトサイクル論
　………………………… 40
コメットサークル…… 36, 175

さ行

最小二乗法……………… 78
サステナビリティレポート
　………… 36, 169, 173, 175
サプライチェーン
　………… 91, 141, 143, 206
　――管理…… 92, 139, 143
サプライヤー…… 34, 92, 139
　――支援………… 63, 95
　――の環境監査……… 204
産業集積………………… 47

資源ベース論………… 16, 22
事業規模………………… 54
事業経験年数…………… 52
持続可能なサプライチェー
　ン管理………… 109, 145
持続可能な発展………… 3
持続発展型……………… 36

社会的正当性………… 108
社会的責任投資……… 108
出資比率………………… 55
小集団活動……………… 24
消費者…………………… 4
所有者モデル………… 111

ステークホルダー…… 7, 32

――論………………… 7
スピルオーバー………… 24

生産システム…………… 17
製品責任型……………… 36
ゼロエミッション……… 59
戦略的CSR…………… 111

双方向作用……………… 38
促進要因………………… 91
組織的取り組み……… 59, 78
組織能力…… 16, 22, 101, 141
組織ルーチン……… 16, 149

た行

タイ………………… 47, 79
多国籍企業………… 32, 94

地域統括会社……… 48, 212
知識移転………………… 20
デュディリジェンス…… 109
投資家…………………… 4
ドイモイ政策……… 39, 48
取引コスト……………… 15
トリプル・ボトムライン
　…………………… 4, 110

な行

内部化…………………… 7
　――理論…… 15, 31, 127
内部監査……………… 201

2次サプライヤー…… 210
二重構造論…………… 125
日経NEEDS………… 126
ニッチ＆グローバル戦略
　……………………… 192
日本的経営論…………… 13

は行

排出原単位……………… 71
排出量算定モデル…… 155
発展段階論…… 36, 41, 135
部品サプライヤー…… 181
部品メーカー……… 52, 65
ブラックボックス… 22, 26
プロセス革新…………… 70
分析フレーム…………… 94
　――ワーク…………… 31

ベトナム…………… 48, 78

ポーター仮説……… 44, 124
ボパール事故…………… 42

ま行

マザー工場………… 17, 199
マテリアルバランス…… 144
マテリアルフローコスト
　会計………………… 146
見える化……………… 202
無形資源………………… 12

や行

有形資源………………… 12
要素賦存仮説……… 22, 71

ら行

ライフサイクル・アセスメ
　ント………………… 144
リードユーザー……… 194
リバース・イノベーション
　……………………… 28
ロジスティクス……… 141

人名索引

A～C
Abegglen, J. C. ……………… 13
Ahuja, G. ……………… 22, 124
Almeida, P. ……………… 21
安保哲夫 ……………… 13, 16
Amann, B. ……………… 113, 120
Aragón-Correa, J. A. …… 23
浅沼萬里 ……………… 18, 125
Barney, J. B. …… 16, 22, 127
Bartlett, C. A. ……………… 31
Beise, M. ……………… 28
Bell, M. ……………… 28
Birkinshaw, J.
  ……… 16, 21, 26, 41, 152
Brown, L. R. ……………… 3
Buckley, P. J. ……………… 15
Buysse, K. ……………… 33, 36
Carroll, A. B. ……………… 110
Carter, C. R. ……………… 113, 145
Casson, M. ……………… 15
Christensen, C. M. ……… 27
Clark, K. B. ……………… 18
Coase, R. H. ……………… 15
Cohen, W. M. ……………… 21, 27
Corderio, J. J. ……………… 22

D～I
Dunning, J. H. ……………… 15, 40
Dyer, J. H. ……… 18, 105, 150
Elkington, J. ……………… 4, 110
Florida, R. ……………… 17, 32
Fouts, P. A. ……………… 36, 124
Friedman, M. ……………… 7, 110
Fujimoto, T. ……………… 18
Ghoshal, S. ……………… 31
Govindarajan, V. ……… 20, 28
Grant, R. M. ……………… 16

Gupta, A. K. ……………… 20
Hansen, M. W.
  ……… 11, 23, 37, 64, 73
Hart, S. L. ……… 22, 41, 124
林吉郎 ……………… 13, 18
Henriques, I. ……………… 74
Hymer, S. H. ……………… 15

J～M
Janicke, M. ……………… 26
Jeppesen, S. ……… 27, 64, 73
Kenney, M. ……………… 17
金原達夫 ……………… 125
Kindleberger, C. P. ……… 15
Klassen, R. D. ……………… 22
Kogut, B. ……………… 19, 41
Kolk, A. ……………… 41
Koontz, H. ……………… 14
Kramer, M. R. ……………… 111
Lambert, D. M. …… 139, 143
Lanjouw, J. O. ……………… 24
Lantos, G. P. …… 108, 110
Leonard, J. H. ……………… 22
Levinson, A. ……………… 22
Levinthal, D. A. ……………… 27
Lummus, R. R. ……………… 143
真鍋誠司 ……………… 18, 152
Mauser, A. ……………… 41
Marin, A. ……………… 28
Meadows, D. H. ……………… 3
宮崎正浩 ……………… 113

N～R
Nishiguchi, T. ……………… 125
延岡健太郎 (Nobeoka, K.)
  ……… 18, 104, 150
Ockwell, D. ……………… 21

Pérez-Nordtvedet, L.
  ……………… 19, 105
Phene, A. ……………… 21
Popp, D. ……………… 24, 33
Porter, M. E. ‥ 6, 22, 111, 112
Potoski, M. ……………… 25
Prakash, A. ……………… 25
Rennings, K. ……………… 24
Rogers, E. M. ……………… 27
Russo, M. V. ……………… 36, 124

S～V
Sarkis, J. ……………… 22
Schmidheiny, S. ……………… 7
Sharma, S. ……………… 23
Shrivastava, P. ……………… 25
Simonin, B. L. ……………… 28
Srivastava, S. K. ……………… 139
Szulanski, G. ……………… 31
高 巌 ……………… 112
谷本寛治 ……………… 107
Teece, D. J. ……………… 16, 19
Trevor, M. ……………… 18
Trimble, C. ……………… 28
Verbeke, A. ……………… 33
Vernon, R. ……………… 14, 40

W～Z
Walley, N. ……………… 110
White, M. ……………… 18
Whitehead, B. ……………… 110
Willamson, O. E. ……………… 15
Winter, S. G. ……………… 16
山口隆英 ……………… 17
安室憲一 ……………… 18
吉原英樹 ……………… 13, 18
Zander, U. ……………… 19, 41

社名索引

IBM……………… 147,159
光洋精工……………… 2,206
ジェイテクト…… 2,157,206
ソニー………………… 148
タイ西川ゴム………… 1,188
トヨタ……………… 36,169

豊田工機……………… 2,206
西川ゴム……………… 1,181
日本プラントメンテナンス
　協会………………… 194
日立………………… 157,165
富士通………………… 147

マツダ………………… 157
ヤマウチ……………… 1,191
ヤマウチマレーシア…… 200
ユニオンカーバイド…… 42
リコー……………… 36,157,174

■著者紹介
金原達夫（きんばら　たつお）
広島修道大学教授。専門は経営戦略論，環境経営論。
1946年，静岡県生まれ。75年，神戸大学大学院経営学研究科修了。88年，広島大学経済学部教授。94年，広島大学大学院国際協力研究科教授。98年，博士（経営学）。2004年，カセサート大学客員教授（2014年まで）。09年より現職。
主な著作：『成長企業の技術開発分析』（文眞堂），『環境経営の分析』（共著，白桃書房），『環境経営の日米比較』（共著，中央経済社）。

村上一真（むらかみ　かずま）
滋賀県立大学准教授。専門は環境経済学，開発経済学。
1974年，島根県生まれ。2000年，三和総合研究所研究員（現 三菱UFJリサーチ＆コンサルティング）。07年，広島大学大学院国際協力研究科修了，博士（学術）。11年，関西社会経済研究所研究員（現 アジア太平洋研究所）。13年より現職。
主な著作：『環境と開発の政治経済学』（多賀出版），『Effective Environmental Management in Developing Countries』（分担執筆，Macmillan Palgrave）。

広島修道大学学術選書63
環境経営のグローバル展開
―海外事業およびサプライチェーンへの移転・普及のメカニズム―

■発行日──2015年12月26日　　初版発行　　　　〈検印省略〉

■著　者──金原達夫・村上一真
■発行者──大矢栄一郎
■発行所──株式会社　白桃書房

　　〒101-0021　東京都千代田区外神田5-1-15
　　☎03-3836-4781　FAX03-3836-9370　振替 00100-4-20192
　　http://www.hakutou.co.jp/

■印刷／製本──亜細亜印刷

Ⓒ T. Kimbara & K. Murakami 2015　Printed in Japan
ISBN 978-4-561-26671-6 C3334

本書のコピー，スキャン，デジタル化等の無断複製は著作権法上での例外を除き禁じられています。本書を代行業者等の第三者に依頼してスキャンやデジタル化することは，たとえ個人や家庭内の利用であっても著作権法上認められておりません。

JCOPY〈(社)出版者著作権管理機構　委託出版物〉
本書の無断複写は著作権法上での例外を除き禁じられています。複写される場合は，そのつど事前に，(社)出版者著作権管理機構（電話 03-3513-6969，FAX 03-3513-6979，e-mail：info@jcopy.or.jp）の許諾を得て下さい。

落丁本・乱丁本はおとりかえいたします。

好 評 書

金原達夫・金子慎治【著】
環境経営の分析 本体価格2500円

金子林太郎【著】
産業廃棄物税の制度設計 本体価格3500円
―循環型社会の形成促進と地球環境の保全に向けて―

鈴木邦成【著】
グリーンサプライチェーンの設計と構築 本体価格2381円
―グリーン物流の推進―

松村寛一郎・玄場公規【著】
環境地球マネジメント入門 本体価格2300円
―地球環境問題におけるモデリングとマネジメント―

―――――― 東京　**白桃書房**　神田 ――――――

本広告の価格は本体価格です。別途消費税が加算されます。